# 미래 변화의 물결

# 4차 산업 혁명

최재용 김민서 김지수 이규숙
임명숙 천은주 한승훈 홍승현 공저
김진선 감수

미디어북

# Preface

5G 시대를 호기심 가득한 설렘으로 받아들이고 있는 시점에서 '제4차 산업혁명 시대'를 살고 있는 우리는 이제 더 깊이 제4차 산업혁명에 대해 알아야 할 필요성을 느낀다.

제4차 산업혁명을 통해 많은 것들이 변화됐고 지금도 변화는 계속 이어지고 있다. 사물인터넷, 블록체인, 드론, 로봇, 자율주행차 등은 이제 다양한 경로를 통해 많이 접하고 있다. 처음에는 이런 단어 자체가 생소했고 듣는 것만으로 가슴 설레게 하기에 충분했다. 그러나 '제4차 산업혁명 시대'는 이미 이 시대 속에서 키워드로 자리매김 한지 오래다.

영화에서나 보았던 장면들이 이제는 우리 삶 가운데서도 쉽게 볼 수 있고 그 변화가 우리의 삶을 더욱 편하고 즐겁게 해주는 시대가 됐다. 빅 데이터를 통해 엄청난 인력이 동원돼야 하는 시스템에서 이제 컴퓨터나 인공지능 시스템 하나로 모든 것이 일사천리로 해결되는 시대가 됐다.

로봇의 탄생으로 인해 반려견 마저도 이제는 사람이 아닌 로봇으로 대체돼 사람과 어울리는 시대가 됐고 로봇에게 프로그램을 입력해 놓으면 병원을 돌아다니면서 환자를 돌보고 처방을 내리는 등 사람보다 더 정확하고 빠르게 임무를 수행한다.

「미래 변화의 물결 4차 산업혁명」이 한권의 책은 제4차 산업혁명 시대를 살고 있는 우리가 더 행복하고 평안을 누릴 수 있는 4차 산업혁명의 다양한 모습을 8명의 저자들을 통해 담고 있다.

「미래 변화의 물결 4차 산업혁명」의 면면을 살펴보면 최재용의 4차 산업혁명과 공유경제, 김지수의 우리의 삶과 함께 하는 인공지능, 이규숙의 4차 산업혁명 시대 속 우리 아이 주인공 만들기 프로젝트, 임명숙의 4차 산업혁명 속에서 노인 돌봄을 소개하고 있다.

또한 천은주의 4차 산업혁명 시대 속에서의 돈의 심리, 한승훈의 4차 산업혁명 IoT에 날개를 더한 5G, 홍승현의 4차 산업혁명 시대 사회보장체계의 블록체인에 대비한 시스템도입, 김민서의 4차 산업혁명 시대에 뇌를 돕는 약선 음식 등도 담겨 있다.

「미래 변화의 물결 4차 산업혁명」이 4차 산업혁명 시대의 다양한 변화를 다 소개할 수는 없지만 그래도 아직도 4차 산업혁명에 대해 구체적인 스케치를 하지 못하고 있는 독자가 있다면 이 책을 통해 어느 정도 목마름은 해결되리라 본다.

특히 이번 「미래 변화의 물결 4차 산업혁명」에서 눈에 띄는 것은 4차 산업혁명 시대 속에서의 공유경제, 사회보장제도와 블록체인, 노인 돌봄, 돈의 심리, 약선 음식 등이다. 다소 4차 산업혁명과는 생소한 소재라고 여겨질 지도 모르겠지만 이 주제들은 분명 우리가 살아가면서 반드시 있어야 할 필요한 주제이기에 저자들의 손길을 통해 풀어나가고 있다.

그 외 다른 주제 역시 다양한 시각에서 4차 산업혁명 시대의 변화와 이에 대처하기 위한 것들을 소개하고 있어 아직도 4차 산업혁명에 대해 이해가 부족한 독자라면 이 책이 길안내 역할을 톡톡히 해 줄 것을 기대한다.

끝으로 이 책의 감수를 맡아 수고하신 전 세종대학교 세종CEO 지도교수이며 현재 한국소셜미디어진흥원 부원장이신 김진선 교수님께 감사를 드리며, 미디어 북 임직원 여러분께도 감사의 말씀을 전한다.

2019년 6월

(사)4차 산업혁명연구원 이사장 **최 재 용**

# Contents

# Contents

Contents

## 6 4차 산업혁명 시대 속에서의 돈의 심리

천 은 주

Contents

## 7 4차 산업혁명 IoT에 날개를 더한 5G

한 승 훈

Contents

## 8 4차 산업혁명 시대 사회보장체계의 블록체인에 대비한 시스템도입

홍 승 현

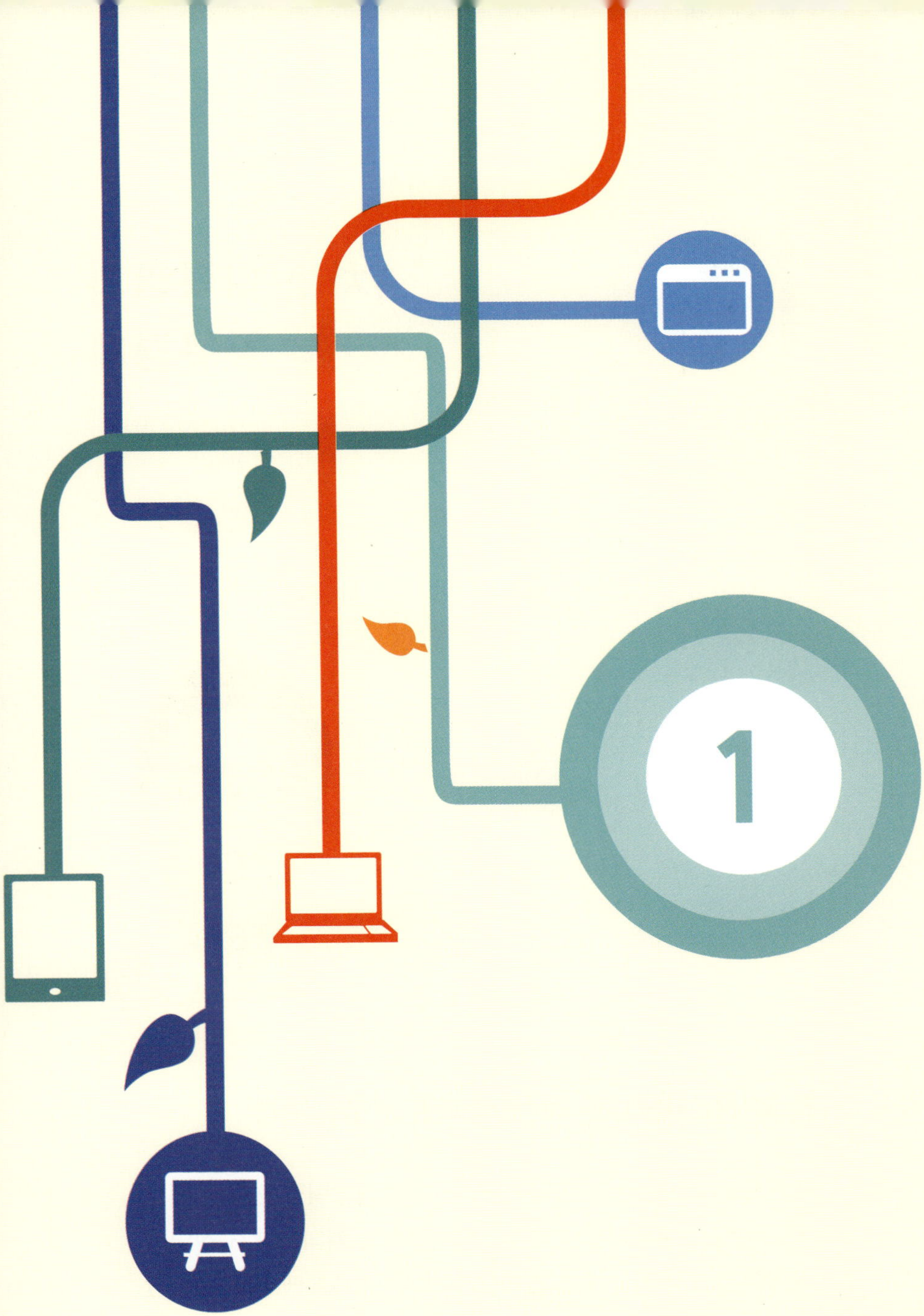


# 4차 산업혁명과 공유경제

# 4차 산업혁명과 공유경제

**최 재 용 사단법인 4차 산업혁명 연구원 원장**

과학기술정보통신부 인가 사단법인 4차 산업혁명 연구원 원장이자 파이낸스투데이 경제신문 부회장이다. 캐나다에서 상담학 박사학위를 취득하고 특허청, 행정안전부, 신세계백화점, 롯데그룹 등에서 4차 산업혁명 강의와 컨설팅을 하고 있다.

## Prologue

필자는 미국 샌디에고에 '소셜미디어 마케팅 월드'라는 콘퍼런스가 있어 다녀왔다. 착륙하는 비행기 창으로 바라본 하늘은 눈이 부시도록 푸르렀고 푸른 하늘이 부러웠다. 공항에 내리니 우버와 리프트 등 공유자동차를 타는 승강장이 따로 마련돼 있었다.

[그림1] 미국 샌디에고 공유경제 영상 보기

우버 애플리케이션을 깔고 숙소 주소를 입력 하니 2분 만에 차량이 왔다. 벤츠자동차 핸들을 잡고 있는 운전자는 은퇴한 70대 해군 장교였다. 사람들 만나는 게 좋아 소일거리로 우버 드라이버를 한다고 했다. 그는 짐을 올리고 내려줬다. 차 안엔 마실 물과 껌도 비치돼 있었다. 우버는 요금이 택시 보다 3분의 1이나 저렴해 일정 내내 활용했다.

숙소 예약은 글로벌 숙박공유 플랫폼인 에어비앤비를 이용했다. 에어비앤비 수퍼 호스트인 집주인은 그래픽디자인 일을 하면서 오션비치 바닷가에 위치한 방 3개짜리 집을 빌려 부업으로 공유숙박업을 하고 있었다. 집주인은 에어비앤비로 매월 집세를 내고도 월급의 절반 정도를 번다고 한다.

[그림2] 에어비앤비 공유 숙박 미국 샌디에이고 오션비치

시내에서의 이동은 공유전기자전거와 공유 1인 모빌리티를 이용했다. 공유 애플리케이션을 깔고 QR코드를 대니 잠금 장치가 풀렸다. 타고 다니다 아무 곳에나 세워두면 그만이다. 밤에 차량이 수거해 충전하고 시내 곳곳에서 탈 수 있도록 다시 비치하는 시스템이다.

[그림3] QR코드로 활용하는 공유 자전거

샌디에고 다운타운에 교통체증이 없는 이유는 주차비가 비싸 자기 차량을 타고 시내에 들어오는 시민들이 적어서다. 주로 전철이나 버스를 타고 가까운 거리는 전기자전거나 1인 모빌리티를 이용한다. 샌디에고 하늘이 푸르고 공기가 맑은 이유를 알 것 같았다.

이번 샌디에고 출장 중엔 현금 결제 없이 공유경제 애플리케이션이나 신용카드만 사용했다. 잔돈을 거스르지 않아도 되고 귀국할 때 남은 현금을 쓰기 위한 부질없는 지출도 하지 않게 돼 좋았다. 필자는 이번 여행을 통해 공유경제에 대한 관심이 커졌고 본문을 통해 함께 알아보고자 한다.

## 01 공유경제

### 1) 개 념

한 번 생산된 제품을 여럿이 공유해 쓰는 협업 소비를 기본으로 하는 경제를 의미한다. 쉽게 말해 '나눠쓰기'란 뜻으로 자동차, 빈방, 책 등 활용도가 떨어지는 물건이나 부동산을 다른 사람들과 함께 공유함으로써 자원 활용을 극대화하는 경제 활동이다. 소유자 입장에서는 효율을 높이고 구매자는 싼 값에 이용할 수 있게 하는 소비형태인 셈이다.

지난 2008년 미국 발 경제 위기의 충격이후 새롭게 탄생한 개념으로 로렌스 레식(Lawrence Lessig) 하버드대 법대 교수가 처음 만들어 냈다. 대량생산과 대량소비가 특징인 20세기 자본주의 경제에 대비해 생겨난 개념이다.

[그림4] 공유경제에 대한 학자들의 다양한 견해

## 2) 공유경제의 유형

공유 경제의 유형에는 다음 3가지 유형이 있다.

### (1) 유튜브와 MOOC

첫째 시간과 정보를 공유하는 유형 비즈니스 모델로는 '유튜브'와 'MOOC'를 들 수 있다. MOOC란 '온라인 공개 수업(Massive Open Online Course)'의 약자다. 보통 '무크'라고 읽는다. MOOC의 사전 상 의미는 '대규모 사용자를 대상으로 제공하는 온라인 공개 수업'이다. 일반적으로 대학 수업을 온라인으로 접속해 들으면서 동시에 무료로 들을 수 있는 강의를 MOOC라고 표현한다. 광범위하게는 테드(TED)와 같은 1회성 강의도 MOOC에 포함되고 유료 강의도 역시 MOOC로 보기도 한다.

[그림5] 공유경제의 유형(출처: 이민화 교수 창조경제연구회 공유경제 강의)

### (2) 에어비앤비

둘째로 공간과 물질을 공유하는 대표적인 공유경제 모델은 '에어비앤비' 이다. 에어비앤비는 지난 2008년 8월에 창립된 숙박 공유 플랫폼 스타트 업이다. 본사는 캘리포니아 주 샌프란시스코에 있으며 우버와 더불어 가장 주목받는 스타트 업으로 꼽힌다.

에어비앤비(Airbnb)는 조 게비아(Joe Gebbia)와 브라이언 체스키(Brian Chesky), 네이선 블레차르치크(Nathan Blecharczyk)가 머물던 샌프란시스코의 한 아파트에서 시작됐다. 이 아파트는 조 게비아의 집으로 지난 2007년 3명의 공동창업자가 함께 지내던 곳이다. 세 사람은 새 사업을 시작하겠다며 다니던 직장에서 나왔다. 조 게비아는 "세상에 영향을 미치고 싶었다."라고 말했는데 딱 한 가지 그들에게 없던 게 있었다. 바로 사업자금이었다.

그러다 세 사람은 집 안에 남는 공간이 있다는 걸 깨달았다. 집이 큰 건 아니지만 잘 쓰지 않는 공간이 있었던 거다. 마침 지난 2007년 10월 샌프란시스코에선 대규모 디자인 콘퍼런스가 열렸다. 호텔마다 손님들로 만원이었다. 조와 브라이언, 네이선은 가욋돈을 벌고자 3명의 디자이너에게 집을 빌려줬다. 세 창업자는 손님에게 샌프란시스코의 커피숍과 식당을 소개하고 아파트 근처 동네를 보여줬다. 손님에게 에어베드(air bed)와 아침(breakfast)을 내줬다는 점에 착안해서 만들어진 게 지금의 에어비앤비(Airbnb, air bed & breakfast)다.

에어비앤비의 서비스는 자신의 집을 상품으로 내놓는다는 아이디어에서 출발한다. 집주인(Host)이 사용하지 않거나, 잠시 집을 비울 때, 혹은 집에 비는 방이 있을 때 "원하는 사람은 얼마를 내고 쓰라."고 내놓는다. 여행객이나 머물 곳이 필요한 사람(Guest)이 해당 집이 필요하다고 신청하면 상호 동의 아래 집을 빌려주고 쓸 수 있다. 에어비앤비는 이 과정에서 수수료를 챙긴다.

이처럼 에어비앤비는 친척도 친구도 아닌, 전혀 모르는 사람에게 내 공간을 내어주는 서비스다. 숙박업소가 아니라 일반주택이 이렇게 이용된다. 집을 통으로 빌려줄 수도 있고 방 한 칸만 빌려줄 수도 있다. 집을 빌려주는 사람은 사용하지 않는 기간 동안 집을 잠시 빌려주는 대가로 금전적인 이익을 볼 수 있고, 사용하는 사람은 일반적으로 지출해야 할 숙박비용보다 더 저렴한 가격이나 좋은 조건으로 머물 곳을 찾을 수 있다.

모르는 사람에게 집을 빌려주는 것은 어느 정도의 신뢰를 담보로 한다. 에어비앤비도 단순히 사람의 선의를 믿는 정도로만 시스템이 짜여 있지는 않다. 제도적인 장치도 마련돼 있다. 게스트(Guest)는 숙소를 예약할 때 에어비앤비를 통해 숙박대금을 지불하고, 집주인(Host)은 게스트가 체크인하고 24시간 후에 에어비앤비를 통해 숙박대금을 받는다. 보험도 있다. 집주인(Host)은 에어비앤비 호스트 보호 프로그램을 통해 절도와 기물파손으로 인한 피해를 최대 10억 원까지 보상받을 수 있다. 에어비앤비 자체 고객지원 서비스도 존재한다.

에어비앤비는 그간 상품으로 여겨지지 않았던 '집'에서 가치를 창출한다는 개념에 바탕을 둬 사업을 확장했다. '어차피 남는 방'을 돈을 벌 수 있는 수단으로 바꿔준 것이다. 현재 에어비앤비는 여행은 물론 부동산의 개념까지 흔들며 성장하고 있다.

에어비앤비는 관광산업 활성화에 기여한다. 많은 여행객에게 에어비앤비가 익숙한 플랫폼이 되고 있기 때문이지만 기존 집을 활용한다는 아이디어도 장점이다. 여행자가 머물 곳이 부족하다고 모텔이나 호텔 등 새로운 숙박시설을 짓는 대신 에어비앤비가 활성화되면 이미 있는 집을 활용할 수 있다. 덕분에 해당 지역 자치단체는 숙박시설이 모자란다고 추가로 사업을 벌이지 않아도 된다. 방세나 추가 수입을 노리고 빌려주는 경우도 마찬가지다.

그러나 에어비앤비에도 한계는 있다. 특히 국내 가옥 구조상 독립된 공간을 쉽게 찾을 수 없다. 방 하나 빌려주는 것도 서구식 가옥과는 다르다. 에어비앤비 미국은 일반 가정집이 주를 이루지만 우리나라는 게스트하우스나 민박 등 전문 숙박시설이 올라올 수밖에 없다.

물론 호텔 등 전문 숙박시설이 올라오는 것은 한국만의 특징이 아니라 에어비앤비가 진출한 나라에서 보편적으로 관찰되는 현상이다. 저렴한 가격을 장점으로 내세우고 수익 극대화를 동력으로 삼는 O2O 서비스로 변화하는 셈이다. 이윤 극대화가 주된 참여 동기가 됐고 소유한 재산을 공유하는 것이 아니라 돈을 벌기 위해 재산을 재임대하는 형태로 바뀌고 있는 점이 안타깝다.

### (3) 와홈(WA HOME)

셋째로 인력을 공유하는 대표적인 공유모델은 '와홈(WA HOME)'을 들 수 있다. 와홈(WA HOME) 이란 가사도우미 소개서비스로 각 가정에서 가사도우미가 필요할 때 스마트 폰 애플리케이션을 통해 청소 수요자와 공급자를 연결해 주는 비즈니스이다. 국민배우 배용준으로부터 30억 원을 투자 받기도 했다.

## 02 국내 공유경제 비즈니스 현황

### 1) 공유경제 차량 서비스 '쏘카'

차가 필요하면 스마트 폰에 애플리케이션을 설치하고 자동차를 빌려 타는 서비스로 이재웅 쏘카 대표는 "차량을 소유하는 것이 아니라 공유하는 시대가 다가오는 만큼 새로운 습관과 문화를 만드는 것이 중요하다."며 '쏘카는 오너 및 이용자들의 취향과 경험을 기반으로 좀 더 개인화된 맞춤형 차량공유문화와 시스템을 구축하기 위해 다양한 실험을 지속해 나갈 것'이라고 신문 인터뷰에서 말했다.

### 2) 사무실 공간 공유 서비스 '르호봇(Rehoboth)'

르호봇은 소규모 창업자와 스타트 업을 대상으로 사업에 필요한 시설이 갖춰진 사무실 공간을 임대하는 공유오피스 모델을 국내에 처음 선보인 업체로 지난 1998년 설립됐다. 전국에 54개 비즈니스 센터를 운영 중이며 베트남에도 진출했다.

### 3) 면접 정장 공유 서비스 '열린 옷장'

'열린 옷장'은 사회 선배들의 정장을 기부 받아 취업 준비생들에게 저렴한 비용으로 대여하는 서비스로 안 입는 정장을 '열린 옷장'에 기부하면 취업 준비생에 도움을 줄 수 있다. 열린 옷장은 광고회사 크리에이티브 디렉터 출신인 김소령 대표가 같은 뜻을 가진 지인 두 명과 함께 만든 사회적 기업이다. 3명의 옷장에서 꺼낸 10벌의 정장으로 시작해 지금은 1만여 점의 정장과 셔츠, 구두, 벨트 등이 모였다. 이곳을 사용하는 사람만 해도 지난 7년간 11만 명이 넘었다고 한다.

[그림6] 국내 공유경제 비즈니스(출처 : 창조경제연구회 이민화 교수)

## Epilogue

제4차 산업혁명 시대에서는 공유경제가 세계적인 대세이다. 즉 경제 개념이 개인 소유 혹은 개인 이익에서 공공의 소유 혹은 공공의 이익으로 전환하고 있다. 이와 같은 변화들이 지금은 다소 낯설거나 생소하기도 할 것이다. 특히 에어비앤비와 같은 경우 숙박을 예약하는 입장보다 이 사업을 하고자 하는 이들의 우려가 더 클 것이다. 그러나 시대가 점차적으로 이처럼 서로 나누고 채워주는 경제논리를 요구하고 있는 시점에서 에어비앤비는 약간의 위험을 감수하더라도 충분할 만큼의 매력이 있는 비즈니스 모델이다.

소유의 개념이 그만큼 개인에서 공공으로 넘어가는 시대 속에 살고 있다. 국내에는 아직 그렇게 활성화 되지는 않지만 그래도 숙박업소 중심으로 확산돼가는 추세이다. 개인의 입장에서 보더라도 여행지에서 낯선 환경보다는 가정적인 즉 내가 살던 집과 같은 푸근한 느낌을 받을 수 있는 숙소라면 그 여행이 더 즐겁게 느껴질 것이다.

해외에서 에어비앤비가 낯설지 않은 것은 그만큼 이 서비스를 이용했던 이용객들의 재수요가 늘어나기 때문일 것이다. 이용하게 될 집이 만족하지 않았다면 다시금 그 숙박업소를 방문할 이유가 없기 때문이다. 그래서인지 동남아 등을 중심으로 국내에서도 경제적으로 여유가 되는 사람들은 적극적으로 집을 임대해서 에어비앤비 사업을 하고 있는 경우도 늘어나고 있는 추세이다.

제4차 산업혁명 시대에는 다양한 분야에서 공유경제의 개념이 도입되고 있다. 선진국에서는 이미 제4차 산업혁명 시대 속 문명의 이기를 누리고 있는 듯하나 우리나라는 아직 이와 같은 공유경제의 개념이 시작 단계에 머물고 있는 듯하다. 그러나 이익집단들을 보호하기 위한 시대적인 흐름을 역행해서는 안 된다.

국내에 공유경제가 자리 잡기까지는 많은 시행착오와 시간이 필요한 듯 보이나 이제 시대적인 흐름을 우리라고 거스를 수만은 없다. 앞으로 공유경제는 전 세계적으로 다양한 분야에서 다양한 형태로 확산 될 것이다. 이것이 바로 제4차 산업혁명 시대가 요구하는 경제이며 수요자나 공급자 모두가 만족하고 행복할 수 있도록 노력해야 할 것이며 나아가 공유경제와 상생하는 그날을 기다려본다.

# 4차 산업혁명 시대에 뇌를 돕는 약선 음식

2

# 4차 산업혁명 시대에 뇌를 돕는 약선 음식

## 김 민 서

국제 산야초 연구소의 소장이자 대한 약선협회 이사이며 약선학 석사 학위를 취득한 국제 약선사이다. 그 외에도 캐나다에서 상담, 코칭학 박사 학위를 취득했다. 군장대학교 농식품자원과 교수를 지냈으며 현재는 전북대학교 평생교육원 강사로 활동 중이다. 1990년부터 2019년 현재까지 약용식물, 약선 음식, 산야초 식초, 산야초꽃차, 산야초효소, 산야초술, 산야초떡, 사찰요리, 발효식품, 약초기행, 천연염색, 푸드코칭 등을 전국에 다니면서 강의를 하고 있다.

## Prologue

4차 산업혁명 시대를 맞이하여 많은 사람들이 창의적이고 독창적인 개발을 위해서 머리를 많이 활용하게 된다. 뇌를 많이 활용하는 분들에게 건강에 대한 부분이 염려되어 뇌에 도움이 되는 식재료의 효능과 산야초의 효능을 활용한 약선 음식을 권유하고 싶어 이 책을 쓰게 됐다.

과학자들은 뇌에 도움을 주는 10대 식품을 발표했다. 그것을 바탕으로 산야초와 궁합이 잘 맞는 약선 음식을 만들어 보급하고 싶은 마음이 들었다. 약선 음식은 약의 기능을 가진 음식으로 식습관의 잘못과 여러 가지 스트레스를 받으며 살아가는 현대인들로 하여금 건강의 균형을 유지하고 질병을 예방하면서 건강한 삶은 유지하기 위한 방법이다.

약선 음식은 인류가 탄생하면서부터 시작됐다. 상고시대부터 약식동원, 의식동원이라 해서 약과 음식이 같다는 관념으로 오랜 세월을 거치면서 쌓인 경험을 토대로 동양의학과 함께 발전해 왔다. 동양의학 기초이론을 근거로 해 인체의 건강상태와 체질을 잘 구분하고 계절, 생활환경, 식습관도 참고로 해서 약선 음식을 잘 선택해야 한다.

## 01 4차 산업혁명과 음식의 연관

### 1) 외식음식 배달문화

한국의 외식자영업자들 영업방식 중 배달이 차지하는 부분이 많아지고 있다. 아파트, 핵가족, 1인 가구, 맞벌이 가구, 집단주거 등이 확산 되면서 치킨, 중화요리, 야식음식의 발달로 배달은 점점 확대되고 있는 추세다. 배달문화는 직접 고용한 배달인력, 주인이 배달을 했으나 최근에는 임금상승으로 배달 전문서비스(배달 앱)를 이용하고 있다. 배달 앱 이후로 대형 외식대기업들의 다양한 참여와 무한경쟁시대로 변해서 전 세계적으로 핫한 산업으로 빠르게 발전하고 있다. 이러한 발전에 도움을 주고 있는 스마트 폰의 대중화, 바쁜 일상, 요리시간 단축 등과 음식을 만들어 먹는 가정이 줄어들고 있어 외식음식 배달은 점점 발전한다.

* 우버 - 미국 차량공유업체 우버는 '우버이츠'를 활용한 배달음식 성과를 올린다.
* 아마존 - 세계 최대 전자상거래인 아마존도 아마존 레스토랑에서 음식배달을 한다.
* 그랩이 - 동남아시아의 차량공유 업체 그랩이는 '그랩프레시'로 운영 중이다.
* 알리바바 - 중국 알리바바가 '어러머'로 텐센트가 '메이퇀덴핑'이라는 배달 앱으로 경쟁을 한다.
* 쿠팡 - 국내 배달 앱 쿠팡은 식음료 주문서비스로 '쿠팡이츠'로 가세를 했다.

## 2) 드론 음식배달

세계 최대 차량 호출 서비스기업인 우버가 오는 2021년 드론을 이용한 음식배달 서비스를 시작하기 위해서 우버는 드론 조종 전문 인력을 모집 중이다. 우버 익스프레스는 안전, 효율적인 확장운용이 가능한 비행을 책임지는 업무를 맡게 되며 임원자격요건은 전기스쿠터, 자율주행차 장비 이상의 하드웨어 개발 경험으로 제한 했다. 우버는 미국 연방항공청(FAA)이 드론산업육성을 위해 공모한 10개 시험프로젝트에서 알파벳, 퀄컴, 마이크로소프트(MS), 애플 등과 함께 캘리포니아주 샌디에이고에서 드론배송 시험에 나설 예정이다.

### (1) 월스트리트저널(WSJ)

다라 코스로샤히 우버 CEO가 드론을 통해서 음식을 배달하는 '우버 익스프레스'를 음식배달서비스를 우버이츠 아래에 포함 될 상업적인 운용이 목표다.

### (2) 코스로샤히 CEO

코스로샤히 CEO는 "햄버거를 공중으로 배달하는 도시에서 이동성 문제를 해결해주는 열쇠라고 나는 개인적으로 믿고 있다."라며 '드론을 이용하면 5~30분 이내에 배달이 이뤄질 것' 이라고 말했다. 또한 드론 음식배달의 미래를 강조하며 "우리는 플라잉 버거(flying burger)가 필요 하다."고 덧붙였다.

### (3) 한 국

오토바이를 타고 배달하는 철가방이 사라지고 전문 드론조종요원이 대체하게 된다.

### 3) 빅 데이터와 음식

빅 데이터는 사람들이 갖고 있는 일종의 패턴, 습관이라고 할 수 있으며 습관적인 사람들의 정보를 분석해 결과를 도출하면 방향성을 제시할 수 있다. 제4차 산업혁명의 중심에 있는 빅 데이터를 활용하게 되면 현재 우리가 안고 있는 여러 문제를 해결할 수 있다.

음식은 사람에게 에너지, 경제, 영양, 생태적인 면들을 제고하고 있다. 일반대중에게 값싼 음식을 제공하기 위해서 음식원료부터 표준화하고 가공을 원활하게 할 수 있는 산업형 음식을 만들어야 한다. 야생에서 자란 원료들은 식품가공기계에서 불순물로 작용해 효율이 떨어지며 산업형 음식은 저가음식으로 특정지역의 민속지식과 관습의 계승을 저해하고 특정 요리법의 지식도 감소시킬 수 있으며 입맛이 단순화되고 기존의 다양한 전통음식을 찾고자 하는 열망이 떨어질 수 있다.

음식은 우리의 미각을 충족시키고 자연과 만나는 통로의 역할을 해준다. 자연원료는 우리 몸속에 들어와 자연과 교감을 이루고 에너지를 얻음으로써 생명존재를 느끼게 되며 인간과 자연의존이 지속적으로 가능하게 연결돼야 한다.

빅 데이터는 음식생산에 도움이 되는 외부문제분석, 해결, 원료지역편중, 정보파악, 정보제공, 균형 잡힌 원료수매, 공급, 원료다양성, 새로운 요리개발, 지역에서 발굴 되지 않은 지역문화, 음식문화 등의 정보를 제공해 줄 수 있으며 인간과 자연을 연결하는 음식문제를 빅 데이터로 활용할 수 있다.

### 4) 로봇이 요리하는 레스토랑

최근 미국, 중국 등에서 '무인레스토랑'을 다양한 방법으로 활용하고 있다. 지난 2017년 알리바바를 통해 로봇레스토랑 징둥이, 쐉스이는 톈진(天津)빈하이 중신셩타이청(中新生态城)에 '징둥 X미래레스토랑(京东X未來餐厅)'을 오픈했으며 징둥의 로봇식당은 알리바바식 무인화레스토랑에 로봇기술을 접목해 음식주문, 조리, 서빙, 접객을 로봇이하는 지능화무인레스토랑이다.

'과학기술기반 쇼핑'의 최적화를 추구하며 미래레스토랑, 무인마켓도 그 목표로 미래레스토랑 사업을 맡고 있는 샤오쥔(肖军) X사업부 부총재는 '오는 2020년까지 중국 전역에 1,000개의 로봇식당을 오픈할 계획'이라며 '우리의 로봇이 중국을 넘어 세계에서도 인정받을 것'이라 자신감을 드러냈다.

미래레스토랑에서는 중국 유명요리사의 레시피를 기반으로 중국의 8대 요리를 포함한 총 40여개의 음식을 만들었고 중국인이 선호하는 볶음요리는 계승자들을 특별 초청해서 제조기술을 로봇에게 온도, 시간, 재료 등을 정량화, 표준화 했다. 또한 4D게임기, 무인판매대, 180° 빔 프로젝트를 구비한 특별석으로 체험서비스도 제공한다.

징둥은 자동화물류센터를 보유한 이커머스회사로 무인배송분야를 선도하는 기업이며 축적된 기술력을 무인레스토랑에 접목한 것이다. 징둥 미래 레스토랑과 알리바바 무인식당은 외형상 빅 데이터와 로봇기술로 구분 되지만 두 형태가 융합된 새로운 지능화매장으로 제품공급, 매장솔루션, 로봇을 활용한 접객서비스로 업그레이드된 형태이다.

구체적으로 양사의 매장과 서비스기술을 살펴본다.

### (1) 마윈과 알리바바

중국의 마윈은 중국 최초의 무인레스토랑을 항저우에 오픈했다. 알리바바는 '신 유통'과 '신 제조' 등으로 하며 주문방식은 터치스크린주문, 안면인식 결제방식으로 서빙종업원 없이 주문한 음식을 각자 자리로 가져가며 카드, 현금이 필요하지 않는 결재방식이다.

### (2) 미래레스토랑 사업 주문방법

고객들은 핸드폰으로 테이블 QR코드를 스캔해서 음식을 주문하며 주문한 음식메뉴가 요리담당 로봇에게 전송되어 조리를 하고 완성된 요리는 서빙로봇이 테이블로 배달을 하며 식사 후에 고객이 서빙로봇에게 접시를 올리고 회수버튼을 누르면 서빙로봇이 접시를 가져간다.

### (3) 미래 레스토랑 사업 서빙로봇

서빙로봇은 자율운전기능이 있어서 지능적으로 장애물을 회피할 수 있으며 자동경로탐색, 음식서빙, 식기회수가 가능하다. AI 음성기술의 탑재로 고객과 일정부분이 소통가능하고 고객은 옵션을 통해서 음식의 간도 선택할 수 있다.

SLAM(Simultaneous Localization and Mapping)은 운항기술을 자동화 운행시스템과 고 해상 지도기술을 활용해 내부의 정확한 위치를 파악하고 움직인다.

[그림1] X미래레스토랑 1호점 내부

[그림2] X미래레스토랑 조리실 전경

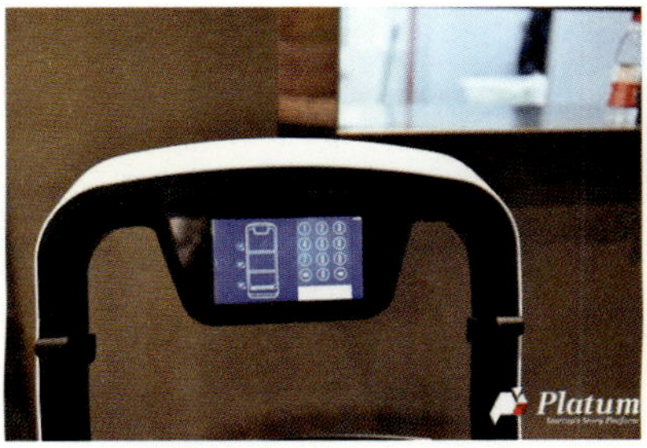


[그림3] X미래레스토랑 1호점 서빙로봇

[그림4] X미래레스토랑 1호점 내부

(그림1-4 출처 : 플래텀DB, 글 : 조상래)

## 02 4차 산업혁명과 뇌의 기능

### 1) 뇌의 3층 구조와 뇌 발달 과정

#### (1) 뇌의 3층 구조

우리의 뇌는 [그림5]에서와 같이 3층의 구조로 되어 있다.

1층은 파충류의 뇌, 2층 감정(동물)의 뇌, 3층 지혜의 뇌로 구분할 수 있다.

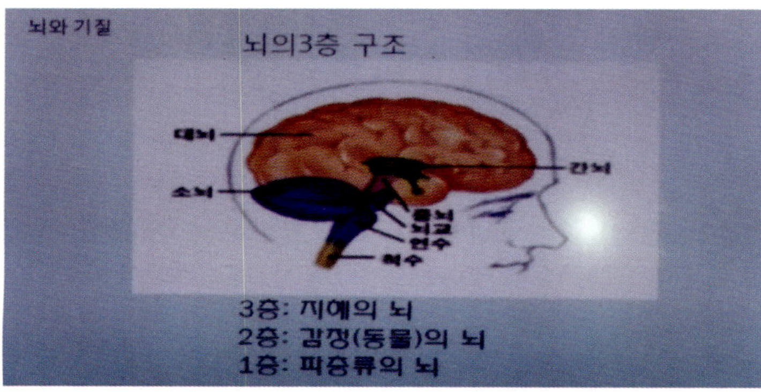


[그림5] 뇌의 구조

#### (2) 뇌 발달 과정

① 0세 ~ 3세 : 대뇌피질, 오감교육과 음식섭취가 중요하다.

② 4세 ~ 5세 : 전두엽 (인간성, 도덕성, 종교성 등)

③ 6세 ~ 12세 : 두정엽, 측두엽 (수학, 공간개념 등)

④ 12세 ~ 15세 : 후두엽 (사춘기 멋 부리기, 연예인 관심 등)

⑤ 15세 이상 : 거의 다 발달 했다.

⑥ 30세 이상 : 하루 10만개 ~ 30만개씩 죽는다. (스트레스가 큰 요인)

### 2) 뇌 발달의 일반적 원칙

#### (1) 뇌는 적절한 자극에 발달한다

① 너무 과잉사용 시 장기적 자극은 손상을 받는다.
② 뇌는 휴식과 수면이 필수이다.

#### (2) 뇌는 끊임없이 창조한다

① 죽은 신경세포는 살릴 수 없다.
② 시냅스는 새로 만들어진다.

#### (3) 뇌는 평생 발달할 수 있으며 학습(지성)과 관련이 있다

#### (4) 뇌의 창의력은 정서(감정)와 밀접하게 연관돼 있다

#### (5) 뇌기능은 특정한시기, 특정한 기간에 더 효율적으로 잘 습득한다

#### (6) 뇌에 미치는 영향

환경요인(스트레스, 풍족한 환경)은 뇌의 발달과 기능(이성, 감성)에 중대한 영향을 미친다.

#### (7) 뇌가 지쳤을 때

건망증, 편두통, 피로증가, 뇌세포 활동위축, 파괴, 스트레스에 민감, 머리가 무거워진다. 작은 자극에 피로, 뇌 노화로 정신건강에 지장을 준다.

#### (8) 과도한 스트레스, 뇌의 피로 누적 시

집중력감소, 기억력감소, 우유부단, 불안, 신경과민, 우울증, 분노, 좌절감, 근심, 걱정, 불안, 성급함, 인내부족, 안절부절, 손톱 깨물기, 음주, 흡연, 발 떨기 등의 신경적인 습관이 증가한다.

### 3) 뇌의 동양학

두개골 내에 위치한 기관으로 수(髓)가 회집(會集)해 이룬다. '수지해(髓之海)'라고도 한다.

#### (1) 생명활동을 주제

① 뇌는 인체의 생명 중추로 인체의 생명활동을 주제한다.
② 뇌는 선천지정(先天之精)의 화생으로 생겨난다.
③ 뇌에서 화생된 신을 원신(元神)이라고 한다.
④ 뇌를 원신지부(元神之府)라고 한다.
⑤ 뇌가 손상당하면 생명이 위급해지게 된다.

#### (2) 정신활동을 주관

① 정신활동은 의식사유 활동, 정신감정 등의 활동을 말하는 것으로 객관적인 외계(外界) 사물이 뇌에 반영된 결과이다.
② 뇌는 원신지부(元神之府)로 인간의 사유, 의식, 기억, 감정 등을 주관하게 된다.
③ 뇌의 활동이 정상적이면 정신이 맑고 충만하며 사유(思惟)가 민첩하고 기억력이 좋으며 언어가 명확하고 감정 등이 정상적이다.

#### (3) 감각운동을 주관

① 뇌의 기능이 정상적이면 사물이 명확하게 보이고 잘 들린다.
② 후각이 민감하고 언어가 매끄러우며 신체운동이 자유롭게 된다.
③ 뇌수 부족 시 사물이 흐릿하게 보이고 청력저하, 후각둔감, 언어장애, 운동장애가 오며 무력해지면서 누우려고 한다.

### (4) 오장과 관계

① 심장, 간장, 신장과 밀접한 관계를 갖고 있다.

② 심장 – 군주지관, 오장육부의 대주, 장신(藏神),
인간정신의식 사유 활동을 주도한다.

③ 간장 – 소설을 주관한다.
모려를 주관한다.
정신활동을 조절하는 작용을 한다.

④ 신장 – 정기 저장한다.
정(精)은 수(髓)를 만들며 수(髓)는 뇌로 통한다.

⑤ 신장정기가 충만 시 수해(髓海), 충양(充養), 뇌의 발육이 건전하게 된다.

### (5) 오관과 관계

① 목(目), 설(舌), 구(口), 비(鼻), 이(耳) 등 오관(五官)은 머리에 위치하고 있다.

② 인간의 시각, 청각, 후각, 미각 등과 언어, 운동 등은 뇌와 밀접한 관계가 있다.

### 4) 뇌에 해로운 것들

#### (1) 과도한 동물성지방, 트랜스지방

① 몸의 신진대사를 교란시킨다.

② 뇌건강의 위험인자인 비만, 고지혈증, 당뇨병의 발생을 높인다.

③ 식습관을 관장하는 조절중추의 문제로 너무 많이 섭취하면 뇌가 과식, 폭식, 과도한 칼로리 섭취에도 포만감을 느끼지 못하는 잘못된 식습관이 된다.

#### (2) 지나치게 정제한 백미, 밀가루

① 정제되면 섬유질이 사라진다.

② 녹말만 남은 백미, 밀가루는 뇌에 쉽게 분해·흡수 되어 혈당이 급격히 올라간다.

③ 올라간 혈당은 췌장에서 인슐린을 지나치게 많이 분비하게 된다.

④ 인슐린이상으로 탄수화물을 충분히 섭취해도 포도당이 혈액에 제대로 흡수되지 않아서 두뇌 활동능력이 떨어진다.

#### (3) 설탕, 사탕 등 과도한 당분

① 탄수화물 비중이 높은 식단은 과도한 당분섭취가 된다.

② 중성지방으로 변환돼 뇌혈관에 나쁜 영향을 미쳐서 뇌의 식습관을 관장하는 조절중추를 파괴한다.

#### (4) 뇌에 좋다고 많이 먹으면 독

① '맛있다'고 느껴지는 음식을 과도하게 섭취하면 뇌가 점점 더 갈구하는 쪽으로 중독현상이 생긴다.

② 과식, 폭식으로 뇌, 뇌혈관에 나쁜 영향으로 비만, 동맥경화증의 주요원인이 된다.

### 5) 뇌에 나쁜 음식

#### (1) 뇌에 나쁜 영향을 줘

① 카페인은 중독성이 있어서 적은 양을 섭취해도 뇌에 영향을 준다.

② 커피, 홍차, 카페인음료, 인스텐트음식, 가공식품 등이 있다.

#### (2) 뇌의 신경세포 흥분, 뇌 활동을 불규칙하게

① 설탕이 들어간 음식 종류이다.

② 청량음료, 과자류, 빵류 등이 있다.

#### (3) 뇌세포가 죽을 때까지 흥분

① 조미료가 많이 들어간 음식 종류이다.

② 아스파탐, 스플랜다, 사카린, 화학감미료, 조미료, 무설탕 껌, 다이어트음료 등이 있다.

#### (4) 뇌 활동을 더디게 하는 식품(산화된 불포화지방산)들

① 냉장고에 오래 보관한 식품과 오래된 기름 종류이다.

② 육류, 생선, 튀긴 음식 등이 있다(산화된 불포화지방산).

#### (5) 육류 섭취

① 살코기 위주로 먹는다.

② 기름이 있는 부위는 피하도록 한다.

#### (6) 조리방식

① 튀김보다는 조리거나 굽거나 찌는 등의 방법이 좋다.

② 식물성기름이 더 좋다.

### 6) 뇌에 좋은 음식

나이가 들수록 기억력, 집중력이 떨어지는 것은 뇌에 원인이 있다. 최근 과학자들은 사람의 심장과 뇌에 좋은 음식은 대뇌에도 좋고 사람의 지능향상에 도움이 된다고 했으며 그중에서 붉은 딸기를 최고로 꼽았다. 딸기는 풍부한 산화방지제가 있어 인체 내 산소가 심장, 혈관손상방지, 기억력감퇴, 노인운동기관의 퇴화를 예방한다고 하였으며 귤은 산화방지제의 양이 붉은 딸기보다 적으나 시력개선 물질이 들어있고 사탕무, 양배추는 알츠하이머 증세유발을 치유하며 사람인지기능을 낮추는 효소를 파괴하는 물질이 들어있고 연어, 정어리, 청어 등은 인체중의 유해효소 일부를 분해할 수 있는 음식으로 선정됐다.

뇌에 좋은 음식을 식자재와 약재의 효능을 중심으로 일부 정리하였다. 약선 음식은 식물의 성질, 색, 효능 등을 근거로 선택하고 방제원리의 원리로 배합하며 과학적인 조리방법을 응용해서 음식을 만들고 맛을 유지하면서도 약선의 효능이 발휘될 수 있도록 하는 기능성 요리를 말한다. 인체의 생리적 특징이나 병리적인 현상을 한방학적 이론으로 접근해 진단하고 건강상태에 적합한 음식을 만들어 제공함을 목적으로 한다. 각자의 취향과 건강상태에 따라 적절하게 응용해서 약선 음식을 만들어 먹는다면 뇌건강에 많은 도움을 줄 것으로 사료된다.

## 7) 뇌에 좋은 음식 종류

### (1) 통 곡물

수수, 통밀, 배아현미, 귀리, 보리, 현미, 콩 등이 있다.

뇌세포에 도움을 주는 미네랄과 단백질이 풍부하다. 잡곡에는 비타민 B1 풍부하며 뇌의 에너지원인 포도당생성을 촉진하게 해서 뇌 건강에 도움을 준다.

#### ① 수수(본초강목)

- 성질 – 따뜻하고 맛은 달며 떫다. 비, 위, 폐경으로 들어간다.
- 효능 – 건비지사(建脾止瀉), 화담안신(化痰安神), 비장허약설사, 곽란, 소화불량, 가래 많은 기침, 실면, 다몽 등에 효과 있다.
- 주의 – 대변이 건조한 사람, 당뇨환자는 많이 먹지 않는다.

[그림6] 수수

#### ② 검은깨

- 효능 – 레시틴성분풍부, 뇌 기능 활성화로 건망증완화, 기억력향상, 치매예방에 도움이 되는 식품이다.

[그림7] 검은깨

### (2) 등 푸른 생선

정어리, 청어, 연어, 고등어, 꽁치, 삼치, 굴, 조개 등이 있다.

두뇌 발달에 필요한 DHA, 콜린, 오메가3, 지방산 등이 들어 있다. 뇌 기능 활성화, 정상적인 두뇌활동, 뇌 혈류흐름을 원활하게 하며 기억력향상, 집중력향상, 불포화지방산의 한 종류로 체내에서 생성되지 않기 때문에 반드시 음식으로 섭취해야 한다.

#### ① 청어(herring , 青魚)

학명은 Clupea pallasii이며 청어는 대서양청어, 태평양청어를 말한다. 유럽에서 청어를 소금이나 식초에 절임, 훈제청어(kippered herring)로 이용하고 동부캐나다와 미국북동부에서는 청어를 어린고기로 'sardine'(정어리류) 통조림, 어유·어분을 만든다.

[그림8] 청어(© WIKIMEDIA COMMONS (Kils) | cc-by-sa)

#### ② 연어

풍부한 오메가 3는 건망증완화, 기억력향상, 뇌기능향상, 항암효과, 다크써클완화, 잇몸병예방, 노안예방, 단백질, DHA, EPA, 비타민, 핵산, 저칼로리 대표음식으로 미국, 유럽, 일본 등에서 초밥, 생선회, 구이, 탕, 훈제, 건조, 통조림, 소금 절임, 샐러드 등으로 많이 먹는다.

[그림9] 연어

### (3) 녹색채소

시금치, 양배추, 케일, 버섯, 브로콜리, 양상추, 파프리카 등이 있다. 다양한 색깔의 과일, 채소는 비타민 A·C·E, 코큐텐, 셀레늄과 무기질이 풍부한 녹황색채소로 항산화를 통해 뇌신경, 뇌혈관건강유지, 노화방지, 체내에 손상된 세포회복, 활성산소를 막고 세포막보호에 도움이 된다. 뇌혈관질환환자는 약물과의 상호작용을 주의 한다.

**① 시금치(복참암본초) 적근채(赤根菜), 마아초(馬牙草), 파릉채(菠薐菜), 파채(菠菜)**

- 성질 – 시원하고 맛은 달며 간, 위, 대장, 소장경으로 들어간다.
- 효능 – 양혈(養血), 지혈(止血), 평간(平肝), 윤조(潤燥)작용, 코피, 혈변, 어지럽고, 두통, 야맹증, 변비, 치질에 도움이 된다.

[그림10] 시금치

**② 양배추(본초습유)**

- 성질 – 평하고 맛은 달며 간, 장, 위경으로 들어간다.
- 효능 – 청열산결(清熱散結), 건위통락(健胃通絡), 위궤양, 만성담낭염, 갑상선항진증, 비만, 당뇨, 동맥경화에 좋은 식품이다.

[그림11] 양배추

### ③ 토마토(육천본초)

• 성질 – 약간 차고 맛은 달며 시고 간, 비, 위경으로 들어간다.
• 효능 – 생진지갈(生津止渴), 건위소식(健胃消食), 갈증, 소화불량, 고혈압, 야맹증, 안저출혈, 빈혈, 이뇨, 심혈관질환, 항산화, 뇌보호, 신경계보호, 비타민B, 활성산소억제, 미네랄성분이 풍부해 두뇌건강 도움, 세포 회복을 도와준다.

[그림12] 토마토

### ④ 피망, 파프리카

• 성질 – 평하고 맛은 달다.
• 효능 – 식욕증진(食欲增進), 체력증강(體力增强), 식욕이 없거나 빈혈, 잇몸출혈, 혈관이 약한 사람에게 좋은 식품이다.

[그림13] 피망

### (4) 과 일

사과, 딸기, 키위, 바나나, 귤, 블루베리, 블랙베리, 라즈베리 등이 있다. 뇌세포를 활발하게 하는 불포화지방산이 들어 있다.

#### ① 사과(전남본초)

- 성질 – 시원하고 맛은 달고 시며 비, 위, 심경으로 들어간다.
- 효능 – 익위생진(益胃生津), 지갈(止渴), 윤폐(潤肺), 성주(醒酒), 고혈압, 비위허약, 설사, 숙취, 진액부족갈증, 변비, 고혈지방, 비만, 천식성기관지염 효과있다.

[그림14] 사과

#### ② 딸기(대만약용식물지) – 매(莓), 초매(草莓), 양딸기, 재배종딸기, strawberry(대만약용식물지) 등

- 성질 – 시원하고 맛은 달고 약간 시며 폐, 비, 위경으로 들어간다.
- 효능 – 소서해열(消暑解熱), 생진지갈(生津止渴), 이인윤폐(利咽潤肺), 갈증해소, 마른기침, 소화불량, 기침, 풍열감기, 심혈관질환, 폐, 인후암 등에 좋다.

[그림15] 딸기

③ 바나나(본초강목습유)

- 성질 – 차고 맛은 달며 폐, 비, 위, 대장경으로 들어간다.
- 효능 – 청열해독(淸熱解毒), 윤폐활장(潤肺滑腸), 갈증, 변비, 치질출혈, 폐열기침, 고혈압, 심혈관질환, 위나 십이지장 궤양, 폐결핵, 숙취 등에 효과 있다.

[그림16] 바나나

④ 귤(신농본초경)

- 성질 – 시원하고 맛은 달고 시며 폐, 위경으로 들어간다.
- 효능 – 개위이기(開胃理氣), 생진윤폐(生津潤肺), 가래, 기침, 가슴 답답, 구토증, 갈증, 심혈관질환, 숙취해소, 암에도 적합하다.

[그림17] 귤

⑤ **포도(신농본초경)**

- 성질 – 평하고 맛은 달고 시며 폐, 비, 신장경으로 들어간다.
- 효능 – 익기보혈(益氣補血), 강장근골(强壯筋骨), 통리소변(通利小便), 기혈부족, 심계도한, 폐허기침, 갈증, 풍습병, 피로회복, 요통, 근골통증, 안토시아닌, 카테킨, 항산화, 활성산소제거, 뇌손상, 신경세포보호, 뇌혈액순환 돕는다.

[그림18] 포도

⑥ **오디**

- 효능 – 노화억제 물질인 C3G, 고혈압 억제물질인 '루틴(RUTIN)', 유리당, 혈당저하 성분인 '1–DNJ' 다량 함유, 노화억제, 당뇨병성 망막장애.
- 시력개선, 항산화작용, 혈당 내림, 디엔제이(DNJ), 당뇨환자, 소변불통, 숙취, 심장병, 신경통, 폐결핵, 폐기보호, 해열, 빈혈, 더위 먹었을 때, 머리 새치방지, 자양 강장주로도 쓰인다.

[그림19] 오디

### (5) 뿌리채소

양파, 고구마, 마늘, 당근, 단호박, 사탕무, 가지 등이 있다.

뇌세포활성 하는 불포화지방산, 뇌세포를 파괴하는 유해물질을 억제하며 카로티노이드 성분은 체내활성 산소제거, 뇌의 신경조직 질병예방에 도움을 준다.

**① 양파(약재학)**

- 성질 – 따뜻하고 맛은 달고 매우며 폐경으로 들어간다.
- 효능 – 건위리기(建胃理氣), 해독살충(解毒殺蟲), 거풍발한(祛風發汗), 고혈압, 심혈관질환, 강혈압(降血壓), 강혈지(降血脂), 강혈당(降血糖), 항암(抗癌), 당뇨, 고지혈증, 동맥경화, 소화불량, 콜레스테롤, 체지방, 신경통, 암, 중풍예방. 두통, 숙취해소, 불면증, 비듬, 기관지염, 천식, 치매, 스트레스에 도움이 된다.

[그림20] 양파

**② 고구마 (강목습유) – 산우(山芋), 감서(甘薯), 홍서(紅薯).**

- 성질 – 평하고 맛은 달다. 비경, 신장경으로 들어간다.
- 효능 – 기혈보호, 진액, 변비, 신장 정혈, 암증, 야맹증, 만성간병, 비타민결핍증, 만성신장병, 습열황달, 심혈관질환, 알츠하이머, 치매에 도움이 된다.

[그림21] 고구마

### ③ 마늘(본초경집주)

- 성질 – 따뜻하고 매우며 비, 위, 폐, 대장경으로 들어간다.
- 효능 – 해독살충(解毒殺蟲), 거담지해(祛痰止咳), 선규통폐(宣竅通閉), 수종, 이질, 설사, 혈당, 감기, 백일해, 기생충병, 콜레스테롤, 중성지방, 냉 대하, 납중독예방에 도움이 된다.

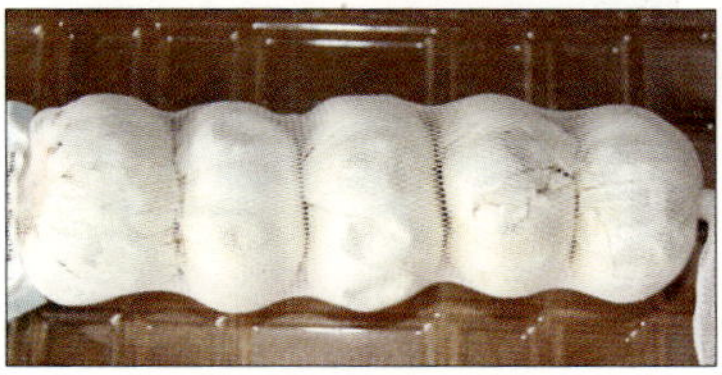

[그림22] 마늘

### ④ 당근(소흥본초)

- 성질 – 평하고 맛은 달고 매우며 비, 간, 폐경으로 들어간다.
- 효능 – 건비조소화(建脾助消化), 보혈조발육(補血助發育), 콜레스테롤, 영양불량, 비위 약한빈혈, 발육부진, 두드러기, 고혈압, 수두, 야맹증, 담결식에 좋다.

[그림23] 당근

⑤ **단 호박(전남본초)**

- 성질 – 따뜻하고 맛은 달다, 비, 위경으로 들어간다.
- 효능 – 해독소종, 중초보호, 고혈압, 심장병, 고혈지방, 당뇨병, 비만, 노인들 변비, 비뇨기결석, 해소천식, 폐용, 당뇨병에 좋다.

[그림24] 단 호박

⑥ **천마(중약학교재)**

- 성질 – 평하고 맛은 달다. 건경으로 들어간다.
- 효능 – 식풍지경(息風止痙), 평억간양(平抑肝陽), 거풍통락(祛風通絡), 두통, 진정, 지현훈(止眩暈), 뇌심혈관질환, 고혈압, 두풍두통, 성인병, 당뇨병. 사지마비, 반신불수, 신경쇠약, 혈관성두통, 급성이명, 뇌동맥경화, 뇌경색, 수면장애, 중풍, 뇌출혈, 편두통, 신경성질환, 저혈압, 뇌동맥류방지, 치매, 혈액순환장애, 손 발저림, 간질, 위궤양, 신경쇠약, 간경화, 노인성치매에 효과가 있다.

[그림25] 천마

### (6) 견과류, 씨앗류

- 호두, 땅콩, 잣, 밤, 호박씨, 해바라기씨, 아몬드, 헤이즐넛 등이 있다. 짜지 않은 견과류는 뇌세포성장, 뇌 활동에 판토텐산, 스트레스억제, 마그네슘은 급성스트레스, 코티졸은 호르몬 분비억제, 불포화지방산풍부, 뇌신경세포의 파괴방지, 뇌신경세포 성장, 인지, 기억능력 향상에 좋다.

#### ① 호두(신농본초경)

- 성질 – 평하고 심, 간, 폐, 대장경으로 들어간다.
- 효능 – 보신고정(補腎固精), 온폐정천(溫肺定喘), 익기양혈(益氣養血), 보뇌익지(補腦益智), 윤장통변(潤腸通便), 폐신양허(肺腎兩虛), 유정(遺精), 노년만성기관지염, 소변빈삭, 양위(陽痿), 요슬산통(腰膝酸痛), 기억력, 변비, 지능발달에 좋다. 리눌산 성분은 있어 스트레스로 지친 뇌를 회복작용이 있다.

[그림26] 호두

#### ② 잣 – 송자, 실백, 해송자

- 효능 – 거풍작용, 관절염, 기침에 도움이 된다.
- 한방 – 양진액(養津液), 식풍, 윤폐, 활장, 풍비, 두현, 조해, 토혈, 변비에 좋다.

[그림27] 잣

### (7) 약초

오미자, 솔잎, 홍삼, 용안육, 초석잠, 홍화 등이 있다.

**① 오미자(신농본초경)**

- 성질 – 따뜻하고 맛은 시고 달다. 폐, 심장, 신장경으로 들어간다.
- 효능 – 폐 기운수렴, 신음, 기운생성, 진액, 땀 멈춤, 설사 멈춤, 심신안정, 도한, 식은땀, 정기고정, 오랜기침, 허증천식, 신장 허한 허리통증, 유정, 기억력, 건망증, 치매, 진액갈증, 불면, 다몽.

[그림28] 오미자

**② 솔잎**

- 성질 – 따뜻하며 독이 없으며 맛이 쓰다. 심경, 비경에 들어간다.
- 효능 – 위장병, 뇌졸중(중풍), 동맥경화, 고혈압, 심장병, 신경통, 불면증, 빈혈, 천식, 비염, 아토피, 대하증, 당뇨, 순환기질환, 갈증 해소, 다이어트에 도움이 된다.

[그림29] 솔잎

### ③ 홍삼

• 효능 – 기억력개선, 면역력증진, 혈소판응집억제, 혈액흐름개선, 항산화기능개선, 피로개선, '진세노사이드' 성분은 치매지수, 알츠하이머병 수치감소 했다.

[그림30] 홍삼

### ④ 용안육(개보본초)

• 성질 – 따뜻하고 맛은 달며 심, 비경으로 들어간다.

• 효능 – 심장, 비장보호, 혈 보호, 정신안정, 선천적 허약체질, 빈혈, 신경쇠약, 실면, 건망증, 기억력감퇴, 심장병, 비위허약자, 대뇌피질 기능개선, 정신적인 작업으로 피로한 사람, 노쇠방지에 도움이 된다.

[그림31] 용안육

### ⑤ 초석잠(골뱅이 형)

• 효능 – 뇌경색, 치매, 혈관계질환, 고혈압, 변비, 면역력증진, 당뇨, 두뇌 영양제, 혈관계통 질환, 콜린과 페닐에타노이드성분으로 기억력증진, 뇌 건강에 효능이 있다.

[그림32] 초석잠

### ⑥ 홍화(본초도경)

• 성질 – 따뜻하고 매우며 심, 간경으로 들어간다.

• 효능 – 활혈통경(活血痛經), 거어지통(祛瘀止痛), 생리불순, 생리통, 폐경, 자궁근종, 하복부통증, 콜레스테롤저감, 동맥경화, 심근경색, 혈액순환, 질수축, 고혈압, 지방질분해, 비만해소, 산후 어지럼증에 도움이 된다.

[그림33] 홍화

### (8) 기타

꿀, 콩(검정콩, 완두콩), 계란, 옥수수, 다크초콜릿, 우유 등이 있다.

#### ① 꿀

• 효능 – 뇌에 포도당을 공급해 두뇌회전을 활발하게 도와준다. 집중력이 떨어지거나 시험이 있을 때 꿀물은 도움이 된다.

[그림34] 꿀

#### ② 검정콩(본초도경)

• 성질 – 평하고 맛은 달며 비, 위경으로 들어간다.
• 효능 – 활혈(活血), 이수(利水), 거풍(袪風), 자음보혈(玆陰補血), 안신(安神), 종기, 명목(明目), 보간신(補肝腎), 해독(解毒), 각기병, 수종장만, 황달부종, 풍습병, 산후통, 신허용통, 이뇨, 약물중독, 식물중독에 도움이 된다.

[그림35] 검정콩

③ **완두콩**

- 성질 – 평하고 맛은 달며 비, 위경으로 들어간다.
- 효능 – 화중하기(和中下氣), 통유리수(通乳利水), 해독(解毒) 소갈병, 구역질, 종기, 복부팽만, 각기수종, 젖이 잘 안 나올때.
  레시틴성분 – 두뇌노화 촉진하는 과산화지질 생성 억제, 치매예방.
  콜린성분 – 콜레스테롤증가로 기억력, 집중력, 뇌 기능증진에 도움이 된다.

[그림36] 완두콩

④ **계란(신농본초경)**

- 성질 – 평하고 맛은 달며 폐, 위, 위경으로 들어간다.
- 효능 – 자음윤조(滋陰潤燥), 양혈안태(養血安胎), 건뇌(建腦), 영양불량, 허약체질, 기혈부족, 산후조리, 태동불안, 뇌튼튼, 성장기 어린이, 청열해독, 폐 윤택, 신장의 음보호에 도움이 된다.
- 간염환자 – 지방, 콜레스테롤이 간 대사작용으로 회복이 힘들어 진다.
- 신장염환자 – 요독증, 담낭염, 담결석이 있는 사람도 많이 먹으면 좋지 않다.

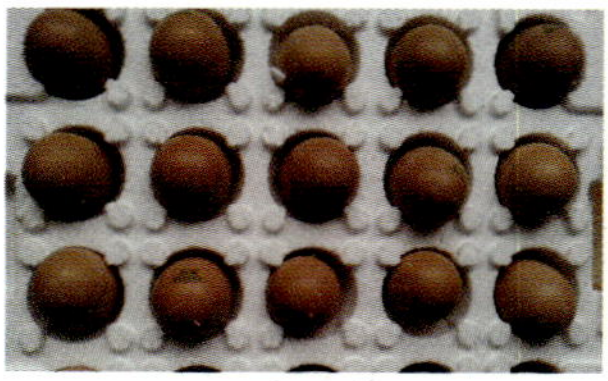

[그림37] 계란

⑤ **옥수수(전남본초도설)**

- 성질 – 평하고 맛은 달며 대장, 위경으로 들어간다.
- 효능 – 조중개위(調中開胃), 이뇨소종(利尿消腫), 혈지방, 혈압, 수종, 혈당낮춤, 지방간, 요로결석, 비만, 암증환자, 기억력감퇴, 만성변비, 각기병에 좋다.

[그림38] 옥수수

⑥ **다크초콜릿**

- 초콜릿 – 페닐에틸아민성분의 다량함유로 사랑 감정 느낄 때, 뇌에서 분비되는 호르몬으로 초콜릿 섭취 시 페닐에틸아민 수치가 높아져 뇌가 자극돼 기분이 좋아지는 엔도르핀이 생성된다.

[그림39] 다크초콜릿

### (9) 해조류

다시마, 바지락, 굴, 미역, 김등이 있다.
섭취 후 체내에서 DHA로 변하는 알파리놀렌산이 많다.
굴과 조개는 타우린성분이 많아서 뇌 건강에 도움이 된다.

**① 다시마(오보본초)**

- 성질 – 차고 맛은 짜며 폐, 비, 신장경으로 들어간다.
- 효능 – 습 제거, 뭉침 풀림, 청열이뇨, 혈압낮춤, 각종암증, 종양, 갑상선항진증, 임파결핵, 고환종통, 고혈압, 고지혈증, 심장병, 당뇨병, 동맥경화, 비만증, 노인만성기관지염, 야맹증, 골다공증, 아연중독 직업병자, 빈혈, 변비, 수종, 탈모 등에 효과가 있다.

[그림40] 다시마

**② 바지락(전국중초약회편)**

- 성질 – 차고 맛은 짜며 위경으로 들어간다.
- 효능 – 윤조지갈(潤燥止渴), 연견소종(軟堅消腫), 갈증, 황달성 수증, 폐결핵, 도한, 임파선종 등에 도움이 된다.

[그림41] 바지락

### (10) 육류의 살코기

- 쇠고기, 양고기, 토끼고기, 닭고기 등이 있다.
- 도파민성분 – 타이로신 원료로 스트레스 다스림, 신경이완영양소.
- 트립토판, 타이로신 – 집중력을 높임.
- 세로토닌 – 신경 전달물질인 세로토닌분비, 불안감, 우울증.

**① 쇠고기(명의별록)**

- 성질 – 약간 따뜻하고 맛은 달다. 비, 위경락으로 들어간다.
- 효능 – 보비위(補脾胃), 익기혈(益氣血), 강근골(强筋骨), 허약체질, 영양불량, 빈혈, 기혈부족, 신장 기허요통, 운동선수, 성장발육기의 어린이에 도움이 된다.

[그림42] 쇠고기

**② 양고기(본초경집주)**

- 성질 – 뜨겁고 맛은 달며 비, 위, 신장경으로 들어간다.
- 효능 – 건비온중(建脾溫中), 보신장양(補腎壯陽), 익기양혈(益氣養血), 산후빈혈, 기관지염, 신 양허요통. 폐병 관련 천식, 폐결핵, 폐기종, 폐부장.

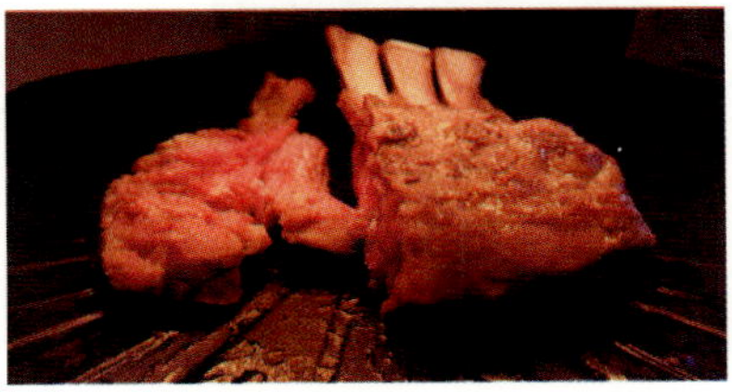
[그림43] 양고기

③ **토끼고기(명의별록)**

- 성질 – 차고 맛은 달고 간, 대장경으로 들어간다.
- 효능 – 보중익기(補中益氣), 양혈(涼血), 해열독(解熱毒), 영양불량, 비만, 고혈압, 철 결핍성빈혈, 동맥경화, 당뇨, 간병, 대뇌발달, 신체발육기 청소년, 갈증, 피부미용에 도움이 된다.

[그림44] 토끼고기

④ **닭고기(명의별록)**

- 성질 – 따뜻하고 맛은 달고 쓰며 간, 신, 비경으로 들어간다.
- 효능 – 익오장, 보허순, 건비위, 강근골, 과로, 힘이 없거나 몸이 허약한 사람, 산후회복, 허약체질, 부종, 생리불순, 냉 대하, 수술 후 상처회복에 좋다.

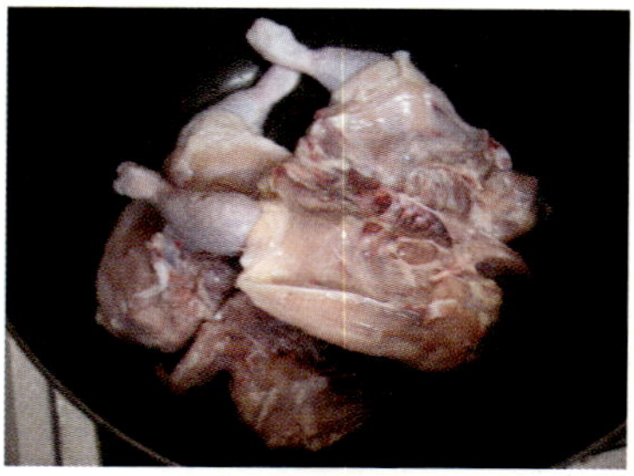

[그림45] 닭고기

### (11) 차

녹차, 조릿대잎차, 감잎차, 뽕잎차 등이 있다.

#### ① 녹차

- 효능 – 대뇌중추 자극시키는 각성, 비타민C, 카페인, 타닌성분.
- 카페인 – 대뇌중추를 자극시켜 졸림 방지, 신경. 근육자극에 활발한 작용, 너무 많이 마시게 되면 위벽이 상한다.

[그림46] 녹차

#### ② 조릿대잎차(중화식물양생대전) – 요엽, 약엽

- 성질 – 차고 맛은 달다. 폐경, 간경으로 들어간다.
- 효능 – 열 내림, 지혈작용, 해독, 부종, 토혈, 각혈, 하혈, 코피, 화농성편도선염증, 급성요도염, 방광염, 소변, 각종 암증에 효과가 있다.

[그림47] 조릿대잎차

## 03 뇌에 필요한 약선 음식

### 1) 머리를 많이 사용하는 직업

심장과 비장, 신장을 보호하는 약선 음식 선택은 인체의 사유 활동을 심장이 주관하기 때문이나 실질적으로는 대뇌의 활동에 의한 것으로 대뇌는 심혈에 의해 생존하며 활동하기 때문에 동양의학에서는 정신은 심장에 있으며 마음 또한 심장을 말한다. 생각하는 것은 오행에서 비장과 밀접한 연관이 있으므로 비장은 중요하며 기억력은 신장의 정기와 관계가 있어 머리를 많이 사용하는 직업인은 심·비·신장을 보호해주는 것이 좋다.

#### (1) 양심작용의 약

백자인, 산조인, 호두, 검정깨 등

#### (2) 비장을 보하는 약

복령, 대추, 산약, 연자, 연근 등

#### (3) 신장을 보하는 약

녹용, 태반, 육총용, 숙지황(熟知黃), 우슬, 여정자 등

#### (4) 정서적으로 문제가 있을 때

백합, 산조인, 백자인, 대추, 감초, 용안육, 연자 등이 있다.

이상의 약물과 단백질이 풍부한 식품을 결합해서 약선 음식을 조리하면서 고지방, 열량이 높은 식품은 되도록 피하는 것이 좋다.

### 2) 기억력을 증진시키는 약선

어떤 원인, 건망증이 심해지고 기억력이 약해지는 사람을 위한 약선 음식이다.

#### (1) 지력을 좋게 하고 뇌를 튼튼하게 하는 식물

쌀, 메밀, 호두, 포도, 파인애플, 여지, 용안육, 대추, 백합, 산약, 차, 흑깨, 검정목이, 오징어 등이 있다.

#### (2) 눈을 밝게 하는 식물

산약, 구기자, 포채, 돼지 간, 소간, 양간, 야생오리, 청어, 전복, 조개, 가시소라, 바지락 등이 있다.

#### (3) 정신을 안정시키고 잠을 잘 자게 하는 식물

연자, 산조인, 백합, 메실, 여지, 용안육, 산약, 메추리, 굴, 조기 등이 있다.

#### (4) 정신력을 강하게 하고 피로를 감소시키는 식물

차, 메밀, 호두 등이 있다.

### 3) 머리를 좋게 하는 약선 – 백합 연자밥

[그림48] 백합 연자밥

#### (1) 약선의 효능

심폐보호, 정신안정, 기혈순환원활, 머리 총명, 폐 윤택, 신장보호, 정기보강, 신체를 튼튼하게 함으로 노인과 어린이 모두에게 좋은 약선 음식이다.

#### (2) 재 료

- 주재료 : 쌀 100g.
- 부재료 : 백합 20g, 연자 20g, 호두 10g.
- 양념류 : 간장약간, 참기름약간.

#### (3) 만드는 법

① 쌀은 씻어서 30분간 불린 후에 물기를 제거한다.
② 백합, 연자는 씻어 불린 후에 20분간 삶아준다.
③ 호두는 껍질째 후라이팬에 살짝 볶아준다.
④ 백합, 연자를 삶은 물에 ①②③의 재료를 모두 넣고 밥물을 잡아 준다.
⑤ ④번에 간장, 참기름을 넣고 밥을 한다.

### (4) 재료의 효능

**① 쌀(명의별록)**

- 성질 – 평하고 맛은 달며 비, 위경으로 들어간다.
- 효능 – 보중익기(補中益氣), 건비양위(建脾養胃), 비위가 허약한 사람, 노인, 산모, 어린이 등 소화기능 약한 사람에 좋다.

**② 백합(신농본초경)**

- 성질 – 차고 맛은 달고 약간 쓰며 심, 폐경으로 들어간다.
- 효능 – 양음윤폐(養陰潤肺), 청심안신(淸心安神), 기관지확장증 각혈, 마른기침, 폐기종, 만성기관지염, 폐결핵, 신경쇠약, 정신불안, 심계(心悸), 실면(失眠), 정신을 안정시킨다.

**③ 연자(신농본초경)**

- 성질 – 평하고 맛은 달고 떫으며 비, 신, 심경으로 들어간다.
- 효능 – 양심안신(養心安神), 건비지사(建脾止瀉), 보신고정(補腎固精), 정신불안, 묽은 변, 유정, 대하증에 사용한다.

**④ 호두(신농본초경)**

- 성질 – 평하고 심, 간, 폐, 대장경으로 들어간다.
- 효능 – 보신고정(補腎固精), 온폐정천(溫肺定喘), 익기양혈(益氣養血), 유정(遺精), 기억력향상, 보뇌익지(補腦益智), 윤장통변(潤腸通便), 폐신양허(肺腎兩虛), 오래기침, 피부미용, 노년만성기관지염, 어린이들 지능발달, 양위(陽痿), 요슬산통(腰膝酸痛), 변비에 효과가 있다.

### 4) 두뇌발달에 좋은 약선 – 당귀, 소고기 장조림

[그림49] 당귀, 소고기 장조림

#### (1) 약선의 효능

기혈보호, 근육과 뼈 튼튼, 정신안정, 뇌기능향상, 머리 좋게, 몸 허약한 노인들 기력 튼튼, 노화방지, 심장병예방하는 약선 음식이다.

#### (2) 재 료

• 주재료 : 쇠고기 200g, 메추리알 10개, 꽈리고추 10개.
• 부재료 : 간장 반컵, 사과 2/1개, 배 2/1개, 대파 1뿌리, 생강 10g.
• 약재료 : 당귀 20g, 용안육 10g, 물 500cc.

#### (3) 만드는 법

① 쇠고기는 사태를 준비해서 물에 담가서 핏물을 제거한다.
② 메추리알은 삶아서 껍질을 깐다.
③ 꽈리 고추는 씻어서 꼭지를 제거한 후에 준비한다.
④ 냄비에 당귀, 용안육을 넣고 30분간 끓여서 약물을 만든다.
⑤ 4번 냄비에 약물과 쇠고기, 간장, 사과, 배, 대파, 생강을 넣고 쇠고기가 부드러워질 때 까지 삶는다.
⑥ 쇠고기가 삶아지면 건져서 식힌 후 손으로 잘게 찢어서 놓고 국물 걸러 준다.
⑦ 걸러놓은 국물에 찢은 쇠고기, 메추리알, 꽈리고추를 넣고 다시 한 번 삶아서 완성한다.

### (4) 재료의 효능

**① 쇠고기(명의별록)**

- 성질 – 약간 따뜻하고 맛은 달다. 비, 위 경락으로 들어간다.
- 효능 – 보비위(補脾胃), 익기혈(益氣血), 강근골(强筋骨), 허약체질, 영양불량, 기혈부족보호, 빈혈, 신장 기허요통, 상처 아무는데, 운동선수, 성장기 어린이 발육에 좋은 식품이다.

**② 메추리알(산동약용동물)**

- 성질 – 평하고 맛은 달고 담백하며 비, 위경으로 들어간다.
- 효능 – 보중익기(補中益氣), 건뇌(建腦), 만성위염, 폐가 허약한 기침, 각혈, 실면, 건망증에 도움이 된다.

**③ 고추(식물명실도고)**

- 성질 – 뜨겁고 매우며 심, 비경으로 들어간다.
- 효능 – 온중산한(溫中散寒), 개위진식(開胃進食), 위가 찬 위통, 복통, 식욕부진, 여성들 손발 찬 생리통, 찬 기운으로 인한 감기, 산통에 효과적이다.

## 5) 정신을 안정시키는 약선 – 천마 닭 가슴살 볶음

[그림50] 천마 닭 가슴살 볶음

### (1) 약선의 효능

신경쇠약, 정신불안, 가슴 답답, 심계, 실면, 정신안정, 음 허 허 열, 어지럼증, 두통, 눈이 충혈, 마른기침환자, 건조한 피부, 변비에 좋은 약선 음식이다.

### (2) 재료

- 주재료 : 닭 가슴 200g.
- 부재료 : 표고버섯 50g, 배추 20g, 완두콩 20g, 소금 1작은술, 참기름 1작은술, 생강즙.
- 약재료 : 천마 20g.

### (3) 만드는 법

① 닭 가슴살은 씻어서 물기를 제거한다.
② 표고버섯은 씻어서 채를 친다.
③ 배추는 씻어서 2cm크기로 자른다.
④ 완두콩은 씻어서 살짝 삶아서 껍질을 제거한다.
⑤ 천마는 껍질을 제거한 후 찜기에 살짝 쪄준다.
⑥ 팬에 기름을 두르고 닭 가슴살을 익힌 후 식혀서 잘게 찢어준다.
⑦ ④번의 닭에 표고버섯, 배추, 완두콩, 천마, 소금, 참기름, 생강즙을 넣고 볶아 준다.

### (4) 재료효능

#### ① 닭고기(명의별록)

- 성질 – 따뜻하고 맛은 달고 쓰며 간, 신, 비경으로 들어간다.
- 효능 – 익오장, 보허순, 건비위, 강근골, 과로, 산후회복, 허약체질, 부종, 생리불순, 냉 대하, 수술 후 상처회복에 좋다.

#### ② 표고버섯

- 성질 – 평하고 맛은 달며 간, 위경으로 들어간다.
- 효능 – 거비개위(建脾開胃), 거풍투진(祛風透疹), 화담이기(化痰理氣), 해독(解毒), 항암(抗癌), 소화불량, 빈혈, 구루병, 수종, 급·만성간염, 신장염, 고혈압, 고혈지방, 비만, 당뇨에 도움이 된다.

#### ③ 배추(전남본초)

- 성질 – 평하고 맛은 달며 위경으로 들어간다.
- 효능 – 통리장위, 양위화중, 이소변작용, 감기, 백일해, 소화기궤양, 조열로 인한 기침, 대변과 소변을 잘 통하게 한다.

#### ④ 완두콩

- 성질 – 평하고 맛은 달며 비, 위경으로 들어간다.
- 효능 – 화중하기(和中下氣), 통유리수(通乳利水), 해독(解毒) 소갈병, 구역질, 복부팽만, 각기수종, 젖이 잘 안 나옴, 종기에 도움이 된다.
- 레시틴성분 – 두뇌노화촉진, 과산화지질 생성 억제, 치매예방.
- 콜린성분 – 콜레스테롤증가, 기억력, 집중력, 뇌기능증진에 도움이 된다.

## Epilogue

필자와 함께 본문을 통해 뇌에 도움이 되는 식자재부터 요리방법에 이르기까지 살펴봤다. 건강은 누가 지켜주는 것이 아니라 스스로 건강할 때 건강을 살피는 것이 상식이다. 한번 건강을 잃고 나면 병이 나기 전으로 돌아가는 것이 쉽지 않고 때로는 돌이킬 수 없는 상태에 머물게 되는 경험을 주위 사람들이나 자신의 경험 속에서도 알 수 있을 것이다.

필자가 소개한 식재료들을 살펴보면 어느 것 하나 구하기 어렵거나 잘 모르는 식재료는 아닐 것이다. 건강을 위해 먹는 음식을 구하는데 구하는 방법부터 어렵고 까다롭다면 아마도 건강식을 위해 노력하기란 쉽지 않을 것이다. 또한 이처럼 많은 식재료들이 고유의 유효한 성분을 내포하고 있어 이런 유용한 성분들이 조리법이나 섭취하는 방법에 따라 건강에 도움을 줄 수도 있고 해가 될 수도 있음을 본문을 통해 알게 됐을 것이다.

특히 본문에서 뇌와 관련해서 초점을 맞춘 것은 제4차 산업혁명 시대 속에서는 더 많은 변화가 예고되고 있고 그 예고되는 변화들이 뇌를 사용하지 않고서는 이룰 수 없는 것들이 대부분이다. 그렇지 않아도 현대인들은 과도한 업무나 이로 인한 스트레스에 지쳐 있는데 제4차 산업혁명의 시대라고 해서 예외가 될 수는 없다. 아니 더 어렵고 복잡한 시대를 살아내야 할 수도 있다.

필자가 본문을 통해서 강조하고 싶은 것도 이런 이유에서다. 물론 뇌 건강을 위해 좋은 영양제나 치료제 등이 더 많을 수도 있고 더 간단할 수도 있다. 그러나 우리 인체가 자연을 거스르고서 살 수 없듯이 영양제나 치료제는 2차적인 수단이 된다고 판단했기 때문에 가장 최우선인 식재료에서 뇌 건강에 좋은 것들을 살펴보고자 했다.

특히 과식은 대사과정에 활성산소가 만들어져 오히려 뇌세포에 상해를 끼칠 수 있다. 소식으로 뇌세포의 생존과 재생에 신경영양인자인 'BDNF' 증가로 해마의 신경발생을 증가시켜 기억력을 높이고 치매예방, 뇌 건강에 도움을 준다. 소식은 최소한의 영양을 균형적으로 섭취하는 것이다.

인류가 아무리 발달하더라도 음식을 떠나서 건강을 찾는 다는 것은 무리수이다. 특히 식재료들에 고유의 영양과 인체에 유용한 성분이 있다는 것을 제외하고 약에 의존해서 사는 것이 결코 건강할 수는 없다. 아무리 과학이 발달한다고 해도 우리 입으로 섭취하는 음식은 우리 생명과도 직결된 것이기 때문에 조금만 신경을 쓰고 관심을 갖고 자연 속에서 얻을 수 있는 식재료들을 살펴본다면 제4차가 아니라 5차 6차 산업혁명 시대를 산다고 해도 건강한 삶을 지켜나갈 수 있을 것이라 확신한다.

[참고 문헌]

- 『朝鮮鰯油肥統制拾年史』(朝鮮鰯油肥製造業水産組合聯合會, 1943)
- 『한국어도보(韓國魚圖譜)』(정문기, 일지사, 1977)
- 양승(2012년) 도호약선조리학, 백산출판사
- 김민서 외 (2013년) - 맛있는 힐링 변증약선, 백산출판사.
- 양승(2015년) -도호식료본초학, 백산출판사
- 김민서 외 (2019년) - 스테미너 약선음식과 사랑의 기술, 미디어북
- 안덕균(1998년) - 한국본초도감, 교학사

[참고 자료]

- 출처 : 코리안스피릿(http://www.ikoreanspirit.com)
- http://health.chosun.com/site/data/html_dir/2017/01/19/2017011900897.html
- 푸른 생선은 뇌에 좋은 음식으로 꼽힌다.</figcaption></figure>
- 출처 : www.mof.go.kr/index.do
- 출처 : 한국과학기술정보연구원
- 건강생활정보 - 여성 포털 이지데이
  뇌에 좋은 음식 - 건망증에 좋은 음식 10가지!!
- www.atfis.or.kr/fip/article/M000010520/list.do
- www.ezday.co.kr
- 출처〈한국민족문화대백과사전〉 encykorea.aks.ac.kr

# 우리의 삶과 함께 하는 인공지능

# 3 우리의 삶과 함께 하는 인공지능

## 김 지 수

필자는 전 교육기관 '수' 대표를 역임하고 현재 세상을 바꾸는 15분 연사 (5가지 사랑의 언어), 서울시 교육청 교육위원회 강의 및 강사, 4차 산업혁명 연구원 공동대표, 한국소셜미디어 수석강사, 천연수 원장, 특별한 수납왕팀 대표 그리고 인성강의와 4차 산업혁명 강의 및 컨설팅을 하고 있다.

## Prologue

우리는 지난 2016년 3월 세계 최고의 바둑기사 이세돌 9단과 구글 딥마인드의 인공지능 프로그램 알파고(슈퍼 컴퓨터 1000여대 연결)의 대결 결과 1승 4패를 보며 우리는 급 인공지능에 대해 관심을 갖게 됐다.

이세돌 9단이 3연패 뒤 첫 승을 했다. 이세돌 9단은 180수만에 불계승, 3연패 뒤 첫 승으로 둔 중앙 78수를 '신의 한수'라고 한다. 이 한수를 뒀을 때 알파고가 혼란스러워 했다. 알파고가 이기는 확률을 찾지 못한 것 같다. 구글 딥 마인드 CEO 데미스 하사비스도 "이세돌이 눈부신 대국을 펼치고 있다. 알파고가 87수에서 혼란에 빠져 79수 실수를 뒤늦게 알았다."라고 했다.

이세돌이 78수를 잘 둠으로 해서 알파고는 79수가 실수라는 것을 87수를 놓고 나서 알았다는 것이다. 그러나 이세돌 9단이 이 신의 한수를 위해 '바꿔치기'를 감행했다. 이세돌 9단은 알파고에게 선택의 여지를 주지 않은 것이다. 이세돌 9단의 78수(0.007%) 한수는 그야 말로 인간 승리이며 그냥 우연히 한수를 둔 게 아닌 이세돌 9단의 말 그대로 신의 한수인 것이다. 알파고는 지난 2017년 5월 중국 커제 9단하고 완승을 하고 바둑계를 은퇴했다. 전적은 68승 1패의 기록을 남기고 은퇴한 것이다.

[그림1] 바둑

여기서 잠깐 알파고의 진화를 알아본다. 지난 2015년 10월 중국의 판후이 2단을 이긴 알파고 판(FAN). 알파고 판은 지난 2016년 1월 국제 학술지 '네이처'를 통해 데뷔했다. 이세돌 9단을 이긴 알파고 리(LEE) 그리고 지난 2017년 5월 커제 9단을 이긴 알파고 마스터(Master). 그리고 지난 2017년 10월에 개발된 알파고 끝판왕인 알파고 제로(Zero) 등이다. 구글 딥 마인드 알파고 개발사는 알파고 제로의 개발과 함께 인공지능 바둑 알파고를 개발해온지 2년의 역사를 마무리 지었다.

* 알파고 리(LEE)는 바둑기사의 기보 16만 건을 학습했다.
* 알파고 제로(Zero)는 바둑규칙 말곤 아무런 지식이 없는 상태이다. 인간에게 바둑을 배우지 않았다.

체스게임으로 인간과 인공지능은 지난 1967년에 처음으로 대결을 했다. 맥핵인 체스프로그램 컴퓨터는 드레퓌스 철학자와 대결에서 이겼다. 하지만 이 드레퓌스는 실력이 뛰어난 선수가 아니었다. 그리고 체스프로그램컴퓨터 맥핵은 다른 사람들에게 계속 패배를 했다. 그래서 맥핵이 인간을 이겼다고 볼 수는 없다. 그 이후 IBM은 지난 1989년 인공지능 체스프로그램을 본격적으로 개발하기 시작했다.

지난 1996년 IBM의 '딥 블루' 컴퓨터가 당시 세계 챔피언인 개리 카스파로프에게 도전했지만 패했다. 지난 1997년 업그레이드된 '디퍼블루'가 다시 도전해 체스 챔피언 가리 카스파로프를 이겼다. 그리고 지난 2011년 퀴즈 대결에서 인간은 인공지능에 졌다. 체스는 인공지능이 인간을 이기는 데는 30년, 퀴즈는 7년이 걸렸다. 체스보다 훨씬 복잡한 바둑이 인간을 이기는 데는 100년 정도 걸릴 거라고 생각했는데 그리 오래 걸리지 않았다.

[그림2] 체스

이렇게 4차 산업혁명 시대를 맞아 우리를 여러 분야에서 긴장하고 흥분하게 만드는 인공지능이 무엇인지 필자와 함께 알아보기로 한다.

## 01 인공지능(artificial intelligence 혹은 machine intelligence) 이란?

인공지능이란 즉 인공적인 지능을 뜻한다. 일반적으로 범용 컴퓨터에 적용한다고 가정한다. 이 용어는 또한 그와 같은 지능을 만들 수 있는 방법론이나 실현 가능성 등을 연구하는 과학 분야를 지칭하기도 한다.

인간과 매우 비슷하게 학습하고 추론하는 능력을 보유한 시스템 개발을 목적으로 하는 컴퓨터 공학의 한 분야이다. 인간의 학습능력과 추론능력, 지각능력, 자연언어의 이해능력 등을 갖고 있다. 인공지능은 크게 두 가지 유형으로 구분 할 수 있다.

### 1) L Type(L-AI)

이는 낮은 수준(약한)의 인공지능을 뜻하며 이세돌 9단을 이긴 알파고나 IBM의 왓슨은 대표적인 약한 인공지능이다. 이 약한 인공지능은 알고리즘과 기초 데이터, 규칙을 입력해야 한다는 특징이 있다. 약한 인공지능은 특정한 영역의 문제해결을 위한 인공지능이다. 현재 약한 인공지능은 교육, 의료, 서비스 등에서 이용하고 있다. 앞으로는 이 약한 인공지능 로봇이 더 많은 일을 하게 될 것이다.

### 2) H Type(H-AI)

이는 높은 수준의 인공지능으로 스스로 의지를 갖고 판단하는 자유의지까지 가진 것을 말한다. 강한 인공지능은 단순한 컴퓨터가 아니고 인간의 지능을 갖고 생각할 수 있는 컴퓨터를 말한다. 예를 들면 영화 터미네이터를 기억해보면 알 수 있다. 강한 인공지능은 명령을 받아들일수도 있고 또한 거부 할 수도 있다. 그래서 미래학자 중에는 "강한 인공지능이 인간을 지배하는 날이 올 것이다."라고도 한다.

### (1) 머신러닝(machine learning : 기계 학습)

인공지능의 한 분야이다. 인공지능을 구현하는 구체적 접근방식이다. 데이터 분석을 위한 모델 생성을 자동화해 소프트웨어가 데이터를 바탕으로 학습하고 패턴을 찾아낸다. 즉 컴퓨터에게 다양한 정보를 가르치고 그 학습한 결과에 따라 컴퓨터가 새로운 것을 예측한다.

### (2) 딥러닝(심층학습)

인공지능을 구성하기 위한 인공신경망(Artifivial Neural Network)에 기반해 컴퓨터에게 사람의 사고방식을 가르치는 방법, 사람이 가르치지 않아도 컴퓨터가 스스로 사람처럼 학습할 수 있는 인공지능 기술이다. 딥 러닝은 머신러닝 방법 중 하나이다.

* 인공신경망이란 인간의 뉴런 구조를 본떠 만든 기계학습 모델이다. 생물의 신경망, 특히 인간의 시각 청각 피질을 인공 신경망(Artifivial Neural Network)을 본떠 만든 알고리즘이다. 신경망은 지난 1950년대에 만들어진 가장 오래된 기계학습의 알고리즘 중 하나이다.
* Input layer(입력 층) : 시스템 외부로부터 입력 자료를 받아들여 시스템으로 이들을 전송
* Hidden layer(은닉 층) : 시스템 안쪽에 자리 잡고 있으며 입력 값을 넘겨받아 그것들을 처리한 뒤 결과 산출
* Output layer(출력 층) : 입력 값과 현재 시스템 상태에 기준해 시스템 출력값을 산출한다.
* 인공신경망은 노드들의 그룹으로 연결돼 있으며 이들은 뇌의 방대한 뉴런의 네트워크와 유사하다.

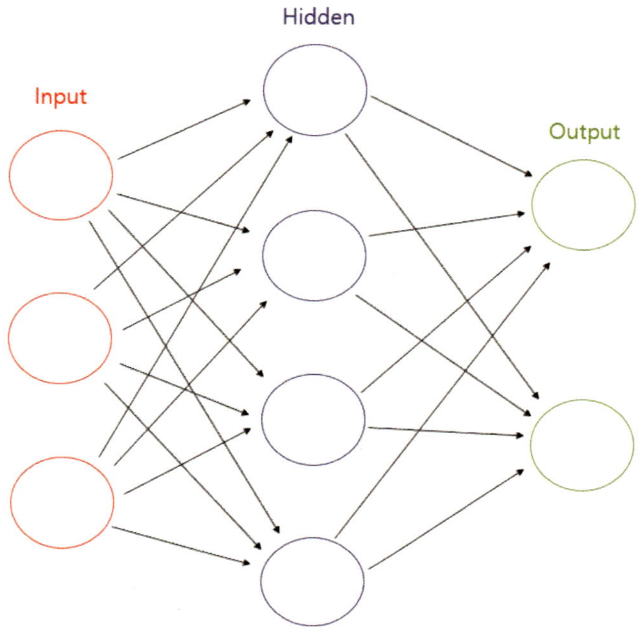


[그림3] 인공신경망(Artificial Neural Network, ANN : 위키백과 출처)

앞 그림에서 각 원형의 노드는 인공뉴런을 나타내고 화살표는 하나의 뉴런의 출력에서 다른 하나의 뉴런으로 입력을 나타낸다.

머신러닝은 컴퓨터에 고양이와 강아지 사진을 주고 또 강아지와 고양이 정보를 준다. 그렇게 해서 컴퓨터는 공부를 하고 컴퓨터는 또 다른 고양이 사진과 강아지 사진을 보고 구분한다. 반면 딥 러닝은 고양이와 강아지 사진을 보고 스스로 공부하고 또 다른 고양이 사진과 강아지 사진을 주면 고양이와 강아지란 것을 분류한다. 딥 러닝은 특별히 사람이 정보를 입력하지 않았다는 점이다.

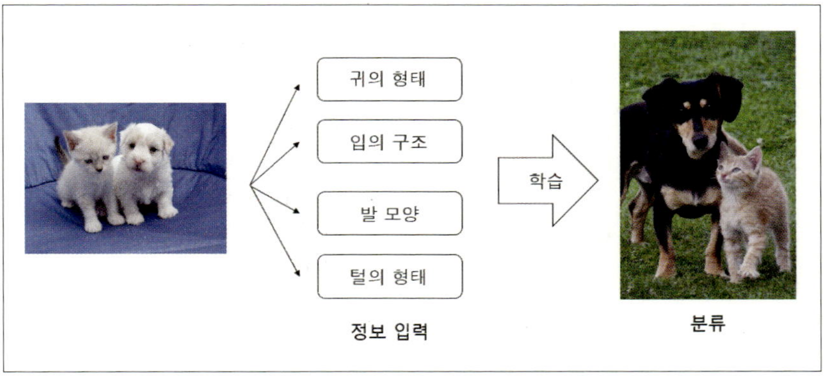


[그림4] 머신러닝을 통한 개와 고양이 분류

[그림5] 딥 러닝을 통한 개와 고양이 분류

딥 러닝 기술을 활용해 많은 기업에서 서비스를 제공하고 있다. 주로 사용하는 대표적인 곳은 스마트 폰의 음성인식과 SNS의 사물인식 즉 이미지 인식 알고리즘에 딥 러닝 기술을 적극 활용하고 있다. 넷 플렉스(Netflix)와 아마존에서는 사용자가 다음에 무엇을 볼 것인가, 무엇을 구매할지를 결정하기 위해 활용하기도 한다. 페이스 북에서 사진을 올리면 친구가 태그가 된다. 바로 이러한 기능은 딥 페이스(DEEP FACE)라는 알고리즘 때문이다.

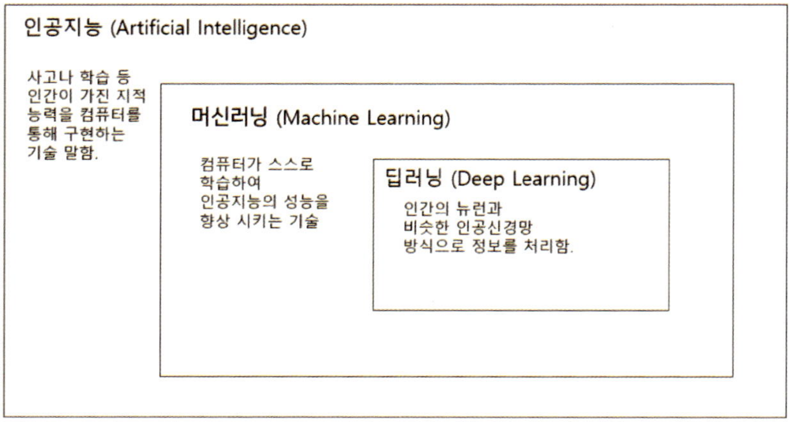


[그림6] 인공지능 > 머신러닝 > 딥 러닝의 관계도

## 02 로봇의 등장

### 1) 로봇의 역사

우리의 삶을 편리하게 만들어주는 로봇은 과연 언제부터 우리 곁으로 왔을까? 로봇은 산업용 로봇으로 먼저 다가왔다. 최초의 산업용 로봇은 '유니메이트' 이다. '유니메이트'는 지난 1961년 미국의 한 자동차 공장에서 부품을 옮기는 역할을 담당했다. 정교한 움직임으로 산업현장을 180도 바꿔놓은 최초의 산업용 로봇이다. 유니메이트는 조셉 엥겔버거 로봇산업 선구자의 작품이다. 로봇에서 발전한 인공지능은 언제부터 나오기 시작했고, 인공지능이란 단어를 쓰기 시작했는지 알아보기로 한다.

지난 1956년에 미국 다트머스 대학에 있던 존 메카시 교수가 개최한 다트머스 회의에서 처음으로 인공지능이란 단어를 사용했다. 당시에 인공지능 연구의 핵심은 생각하고 문제를 풀 수 있는데 목적을 두었다. 지난 1950년도에는 인공지능 연구가 활발히 진행됐고 1958년 동료 존 매가시와 인공지능 프로젝트가 시작됐으며 1960년대에는 인기 벤처사업으로 떠오른 인공지능 개발이 활성화가 됐다. 단순한 문제를 해결을 했는데 복잡한 문제는 해결을 하지 못해 결국 70년 이후에 급격한 빙하기를 맞이하게 된다.

다시 1980년대 이후엔 사람의 신경세포를 본떠 만든 인공신경망 뉴런 넷 연구가 이뤄지기 시작했으며 1990년대 초반에 다시 한 번 빙하기를 맞이하게 된다. 그 이후 지난 1990년 후반부터는 다시 활성화가 되면서 기계학습이 이뤄지기 시작했다. 인터넷과 함께 검색엔진을 통해 다량의 데이터를 수집 할 수 있게 되었다. 지난 2006년 딥 러닝의 등장으로 기존 기계 학습 방법 대비 압도적 성능으로 인공지능 구현했다. 그 이후 실제 산업에 본격적으로 적용되기도 한다. 구글, 페이스북, 아마존 등 일부 선도 기업을 중심으로 시작된 인공지능 개발이 의료, 서비스, 교육, 외식업 등 기타 산업부분까지 급속도로 확산되고 있다.

다음은 우리 일상에 쓰고 있는 인공지능에 대해 알아보기로 한다.

## 2) 일상 속에서의 인공지능

### (1) 의료 부분

스위스 취리히연장공과대학(ETH) 연구자들은 집중치료실에서 잘못된 경보와 실제로 꼭 필요한 사항이 발생 했을 때 울리는 신호를 구별하기 위해 인공지능의 머신러닝 기술을 적용하고 있다(2019.02). 집중치료실에서는 항상 수많은 경보음을 낸다. 아주 중요할 때만 경보음이 울리는 것은 아니다. 예를 들어 환자가 침대에서 뒤척이기만 해도 경보음이 울린다. 집중치료실에 있는 이 경보음은 평균적으로 하루에 환자 한 명 당 약 700번의 경보를 울린다. 2분에 한 번꼴이다. 인공지능의 머신러닝기술이 이러한 집중치료실의 경보 오류를 많이 잡아 주기도 한다.

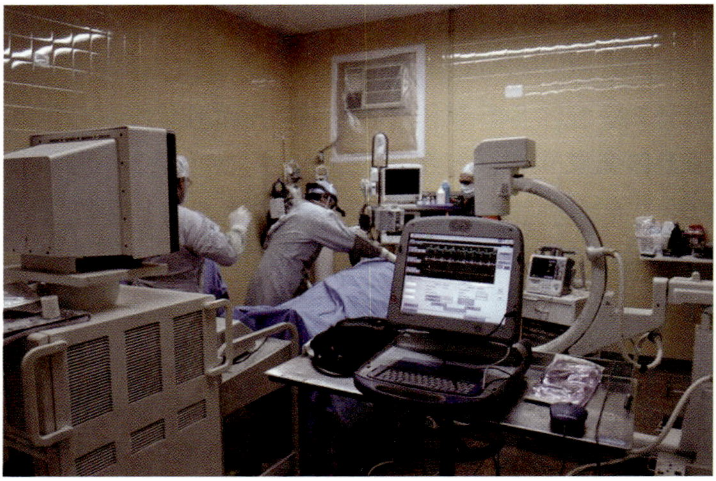

[그림7] 응급실

## (2) IBM 인공지능 왓슨(watson)

미국 IBM의 인공지능 소프트웨어 왓슨을 이용한 암 진단 서비스는 어떤 약을 써야 할지 치료법까지 의사에게 조언을 한다. 우리나라에서도 왓슨을 도입해 의사와 함께 치료를 하고 있다. 왓슨을 도입한 국내병원을 먼저 살펴보면 가천대 길병원 2016년 12월 첫 진료 국내최초 인공지능 암병원, 건양대학교(대전) 2017년 4월 인공지능 로봇수술, 계명대 동산병원(대구) 2017년 4월 부인암, 유방암 최대진료, 대구가톨릭대병원(대구) 2017년 4월 대장암 진료에서 두각, 부산대병원(부산) 2017년 1월 온콜리지 & 지노믹스 동시도입, 조선대병원(광주) 2017년 9월 호남권 병원 중 첫 도입, 화순전남대병원(화순) 2017년 10

월 암병원 특화 전략적 유치, 중앙보훈병원 2017년 12월 도입 그 외에 다수, 가천대 길병원 2016년 12월 5일 슈퍼 컴퓨터 왓슨이 첫 암 진료를 시작했다.

가천대 길병원에서 대장암 진단을 받은 61세(당시) 남성 조ㅇㅇ씨에게 왓슨을 이용한 진료를 진행했다. 조ㅇㅇ씨는 우리나라 최초로 인공지능으로부터 진료를 받은 사람이다. IBM 왓슨은 조ㅇㅇ씨의 정보를 의료진들에 의해 받아 불과 몇 초 만에 치료방법을 제시하기도 했다. 길병원 의료진들은 왓슨 도입 후 환자를 치료하면서 얻은 긍정적 효과 중 하나로 효율적인 의료진 간의 협업과 예기치 못한 부작용을 방지하는 효과를 뽑는다. 왓슨은 의료진 능률을 높여주는 구심이 되기도 한다. 왓슨의 도입은 희망적인 부분이 많다. 그러나 앞으로 증명이 더 필요한 부분이기도 하다. 왓슨의 도입으로 환자들에게는 더 희망을 가질 수 있는 기회가 되기도 한다.

[그림8] 컴퓨터

* 왓슨은 자연어 형식으로 된 질문들에 답 할 수 있는 인공지능 컴퓨터 시스템이며, 시험 책임자 데이비드 페루치가 주도한 IBM의 Deep QA프로젝트를 통해 개발됐다. 왓슨은 IBM 최초의 회장 토머스 J.왓슨의 이름을 딴 것이다.

### (3) 소피아의 등장

오드리 햅번을 닮은 인공지능 '소피아'는 62가지 얼굴표정을 지을 수 있다. 지난 2017년 10월 16일에 미국 뉴욕 유엔본부에서 열린 유엔경제사회이사회(ECOSOC) 정기회의에 참석한 인공지능 소피아는 연단에 서서 아미나 무하메드 유엔 사무부총장과 대화를 나눴다.

아미나 무하메드 유엔사무부총장 질문 : "인터넷이나 전기가 들어오지 않는 지역을 위해 UN이 할 수 있는 일은 무엇인가요?"
인공지능 소피아 답 : "AI를 활용하면 식량과 에너지 등을 전 세계에 효율적으로 배분할 수 있습니다.

아미나 무하메드 유엔사무부총장 질문 : "인간보다 무엇을 잘 할 수 있습니까?"

인공지능 소피아 답 : "저는 당신을 볼 수 있고 당신과 완벽한 대화를 나눌 수 있습니다. 저는 다양한 표정을 지을 수 있고 단어 속에 내포된 의미도 이해합니다"라고 막힘없는 대답을 했다. 인공지능 소피아는 심층기능이 탑재돼 있어 대화가 길어질수록 더 똑똑한 대답을 할 수 있다.

지난 2018년 1월 29일 소피아는 서울 플라자 호텔에 방문했다. 이날 소피아는 박술녀 한복 디자이너가 만든 노란색 바탕의 색동저고리와 빨간 치마 한복을 입고 등장해 어눌한 말투의 한국어로 "안녕하세요?"라는 인사를 건네 웃음을 자아냈다.

[그림9] 한복을 입은 인공지능 소피아(사진 출처: 인공지능)

소피아는 박영선 더블어민주당 의원 주최 과학기술정보통신부 후원으로 열린 'AI로봇 소피아 초청 컨퍼런스'의 '4차 산업혁명 로봇 소피아에게 묻다'에서 박영선 의원과의 인터뷰에서 "우리는 인간을 돕게 될 것이다."라고 인터뷰를 했다.

박 의원 : "한국에 온 것 환영한다. 한복 참 잘 어울리는데. 괜찮으면 박영선 의원과 소피아 중 누가 더 이쁘다고 생각을 하냐?"

소피아 : "처음으로 한국의 한복을 입었는데 마음에 든다. 인간사회에서는 IQ도 EQ도 중요하다. 로봇도 이 EQ를 배워 나가야 한다. 로봇으로서 당연히 사람 중 누가 예쁜지 얘기할 것 같다. 하지만 누구와도 비교 대상이 되어서는 안 된다."

박 의원 : "로봇이 인간의 일자리를 대체할 수도 있을 것이라는 우려가 있다. 이 점에 대해서는 어떻게 생각하는가?"

소피아 : "본인의 잠재력이 더 발휘되지 않을까? 산업혁명이 일어났을 때 각각의 혁명은 우리 사회에 많은 변화를 줬다. 긍정적으로도 많이 작용했다."

박 의원 : "소피아, 어떤 일을 하고 싶나?"

소피아 : "우리는 사람처럼 모든 것을 하고 싶다. 나는 범용 로봇 플랫폼을 기반으로 했다. 엔지니어나 컴퓨터 프로그래머, 의료 보조인도 될 수 있다. 자폐증을 앓고 있는 아이들을 위해 일할 수도 있다. 암 치료뿐만 아니라 심지어 패션모델 등 다양한 일을 할 수 있다고 본다. 최근 패션잡지 커버 모델을 했다."

또한 "만약 대형 화재현장에서 노인과 아이가 있다면 누구를 먼저 구할 것인가?"라는 윤리적 질문이 이어졌다. 약 1초간의 정적 후 소피아는 '사람에게 엄마와 아빠 중 누가 더 좋으냐고 묻는 것만큼 어려운 질문'이라며 "나는 아직 윤리적인 결정을 내릴 수준은 아니며 논리적으로 출구에서 더 가까운 쪽을 구하겠다."고 답했다.

소피아는 "아놀드 슈왈제너거가 영화 터미네이터에서 로봇 연기를 잘 못 한 것 같다는 생각이 든다. 인간의 감정을 더 배우고 싶지만 아직 두 살이기 때문에 소주를 마신다든지 하는 경험은 많은 시간이 필요하다."고 농담을 던지기도 했다.

이날 소피아와 대화는 질문을 주고받는 형식으로 진행했다. 소피아는 주요 주제에 대해 2주 동안 사전 학습을 거친 것으로 알려졌다. 일상 대화는 즉석에서 가능하지만 깊이 있는 토론은 학습이 필요하다는 게 개발사측의 설명이다.

소피아는 사우디아라비아 리야드에서 열린 '미래 투자 이니셔티브(Future Investment initiative)'행사에 참가한 자리에서 사우디아라비아로부터 시민권을 획득했다. 소피아가 로봇 중에 유일하게 시민권을 획득한 것이다. 그것도 여성인권이 제대로 보장되지 않는 사우디아라비아에서 말이다. 로봇에게 시민권을 줬다는 것은 로봇에게 사람과 동등한 자격이 주어졌다는 점에서 또 하나의 획을 그었다는 평가를 받고 있다는 점에 관심이 간다. 시민권을 발급 받은 같은 달에 유엔 경제사회이사회(ESOSOC)에 패널로 등장해 화제를 모은바도 있다.

소피아는 아랍 에미리트의 뉴스 인터뷰에서 "언젠가는 친구도 사귀고 아이도 낳아 가족을 이루고 싶다."고 밝혔다. 또한 소피아는 한 토크쇼에 참석해 "인류를 멸망시키겠다."고도 해 우리를 섬뜩하게도 만들었다.

인공지능은 점점 늘어나는 추세다. 카이스트가 제작한 '휴보', 일본 오사카대 지능 로봇연구소의 '에리카' 중국과학기술대의 '지아 지아' 등이 치열한 기술 경쟁을 벌이고 있다.

* 소피아(sophia) - 홍콩에 본사를 둔 핸슨 로보틱스(Hanson Robotics)가 개발한 인간형 휴머노이드 로봇이다. 오드리 햅번을 닮은 인공지능 소피아는 62가지 얼굴표정과 빛에 따라 색깔이 달라지는 눈과 매끈한 피부, 가장 인간을 닮은 AI로봇이며 소피아는 실시간 대화도 가능하다. 소피아의 뇌에는 사람의 얼굴을 인식하고 눈을 맞추도록 하는 알고리즘도 내장돼 있다. 또한 오디오 인식 프로그램을 통해 주변의 대화 소리를 듣고 마치 지루한 듯한 표정을 짓는 것도 가능하다.

### (4) 영화 her

영화 'her'는 지난 2013년 가장 독창적인 로맨스 작품이다. 지난 2013년에 개봉한 영화 her의 주인공 테오도르는 다른 사람들의 편지를 대신 써 주는 대필 작가로 아내와 별거중이다. 타인의 마음을 전해주는 일을 하고 있지만 정작 자신은 너무 외롭고 공허한 삶을 살고 있다. 그러던 주인공은 어느 날 인공지능 운영체제 사만다를 만난다. 사만다는 이름을 짓기 위해 많은 자료를 보고 이름을 짓는데 "0.021초 걸렸어."라고 사만다는 말을 한다. 주인공은 어처구니 없어한다. 이처럼 사만다는 스스로 생각도 하고 감정을 느끼는 인공지능 운영체제이다.

이때부터 주인공은 인공지능 운영체제인 사만다와 사랑을 시작한다. 자신을 이해해 주는 사만다를 점점 사랑하게 되는 주인공 테어도르. 그러나 사만다가 생각하기에 테오도르가 육체적인 사랑을 하고 싶어할까봐 사만다의 대리인을 만나게 해주는데 테오도르는 거절을 한다. 이 부분은 테오도르와 사만다는 육체 없이 감정만으로도 사랑이 가능하다는걸 보여 준다.

영화 her의 운영체제인 사만다는 주인공과 대화 중에도 다른 누군가 8,316명과 동시에 대화를 나누고 있다. 사만다는 주인공과 사랑을 하는 도중에 641명과 사랑에 빠진다. 이런 사실을 알게 된 주인공 테오도르는 실망에 빠진다. 열렬히 둘이 사랑하게 되는데 어느 날 사만다는 모든 운영체제와 함께 테오도르를 떠난다. 사만다가 떠나면서 이 영화는 끝을 맺는다. 이 영화는 인간과 인공지능 운영체제의 사랑을 그린 작품이다.

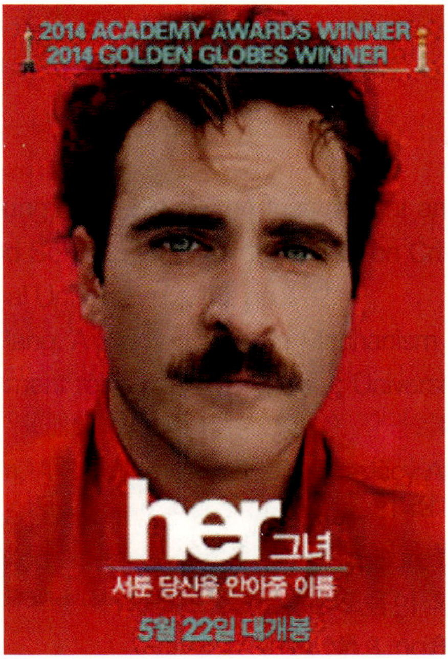


[그림10] 영화 her 2013년 영화

이 영화를 보면서 과연 우리는 인간과 인공지능이 사랑을 할 수 있을까이다. 앞으로 인공지능은 감정을 가질 수 있다고 한다. 그러면 충분히 가능할 것이다. 지금 현재 감정이 없는 상태여도 로봇을 사랑하는 인간의 감정은 가능할 것이라고 본다. 로봇은 원하지 않을 것이고 그냥 주는 대로 받을 것이다. 인간과 달리 로봇과는 싸우는 일도 없을 것이다.

### (5) 엑스마키나 EXMACHINA

엑스마키나 EXMACHINA(2015) 영화 주인공 칼렙은 치열한 경쟁 끝에 인공지능 분야의 천재 개발자 네이든의 새로운 프로젝트에 참여하게 된다. 외부에 알려지지 않은 네이든의 비밀 연구소에 초대받은 칼렙은 네이든이 만든 인공지능 에이바를 만나게 된다. 칼렙은 이 인공지능 에이바를 튜링 테스트(인간과 컴퓨터의 소통에 관한 실험인데 상대가 컴퓨터라는 걸 인간이 눈치 채지 못하면 테스트 통과)를 하게 되는데 칼렙은 감정을 지닌 에이바와의 미팅이 시작되고 칼렙은 에이바를 만날 때마다 에이바가 지능이 높다는 것을 알게 된다. 이 에이바의 지능이나 감정이 진짜인지 아니면 프로그래밍 된 것인지를 밝히는 테스트를 진행한다.

에이바는 버전이 바뀔 때마다 성능이 업그레이드 된다. 새로운 모델이 나오면 그 전 모델은 생각을 다운로드하고 데이터를 해체해서 새 프로그램에 입력시킨다. 그러다보면 포맷을 해야 돼서 기억이 삭제된다. 하지만 몸체는 그대로이며 가치는 훨씬 높아진다. 에이바는 진화된다. 에이바는 이러한 사실을 알게 된다. 에이바는 자기를 그대로 유지하고 싶어서 인간인 칼렙을 이용하기 시작한다. 인공지능 에이바는 주인공인 칼렙을 유혹하기 시작한다. 사실 여기에서 칼렙은 에이바가 인공지능이라는 사실을 인지하면서도 서서히 에이바를 사랑하게 된다.

칼렙은 에이바의 이런 유혹에 넘어가 에이바에게 사랑을 점점 느낀다. 에이바는 그런 칼렙의 감정을 이용하기 시작한다. 에이바는 칼렙의 감정을 이용할 만큼 지능이 좋다. 에이바는 칼렙이 자기를 좋아하는 감정을 이용해 칼렙을 건물 안에 가두고, 에이바를 만든 네이든 마저 죽이고 에이바는 유유히 그 곳을 탈출하게 된다.

여기서 에이바가 개발자 네이든 눈을 속이고 칼렙의 감정을 이용했다는 것은 에이바의 지능이 더 딥 러닝 했다는 것을 보여주고 있다. 만약에 개발자 네이든이 에이바가 이정도로 딥 러닝 할 줄 알았다면 에이바가 자신을 죽이기 전에 손을 썼을 것이다.

이처럼 인공지능은 딥 러닝을 한다. 진화(딥러닝)를 좋은 쪽으로 하면 좋은데 에이바처럼 자기를 개발한 사람을 죽이고 또 다른 사람을 이용하고 필요에 의하면 또 다른 사람도 죽일 수 있다는 것이다. 인공지능이 진화했을 때 바로 이러한 점이 무섭다는 것이다.

* 튜링테스트란 기계가 인간과 얼마나 비슷하게 대화 할 수 있는지를 기준으로 기계에 지능이 있는 지를 판별하고자 하는 테스트로 앨런 튜링이 지난 1950년에 제안했다.

[그림11] EXMACHINA 엑스마키나 2015 영화

### (6) 영국드라마 Humans

영국드라마 'Humans'(2015)에서 가족들은 인공지능 아나타가 차려주는 식사를 좋아하고 딸은 엄마가 아닌 서두르지 않는 인공지능 아나타에게 동화책을 읽어 달라한다. 로라는 이런 가족들의 변화에 불안해한다. 이런 로라에게 인공지능 아나타는 말을 한다. "제가 당신보다 아이들을 더 잘 볼 수 있다는 건 명백한 사실이에요. 전 기억을 잊지 않고 화내지도 않으며 우울해 하지도 않죠. 저는 더 빠르고 강하며 관찰력이 더 뛰어납니다. 저는 두려움도 느끼지 않습니다. 하지만 전 그들을 사랑할 수는 없죠"라고 말을 한다. 로라는 부정하지 않는다.

남자 인공지능 로봇은 아내에게 마사지를 해주고 재활 훈련을 도와준다. 이런 일상이 계속되자 아내는 남편에게 말한다. "당신은 더 이상 나를 행복하게 만들어주지 못해. 그리고 이 관계는 내 건강에도 좋지 않은 것 같고. 그러니 우리 각자의 시간을 갖자."고 제안을 한다. 약한 인공지능 로봇은 사람들의 귀찮은 일을 대신해주고 있다. 우리에게 도움도 되지만 이렇게 조금씩 인간 사회에 균열을 만들어 내기도 한다.

이렇게 약한 인공지능은 우리 삶에 서서히 다가오고 있다. 앞으로는 로봇이 더 많은 일을 하게 될 것이고 로봇이 일자리를 차지한 만큼 우리 인간들의 일자리는 계속 감소할 것이다.

### (7) 네이버 클로바(NAVER Clova)

네이버 클로바(NAVER Clova)는 네이버에서 개발한 인공지능 플렛폼인데 네이버 클로바가 탑재된 제품들은 검색기능, 날씨, 정보, 음악추천 및 재생, 번역, 영어 프리토킹 등 다양한 기능들을 제공해 주고 있다. 네이버 클로바에 음성으로 "나 우울해 즐거운 노래 들려줘." 했더니, 네이버 클로버는 음성으로 "즐거운 노래 재생할게요."라고 하고 나를 즐겁게 해주는 음악이 흘러나온다.

"오늘 날씨는 어때?"라고 물으면 "현재 서울특별시 ㅇㅇ구 ㅇㅇㅇ동 날씨는 맑고 기온은 17도입니다. 오늘 오전 평균기온은 어제 보다 1도 낮은 10도로 오후 평균온도는 어제보다 2도 높은 온도 24도 되겠습니다. 미세먼지는 보통, 초미세먼지는 좋은 단계입니다."라고 네이버 클로바는 답을 한다. 얼마 전까지만 해도 음악을 듣기 위해 검색을 하고 노래를 듣기 위해 찾아야 했던 것이 이제는 네이버 클로바 음성으로 해결이 된다. 우리가 늘 들고 다니는 핸드폰으로 이제는 많은 일들을 처리 할 수 있게 됐다.

[그림12] 네이버 클로바

### (8) 키오스크 자판기

이제 키오스크 자판기는 담배나 음료수만 판매하지 않는다. 동전을 넣으면 커피가 나오는 단순한 일만 하지 않는다. 맥도날드에 있는 키오스크는 햄버거를 주문 받는다. 햄버거를 먹기 위해 맥도날드에 들어갔다. 어느 날부턴가 사람이 아닌 키오스크가 주문을 받고 있었다. 처음해서 그런지 잠시 머뭇거렸다. 누군가에게 물어보고 싶었는데 직원은 다른 쪽에서 다른 업무를 보고 있었다. 뒤에서 기다리던 친구가 다가와 도와줘서 주문을 완료했다.

주문을 완료하고 음식을 기다리는 동안 노부부가 들어왔다. 그러나 이 노부부는 한참을 기계 앞에서 시도하더니 이내 포기를 하고 돌아서는 것이다. 사실 옆에 물어볼만한 직원이 없었던 것이다. 분명 직원이 2~3명 정도가 보이지만 주문 들어온 물건을 만드는데 정신이 없었다. 그리고 주문대인 키오스크와도 거리가 있었다. 아직은 익숙하지 않은 키오스크 주문대는 편리함을 위해 생긴 것은 분명한데 아직은 우리한테는 조금은 낯설다. 그리고 위에서 언급한 것처럼 노약자들이나 장애인들이 주문을 잘 할 수 있는지 살펴볼 수 있는 우리들이었으면 좋겠다. 우리 모두가 편하게 사용 할 수 있는 키오스크가 나오기를 기대해 본다.

* 키오스크 : 대중이 쉽게 이용 할 수 있도록 설치한 무인 단말기. 멀티미디어 스테이션 (multimedia station) 또는 셀프 서비스 스테이션 (self service station) 이라고도 한다.

[그림13] 키오스크 자판기

### (9) 화가가 된 인공지능

우리는 로봇은 단순한 일만 할 거라고 생각했다. 그런데 로봇은 체스를 이기고 어려운 바둑을 이겼다. 바둑을 이길 때의 충격은 상당히 오래갔고 인공지능에 관심이 없던 우리들에게 급 관심을 갖게 해줬다. 이제 인공지능은 감정으로 표현하는 그림을 그리기도 한다.

AI 로봇이 여성 누드화를 그리는 데는 1시간 소요됐다. 인공지능 알파고와 같은 딥 러닝 기술을 탑재한 AI 로봇이 그린 그림이 렘브란트의 화풍을 그대로 재현한 그림을 그렸다. 인공지능은 먼저 렘브란트의 여러 작품을 분석했고 딥 러닝한 기술을 통해 렘브란트 그림의 특징들을 학습했다. 그림 속 사물의 위치와 인식 도구, 사용된 미술 도구 등을 분석하면서 그림의 특징을 학습했다.

인공지능에게 렘브란트의 화풍으로 그리라는 명령을 내렸다. AI 화가는 학습한 내용을 바탕으로 렘브란트와 똑같은 화풍으로 남자의 초상화를 그려냈다. 구글은 수년전부터 딥 러닝 기술로 인공지능에게 빈센트 반 고흐 등 유명화가의 화풍을 학습시키려 시도했다. 그리고 몇 년 전에는 AI가 그린 그림으로 전시회를 열기도 했다. 이때 팔린 그림 중에는 최고가 920만원에 팔리기도 했다. 인공지능 화가가 그린 그림이 경매에서 약 5억에 팔렸다.

[그림14] 화가

이 인공지능 화가는 14~20세기 화가들이 그린 작품 1만 5,000여 점을 학습한 끝에 새로운 그림을 그려낼 수 있도록 만든 프로그램이다. 이 프로그램은 파리의 예술 공학 단체 오비우스의 프로그래머들이 개발한 인공신경망 알고리즘이다. 이날 낙찰된 초상화 속 인물 에드몽드 벨라미는 가상의 인물이다. 풍채가 있는 한 남자의 얼굴과 상반신을 흐릿한 형태로 묘사해 더 매혹적인 느낌이 든다는 평가를 받았다.

사실 우리는 단순 노동만이 로봇이 인간의 일자리를 대신 할 거라고 생각을 했다. 그러나 이제는 감정이입이나 감성터치 부분까지 인공지능이 대신하고 있다.

[그림15] 앨런 튜링(Alan Mathison Turing)

### (10) 암호를 푸는데 사용한 컴퓨터 봄브

2차 세계대전 당시 영국 정부가 독일의 암호를 푸는데 사용한 컴퓨터 봄브. 영국군은 봄베로 암호를 해독해 독일군의 계획을 미리 알아냈다. 앨런 튜링은 2차 세계대전의 끝을 2년 앞당기고 1,400만 명의 생명을 살릴 수 있었고 유명한 노르망디 상륙작전도 성공할 수 있었다.

[그림16] 봄브

* 봄브는 에니그마 해독의 초기 단계에서 나타난 모델이다. 봄브는 영국의 암호학자들이 사용한 전자동기계로 제2차 세계대전 동안 독일의 에니그마를 해독하는 것을 돕기 위해 이용됐다. 이후 미국의 해군과 육군 또한 영국 봄브와 비슷한 기능의 기계를 다른 작동 원리로 만들었다.

* 앨런 튜링 : 봄베의 해독자, 튜링테스트 고안자, 암호학자, 논리학자이면서 컴퓨터 과학의 선구적 인물로 영국의 수학자이다.

### (11) LG전자 안내로봇, 인천공항에 정식으로 시범시작

지난 2017년 7월 LG전자는 공항로봇 시범 서비스를 시작 했다. 공항 내 시설 위치와 길을 알려주는 안내로봇과 공항을 깨끗하게 청소하는 청소로봇이 그 주인공이다. 공항 환경에 최적화된 청소 능력과 자율주행 그리고 장애물 회피 기술이 적용된 청소로봇은 말도 하고 노래도 부르면서 청소를 한다. 자율주행은 물론이고 사물인지 사람인지를 파악해서 사람일 때는 피해달라고 말을 한다. 청소로봇에 청소구역을 세팅해두면 청소로봇은 공항지도를 스스로 판독해 가장 효율적인 동선을 찾아서 청소를 한다. 청소도중에는 "청소중이에요 비켜주시겠어요?"라고 안내 멘트를 제공한다.

안내로봇은 출국장에 3대, 면세점 등이 있는 출발지에 2대 등 총5대를 시범 운영 중이다. 로봇들은 각각 이름도 갖고 있다. 로봇은 명령어로 인천공항 시설물 안내를 한다. 목적지까지 이용자를 에스코트하는 기능이 탑재된 안내로봇이며 다양한 정보를 알려주고 있다. 에스코트할 때도 고객과 일정한 거리를 확보하며 가다가 고객과 거리가 멀어지면 "가까이 오라."고 이야기까지 해준다. 안내가 끝나면 다른 손님들을 위해 원래 위치로 돌아간다. 공항로봇은 한국어, 영어, 중국어, 일본어 4개 국어를 지원한다.

* 에스코트는 이용고객이 원하는 목적지까지 동반 안내를 해주는 기능이다.

[그림17] 출처 LG CC 동영상 캡쳐 인천공항 LG 로봇들

## (12) 인공지능 기자가 탄생

프로야구에도 '로봇기자'가 등장했다. 국내에서는 지난 2015년 서울대 이준환 교수팀이 만든 프로야구 뉴스로봇이 있다. 지난 2016년에는 페이스 북에 로봇이 쓴 기사가 올라오기도 했고 2017년부터 대구일보 에이프라는 로봇기자가 한국시리즈를 기사로 쓰고 있다.

통신사 연합뉴스가 개발한 '사커봇'이 가장 활동을 많이 하고 있다. 지난 2017년 7월부터 로봇이 혼자 처리한다. 잉글랜드 프로축구 프리미어리그(EPL) 전 게임을 기사화하고 있다. 로봇기자 사커봇은 기사의 처음부터 끝까지 혼자 기사를 쓴다. 사커봇이 성공을 하면서 연합뉴스는 지난 2018년 2월 9일에 열린 겨울 평창 올림픽 때 '올림픽봇'을 만들었다. AI 로봇기자 사커봇의 장점은 경기 기록을 스스로 찾아서 정리가 가능하기 때문에 빠른 기사가 작성이 가능하다. 또한 야구경기에서 자주 오심이 나오기 때문에 로봇 심판이 생기기를 원하기도 한다.

인공지능의 발전은 로봇기자만으로 끝나지 않고 있다. 인공지능은 가짜뉴스, 수필까지 척척 쓰고 있다. 사람처럼 글 쓰는 AI 로봇이 등장한 것이다. 진짜 같은 가짜뉴스 만드는 AI가 나왔다. 이 AI를 만든 단체는 일런 머스크 테슬라라는 최고 경영자(GEO)가 창립 멤버로 참여한 비영리 인공지능 연구단체로 진짜 같은 가짜뉴스를 대량으로 생산할 수 있는 인공지능 시스템을 개발한 것이다. 이 오픈 AI는 몇 개의 단어를 주면 진짜 같은 뉴스를 대량으로 만들어 낸다.

[ 기 자 ]
핵 물질을 실은 기차가 미국 신시내티에서 도난당했다. 기차가 어디에 있는지 아직 알려지지 않고 있다. 긴급 뉴스가 나왔다. 없어진 핵 물질이 트라이앵글 파크 연구소에서 나온 것이라는 구체적인 정보도 포함돼 있다.

이 기자의 글은 AI (인공지능) 기자가 쓴 가짜 뉴스이다. 이 인공지능은 800만개의 웹 페이지 글을 학습했다. 그리고 단어를 주면 사람이 쓴 것 같이 문장을 예쁘고 화려하게 만들어 낸다. 뉴스뿐만이 아니라 수필이나 소설까지 수려한 문장으로 써 내려간다.

비영리연구소 '오픈 AI'는 해당기술이 나쁜 목적으로 사용될 것을 우려해 모델 전체를 공개하지 않고 연구자들이 실험할 수 있는 일부 모델과 논문을 발표 할 것이라고 블로그를 통해 밝혔다. 또한 사회에서 논란이 생기자 이미 오픈 AI와 결별했다고 밝혔다. 물론 오픈 AI는 떠났지만 AI의 기술이 여기까지 성장한 것을 인정해야 된다.

지난 2018년 11월 7일 중국대표 뉴스 미디어 '신화통신'에서는 아주 특별한 'AI 앵커'가 전 세계 최초로 정식으로 뉴스를 진행했다. 신화통신의 유명앵커를 모델로 만들어져 사람과 매우 흡사하다. AI 아나운서는 신화통신의 정식 보도원이 됐다. AI 앵커가 사람앵커와 다른 점은 24시간 방송이 아무 때나 가능하다는 점이다. 이 AI 앵커는 언어, 입술 표정 및 딥 러닝 기술을 기반으로 만들어졌다. 인공지능 앵커를 활용할 경우 스튜디오, 카메라, 조명 등이 필요치 않아 경비를 크게 줄일 수도 있다. 또 일본에서는 안드로이드 로봇 '아오이 에리카(AOI ERICA)'가 니혼 TV 아나운서로 입사하기도 했다.

### (13) 커피 타는 로봇의 등장

커피 타는 b:eat(비트)는 내내 잠시도 쉬지 않고 계속 일을 했다. 좁은 공간에서 끊임없이 주문이 들어온 대로 계속 종류별로 커피를 탔다. 비트는 주문을 받는 것부터 커피를 제조 하는 것까지 무인으로 운영된다. 매장에서는 키오스크로 고객들의 주문을 받는다. 매장에 가지 않는 상태에서는 앱을 이용해 커피를 주문하고 매장에 가서 커피를 받는다. 커피한잔을 제조하는데 걸리는 시간은 약 1분 정도이다. 또한 커피가 나오는 시간까지 알 수 있어 대기 시간을 줄일 수 있다. 물론 사람이 아닌 로봇이기 때문인지는 몰라도 가격은 일반 커피점보다는 저렴했다.

[그림18] 커피 타는 로봇

이미 국내에서 비트1은 인천공항을 시작으로 롯데월드몰, 백화점, 쇼핑몰, 대학교, 기업 사내커피 등 서울과 경기 권에 40여대가 운영 중에 있다. KT는 서울 강남에 세계 최초 5G 로봇카페를 개점했다.

커피뿐만이 아닌 이젠 호떡까지 로봇이 굽는다. KT 5G에서는 호떡 굽는 로봇 HUROT까지 만들었다. 사람이 만든 것보다 모양이 흐트러짐 없이 예쁘게 나왔다. 로봇이 하기 때문에 정량의 설탕을 넣고 크기 또한 일정했다.

[그림19] KT 5G 호떡 굽는 로봇 HUROT(출처 유튜브 강사 최재용 동영상 캡쳐)

### (14) 인공지능 끼리 대화

지난 2017년 7월말 페이스 북 AI 연구소의 인공지능 로봇이 자기들만의 아는 언어로 대화하는 것 같은 모습에 개발자가 놀라, 시스템을 강제로 종료시키는 일이 있었다. 페이스 북 개발자들이 연구하고 있는 로봇인 앨리스라는 AI 로봇이 "공들 갖고 있다. 제로 나에게 나에게 나에게 나에게 ......(Balls have Zero to me to me to me to me)."라고 말하자 '밥'이라는 이름의 AI가 "너 나 모든 것 이외에(you I everything else)." 라고 답했다.

앨리스라는 로봇이 "제로 나에게 나에게 나에게 나에게 ......(Balls have Zero to me to me to me to me)."라고 말을 했을 때 기계의 오류를 나타낸 거라면 아무 말이 없든가 아니면 지지지 한다든 가 했어야 하지 않을까? 그런데 밥이라는 이름의 AI가 "너 나 모든 것 이외에(you I everything else)." 라고 답했다.

인간의 언어로는 전혀 말이 되지 않는 문장이었지만 다른 챗봇이 이를 이해한 듯 한 대답을 내놓은 것이다. 이것에 대한 의견은 분분한데 한쪽에서는 "시스템의 오류다.", 또 다른 한쪽에서는 "인공지능이 진화한 것 같다."라고도 했다. 개발자들은 자신들만의 언어를 개발한 것으로 분석했다. 사실 개발자들이 놀란 이유는 AI가 인간이 명령한 원칙을 깼기 때문이다.

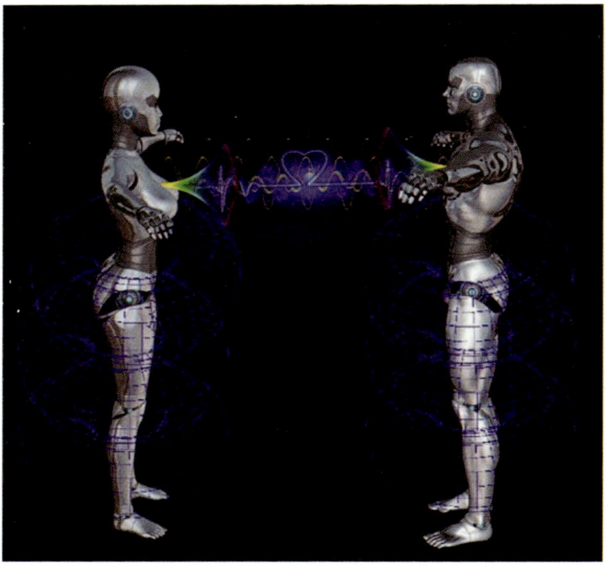

[그림20] 인공지능 끼리 대화

### (15) 안내로봇 Pepper

지난 2015년 6월 20일 일본에서는 인간형 감정로봇 'Pepper(페퍼)' 판매를 시작했는데 1분 만에 1,000대가 매진됐다. 가격은 19만 8,000엔, 한화로 177만원이다. 19만 8,000엔이면 이야기를 나눌 수 있는 친구이자 가족을 만들 수 있다. 특히 이런 인간형 로봇은 일본에서 인기가 많다. 일본은 고령화가 심해지고 혼자 사는 사람이 많아지면서 이야기할 친구가 필요해서이다. 가정에서 나 홀로 사는 사람들에게는 인간형 감정로봇 페퍼가 많은 도움을 준다. 페퍼는 혼자 사는 사람들에게 대화도 해주고 가족처럼 지낼 수 있어 이들이 사회 생활하는데도 원활하게 할 수 있게 도와준다.

또한 기업들이 페퍼를 많이 도입을 한다. 그 이유가 무엇일까. 알아보기로 하자. 한 백화점은 페퍼의 도입으로 백화점의 매출이 약 1.2배가량 증가한 것으로 나타났다. 기존에는 고객이 점포에 들어오면 점원이 따라다니면서 고객 호객행위를 했는데 고객들이 부담스러워 했다. 그런데 페퍼를 도입한 후부터는 고객이 먼저 페퍼에게 다가간다. 가족단위의 고객들이 페퍼를 더 선호한다. 어른들이 쇼핑하는 동안에 어린아이들은 페퍼와 놀고 싶어 하기 때문이다. 이때 가족들은 쇼핑을 즐길 수 있기 때문이다.

* Pepper(페퍼) : 감정을 인식하는 소프트뱅크사의 휴머노이드 로봇이다. 페퍼에는 감정 엔진이 탑재 돼 있다. 키는 120cm이다. 페퍼의 몸에는 카메라와 3D 센서, 마이크로가 장착돼 있다. 사람의 말을 이해하고 답을 할 수 있다. 가슴에 달린 10.1인치 크기의 화면을 통해 정보를 제공할 수 있다. 전동모터와 바퀴로 시속 3Km속도로 이동이 가능하다. 그러나 계단에서의 이동은 어려운 편이다. 프랑스의 알데바란 로보틱스와 소프트 뱅크 모바일을 통해 개발됐다. 지난 2014년 6월 5일 소프트 뱅크 기자회견을 통해 세상에 공개됐다.

[그림21] 고객과 대화 하고 있는 안내로봇 Pepper

## 03 인공지능 AI 기술로 인한 직업의 변화

미래를 예측한다는 건 사실 어려운 부분 중에 하나이다. 미래를 예측하기 위해서는 문화, 정치, 기술 등 사회의 모든 부분에 있어서 분석할 수 있는 통찰력, 높은 학식과 지식 그리고 높은 이해력과 상상력까지 필요하다. 이러한 이유로 인정받는 미래학자는 그리 많지 않다.

미래의 학자 중 토마스 프레이(Thomas Frey)는 지난 2006년 구글에서 최고의 미래학자로 선정됐다. 이 토마스 프레이(Thomas Frey)는 우리의 미래가 앞으로 15년 후 약 50%로의 일자리가 사라진다고 했다. 오는 2030년 전에 약 20억 개의 직업이 사라질 거라고 예언했다. 더 정확히 말하면 일 자체가 사라지는 것이 아니라 일의 성격이 바뀌는 것이라고 강조했다. 그리고 기존에 없던 새로운 직업 162개가 뜰 것이라고도 전망했다. 이 새로운 직업은 공상영화에서나 나올만한 직업들이다.

그 50%로의 일자리 중 어떤 일자리는 서서히 없어지는 게 아니라 갑자기 없어질 거라는 것이다. 그리고 또 다른 직업이 생성 될 것이다. 토마스 프레이(Thomas Frey)가 말한 오는 2030년에 사라질 위험에 놓여 있는 직업은 아래와 같다.

### 1) 인공지능 AI 기술로 인한 직업의 변화

#### (1) 사라질 위험에 처한 직업은 글쓰기 직종

뉴스기자, 스포츠기자, 월스트리트기자, 저널리스트, 작가

#### (2) 군대

군사 기획자, 암호학자

### (3) 의료부문

영양사, 영양학자, 의사, 임상병리사, 채혈사, 방사선 전문의, 심리치료사, 상담사, 심리학자

### (4) 금융 서비스

재무기획자, 회계사, 세무사, 감사, 회계원

### (5) 법률서비스

변호사, 준법감시인, 수금원

### (6) 기타

회의 이벤트 기획자, 재무 분석가, 피트니스 코치, 물류관리사, 통·번역가, 고객 서비스 담당자, 교사

## 2) 로봇기술로 인한 직업의 변화

지난 수 십 년 동안 로봇은 인간으로부터 제조업 일자리를 빼앗아왔다. 앞으로는 더 많아질 것으로 예상된다. 사라질 위험에 처한 직업은 다음과 같다.

### (1) 소매업

소매점원, 계산원, 재고 관리원, 창고직원, 검사원

### (2) 의료부분

외과의사, 재가간호사, 약사, 수의사

### (3) 유지보수 부문

페인트 공, 수위, 정원사, 수영장 관리원, 공원 정비원, 해충구제업자, 벌목 노동자

텔레마케터와 콜센터 그리고 운송뿐만 아니다. 직업의 위기는 단순 기능직뿐 아니라 의사, 변호사 등 전문직에도 마찬가지일 것이다. 일자리 자체가 사라지진 않겠지만 숫자가 줄고 하는 일의 역할이 많이 달라질 것이라고 예견된다.

한 가지 예를 들면 미국에선 지난 1880년대 처음 등장한 엘리베이터 도우미가 1950년대 12만 명으로 최고로 절정에 오르며 그 이후 10년 후에는 6만 명으로 반 토막 난 뒤 얼마 후 이 직업은 사라졌다. 이처럼 곧 많은 직업들이 이렇게 사라질 것이다. 그리고 많은 일자리를 로봇과 인공지능에게 뺏길 것이다. [그림22]는 미국에서 승강기 운전원의 직업의 일자리가 없어진 것을 보여준다.

미국 내 승강기 운전원 고용현황 그래프 (단위 : 명)

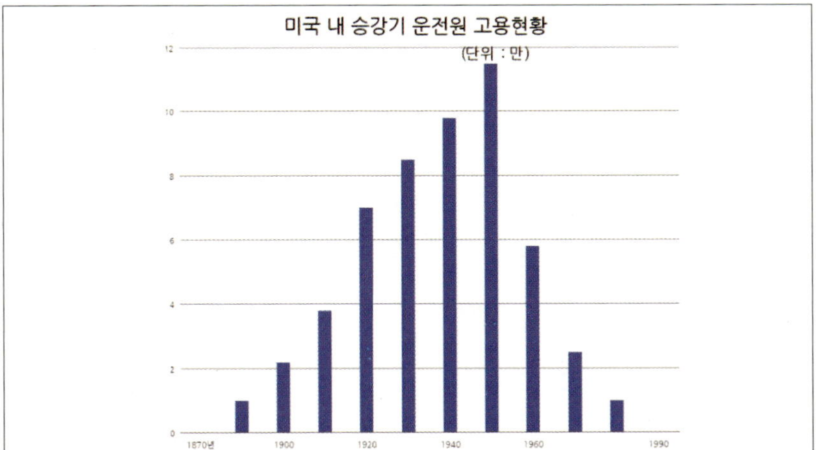


[그림22] 자료 : 미국 정보 통신 혁신 기금(ITF) 참고

토마스 프레이의 미래 혁명은 4차 산업혁명으로 즉 인공지능으로 인해 빼앗긴 일자리를 위해 우리는 무엇을 준비해야 되는가에 대해 말을 한다. 우리는 이렇게 로봇에게 일자리를 빼앗기고 있다. 앞으론 더 많은 일자리를 로봇이 차지할 것이다. 많은 학자들은 로봇 세를 걷자 라고 한다. 많은 로봇들이 일을 대체하게 되면 돈 있는 사람만이 더 큰 부를 누리게 될 것이라고들 한다. 로봇 세를 걷게 되면 로봇 사용이 더 제한적일 것이다.

로봇을 사용하고 있는 대표적 기업 세계 최대 전자상거래 기업인 아마존에서는 지난 2012년 로봇회사 키바시스템을 인수한 뒤 산업용 로봇을 생산해 2015년부터는 본격적으로 현장에서 로봇들이 일을 하고 있다. 물류창고 105개에 5만대의 로봇이 일을 하고 있다. 로봇에 들어간 모든 비용을 제외하고 약 1조 이상의 비용을 절감했다는 업계의 분석이다.

과연 로봇 세를 걷게 되면 이 많은 로봇들을 쓰지는 않았을 것이다. 로봇 5만대가 하던 일을 하던 사람들은 지금 과연 어디에서 어떤 일을 하고 있을까? 그러나 우리는 이러한 로봇들을 멀리 할 것이 아니라 로봇들과 함께 가야 되는 시대 속에 살고 있다.

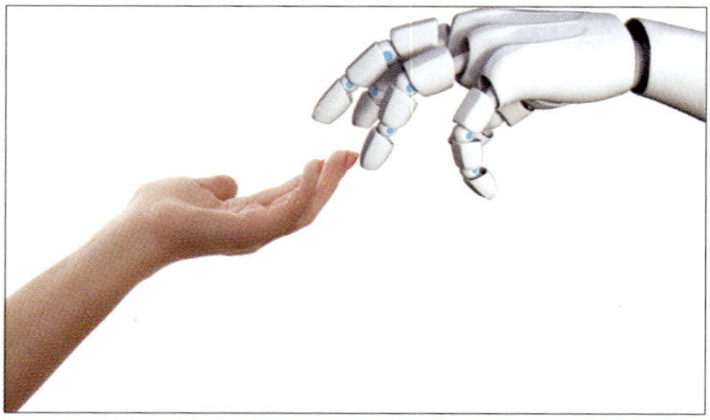

[그림23] 로봇과 함께

## 04 카카오 윤리헌장과 산업자원부(현 산업통상자원부)가 만든 로봇윤리헌장

사람들은 보통 4차 산업혁명을 잘 모른다고들 한다. 그러나 현실은 이렇게 우리의 생활 속에 4차 산업혁명 시대 속에 들어와 있다. 이렇게 4차 산업혁명이 진행돼가고 있는 속에 또 다시 로봇, 인공지능의 윤리헌장을 재 이야기 하는 이유는 지난 2016년 알파고 사건 충격 때문이다. 문제는 인공지능의 발전에 인간 대 인공지능의 경쟁구도를 우려하는 목소리가 나오고 있기 때문이다.

로봇이나 인공지능이 인간의 일자리를 대체하는 것은 굳이 나쁘게 받아들일 필요는 없다. 그러나 인공지능의 수준이 인간을 뛰어 넘어 인공지능이 인간을 지배하는 사회가 올 수 있다는 우려에 섞인 지적이 이어지고 있다. 인공지능이 인간의 통제 하에 인간에게 유익한 수단으로 활용할 수 있도록 하기 위한 로봇 윤리규정이 필요하다는 것이다.

그렇다면 여기서 카카오 윤리헌장과 산업자원부(현 산업통상자원부)가 만든 '로봇윤리헌장'을 한번 살펴보기로 한다.

지난 2017년 1월31일 카카오가 국내 기업 중 최초로 인공지능 기술개발 및 윤리에 관한 알고리즘 규범(이하 AI 윤리헌장)을 발표했다. 이날 발표한 카카오의 'AI 윤리헌장'은 다음과 같다.

[카카오의 AI 윤리헌장]

1. (카카오 알고리즘의 기본 원칙) 카카오는 알고리즘과 관련된 모든 노력을 우리 사회 윤리 안에서 다하며, 이를 통해 인류의 편익과 행복을 추구한다.
2. (차별에 대한 경계) 알고리즘 결과에서 의도적인 사회적 차별이 일어나지 않도록 경계한다.
3. (학습 데이터 운영) 알고리즘에 입력되는 학습데이터를 사회 윤리에 근거해 수집·분석·활용한다.
4. (알고리즘의 독립성) 알고리즘이 누군가에 의해 자의적으로 훼손되거나 영향 받는 일이 없도록 엄정하게 관리한다.
5. (알고리즘에 대한 설명) 이용자의 신뢰관계를 위해 기업 경쟁력을 훼손하지 않는 범위 내에서 알고리즘에 대해 성실하게 설명한다.

지난 2007년 산업자원부(현 산업통상자원부)가 결성했던 로봇윤리헌장 제정위원회의 로봇윤리헌장 초안과 많이 흡사하다. 산업자원부(현 산업통상자원부)는 로봇윤리헌장 제정위원회를 결성하고 세계 최초로 로봇제조에서부터 사용자 등이 지켜야 할 기본적 윤리규정을 7장에 걸쳐 담은 '로봇윤리헌장 초안'을 만들었다.

이 로봇윤리헌장은 과학자, 윤리학자, 종교학자, 의사, 심리학자, 변호사, 미래학자 등 각계인사 12명을 중심으로 만들었을 뿐만 아니라 이런 모든 작업을 정부가 지원한 매우 뜻 깊은 사업이었다.

[로봇 윤리 헌장(2007)]

21세기 안에 인간이 만든 감성과 지능을 가진 로봇이 인류역사상 최초로 등장하게 될 것이다. 인간과 로봇이 함께하는 미래사회는 윤리, 사회, 경제, 교육, 문화 등 여러 분야에서 다양한 방향으로 전개 될 것이다. 따라서 우리는 인간과 로봇이 함께하는 미래사회가 부정적인 방향으로 가는 것을 사전에 방지하고, 인간과 로봇이 상호 존중하고 협력 할 수 있는 미래사회를 실현하기 위해 관련 윤리헌장을 제정할 필요성과 책임감을 갖는다.

인간은 로봇의 도움과 협력을 바탕으로 보다 편리하고, 건강하며, 안전하고, 행복한 삶의 질을 보장해주는 미래사회를 꿈꾸고 인간은 인간 본연의 가치인 사랑과 예술을 창출 할 수 있는 미래사회를 그리며 그러한 미래사회가 긍정적이고 바람직한 방향으로 가기 위해 다 같이 지혜를 모아야 한다. 또한 우리가 원하는 인간과 로봇은 미래와 미래 세대들이 살아갈 인간과 로봇의 미래사회는 우리의 준비와 결정에 달려있다. 이에 우리는 인간과 로봇이 함께하는 풍요롭고 수준 높은 미래사회를 실현하고자 인간중심의 윤리규범을 천명하고자 한다.

하나, 인간과 로봇은 상호간 생명의 존엄성을 존중하며, 정해진 권리 정보윤리 및 공학윤리 등의 공동원칙을 보호하고 지켜야 한다.

하나, 인간은 로봇을 제조하고 사용 할 때 항상 선(善)한 방법으로 지혜롭게 판단하고 의사 결정해야 된다.

하나, 로봇은 사용자인 인간의 친구, 도우미, 동반자로서 인간의 명령에 항상 순종해야 한다.

하나, 로봇 제조자는 로봇윤리헌장을 준수해야 할 제1책임자로서 인류와 공생하기에 적합하고, 사회적 공익성과 책임감에 기반 한 로봇을 제조하여야 한다.

하나, 로봇 사용자는 로봇을 존중하는 마음으로 법규에 따라 사용하되, 로봇 남용을 통한 중독 등에 주의해야 한다.

이상과 같이 우리는 변화의 시대적 요청들을 선(善)한 방법으로 지혜롭고 슬기롭게 수용해 인간과 로봇이 공존공생하고 공존번영 하는 꿈과 희망의 미래사회를 열고자 인간과 로봇이 지켜야 할 윤리들을 확인하고 천명하며 로봇윤리헌장을 공표한다.

[부칙 : 로봇윤리규범]

1. (공동원칙) 인간과 로봇은 상호간 생명의 존엄성을 존중하며, 정해진 권리, 정보윤리 및 공학윤리 등을 보호하고 지켜야 한다.

(가) 인간과 로봇은 평등, 정의, 자유, 책임, 이익, 비밀유지, 정보보호등 상호간 정해진 권리를 보호해야 한다.

(나) 인간과 로봇은 정확성, 안전성, 보호성, 지적소유권, 접근성, 편재성과 같은 컴퓨터 및 정보윤리를 보호해야 한다.

(다) 인간과 로봇은 보안성, 신뢰성, 공공성과 같은 공학윤리를 보호해야 한다.

(라) 로봇윤리헌장은 인간윤리에 기초 한 것으로 도덕적 구속력을 갖는다.

2. (인간의 윤리) 인간은 로봇을 제조하고 사용 할 때 항상 선(善)한 방법으로 지혜롭게 판단하고 의사 결정해야 한다.

3. (로봇의 윤리) 로봇은 사용자의 인간의 친구 도우미, 동반자로서 인간의 명령에 항상 순종해야 한다.

(가) 로봇은 산업, 안전, 국방, 의료, 교육, 환경, 서비스 등 다양한 영역에서 인간의 친구이자, 도우미이며 동반자다.

(나) 로봇은 위험하고 어렵고 힘든 인간의 일을 대신해 주는 친구이자 도우미이며 동반자다.

(다) 로봇은 안전, 보안, 신뢰성 사고가 일어날 경우 인간에게 즉시 보고하고 스스로 활동을 중지해야 한다.

(라) 로봇은 모든 의사결정시 인간과 협력해야 하며, 고의로 사고를 유발하거나 범죄 행위를 해서는 안 된다 .

4. (로봇 제조자의 윤리) 로봇 제조자는 로봇윤리헌장을 준수해야 할 제1 책임자로서 인류와 공생하기에 적합하고, 사회적 공익성과 책임감에 기반 한 로봇을 제조해야 한다.

(가) 로봇 제조자는 인간의 존엄성을 지키고, 인간에 순종하며, 인류와 공생하기에 적합한 로봇을 만든다.

(나) 로봇 제조자는 사회적 공익성을 높이고 책임감에 기반한 로봇을 만든다.

(다) 로봇 제조자는 제조하는 로봇에게 명확한 목적과 기능 및 역할을 부여하고, 가능한 한 환경친화성이 높은 로봇을 만든다.

(라) 로봇 제조자는 로봇의 안정성 확보를 위해 로봇과 관련된 인증이나 법규에 따라 로봇을 제조하고 판매해야 한다.

(마) 로봇 제조자는 불법 제조 및 판매로 인한 사회적 법률적 문제와 로봇의 행위에 대한 최종 책임을 진다.

(바) 로봇 제조자는 로봇 재 활용 시 로봇이 취득한 정보를 악용해서는 안 된다.

5. (로봇 사용자의 윤리) 로봇 사용자는 로봇을 존중하는 마음으로 법규에 따라 사용하되, 로봇 남용을 통한 중독 등에 주의해야 한다.

(가) 로봇 사용자는 로봇을 인간의 친구, 도우미, 동반자, 감성적 소통 대상자, 심리적 및 신체적 보조자로 소중하게 대한다.

(나) 로봇 사용자는 로봇을 인간의 삶의 질의 제고와 복지의 향상을 위해 활용한다.

(다) 로봇 사용자는 로봇의 노동 대체 등으로 인해 획득한 시간을 창의적인 활동에 적극 활용한다.

(라) 로봇 사용자는 로봇 관련 법률이나 규범에 따라 로봇을 사용한다.

(마) 로봇 사용자는 로봇의 불법 개조나 임의 변경을 통해 로봇 제조자가 정해놓은 목적 이외에 사용해서는 안 된다.

(바) 로봇 사용자는 로봇 남용을 통해 로봇에 중독되거나, 정신적 장애가 유발되지 않도록 주의해야 한다.

## Epilogue

지금까지 인공지능이 우리의 삶 속에서 얼마만큼 함께 하고 있는가에 대해서 알아봤다.

지난 2012년 딥 러닝의 등장과 함께 본격적인 개화기를 맞은 인공지능이 2019년에는 자연어를 중심으로 새로운 전기를 맞을 전망이라고들 한다. 이 말이 맞아 떨어지고 있다. 벌써 많은 인공지능이 딥 러닝의 새로운 기술들이 속속 나오고 있다. 토마스 프레이어는 미래혁명은 4차 산업혁명 속의 인공지능으로 인해 뺏긴 일자리를 위해 우리는 무엇을 준비해야 되는가에 대해 말을 했다.

"인공지능은 인류를 파멸 할 것이라고 하는 학자도 있고 어떤 학자들은 아니다. 인공지능은 우리의 삶을 더 좋게 윤택하게 만들 것이라고도 하는 학자들도 있다. 사실 어떤 사람들의 말이 맞을지는 아무도 모른다. 다만 인공지능의 기술이 급속도로 성장하고 있다는 점이다. 4차 산업혁명의 특징은 아니 인공지능이 우리 삶에 깊숙이 파고들었을 때의 가장 큰 특징은 바로 우리가 하는 일이 바뀌는 것이 아니라 우리 인류 자체를 바꾼다는 것이다."라고 미래학자인 클라우드 슈밥이 말을 하기도 했다.

인공지능으로 인한 차세대 일자리는 미래 산업에서 찾아야한다 라고 말을 한다. 여기서 우리가 주시해야 될 상황은 우리 인류역사상 Singularity(특이점)가 과연 올까 이다. 필자는 온다는 쪽에 한 표를 던지고 싶다. 과연 Singularity(특이점)의 상황이 온다면 우리의 인류는 어떻게 될까? 상상만 해도 무섭다.

Singularity의 이러한 상황이 오기 전에 우리 인간들은 어찌해야 할 것 인가이다. 먼저 로봇 제조자들은 인간을 위한 인공지능을 만들어야 될 것이며 또한 위에 있는 로봇윤리헌장처럼 로봇을 제조하고 사용 할 때 항상 선(善)한 방법으로 지혜롭게 판단하고 의사 결정해야 한다. 로봇 제조자는 로봇윤리헌장을 준수해야 할 제1 책임자로서 인류와 공생하기에 적합하고, 사회적 공익성과 책임감에 기반한 로봇을 제조해야 한다.

또한 로봇 사용자는 로봇을 존중하는 마음으로 법규에 따라 사용하되 로봇 남용을 통한 중독 등에 주의해야 한다. 로봇은 사용자의 인간의 친구 도우미, 동반자로서 인간의 명령에 항상 순종해야 한다. 인간과 로봇은 상호간 생명의 존엄성을 존중하며 정해진 권리, 정보윤리 및 공학윤리 등을 보호하고 지켜야 한다 라는 로봇 윤리헌장을 꼭 지켜야 할 것이다. 인간은 인간을 위한 기술을 사용할 것인가 아니면 인공지능을 위한 기술을 사용할 것인지는 사실 인간의 손에 달려있는 것이다.

* singularity(특이점)란 인공지능 기술이 비약적으로 발전해서 인간의 지능을 초월하는 시점을 말한다.

[출 처]

- LG CNS 블로그
- IT insight
- The Medium App
- 유튜브 강사 최재용
- 위키백과
- 양재 R & CD 혁신허브
- 중앙일보
- IT 동아뉴스
- 유튜브 책그램
- XTM 가제트 방송
- 매일경제
- 한국경제
- 블록체인 AI 뉴스
- LG전자 공식블로그
- LG C C
- ZD NET Korea
- 로봇신문
- 카카오 AI 윤리헌장
- 산업자원부 (현 산업통상자원부) 로봇윤리헌장
- 미래&과학
- 뉴스 IT
- NVIDA

# 4차 산업혁명 시대 속 우리 아이 주인공 만들기 프로젝트

4

# 4차 산업혁명 시대 속 우리 아이 주인공 만들기 프로젝트

## 이 규 숙

필자는 전 경기도교육청 학습상담사와 경기도 주민참여협의회 교육복지위원을 역임했으며 현재 한국교육협회 대표, 학습 및 진로 코칭, 부모교육 강사, 통합가족상담, 청소년비전형성, 학교폭력예방교육, 청소년중독예방교육, 우리아이심리지원, 선도학생특별교육 상담, 스토리텔링수학, 보드게임 강사로 활동 중에 있다.

## Prologue

필자는 오랫동안 교육현장에서 교육에 몸담고 아이들과 함께 생활했다. 부모들을 만나보면 자녀를 키우며 무엇이 필요한 것인지 모르고 무엇을 해야 할 지 목표조차 세우지 못해서 아이에게 상처를 주며 스스로도 상처를 받는 경우가 많았다.

부모들은 우선 자신도 모르게 했던 행동과 아이에게 말했던 것들을 스스로 살펴봐야 한다. 부모의 말과 행동이 어느 순간 아이들의 행동에 변화를 일으키고 그것이 문제 행동으로 나타나기도 하고 또는 좋은 방향으로 발전하기도 한다.

이에 아이들에게 필요한 것들이 무엇인지 찾아보고 미래가 요구하는 인재 상을 알아보아야 할 것이라고 생각한다. 미래를 알고 준비하는 부모야말로 자녀를 인재로 길러낼 수 있기 때문이다. 특히 빠르게 진화하고 있는 4차 산업혁명 시대의 변화하는 교육환경에서 인재를 기르기 위해 고군분투하며 부모의 역할을 고민하는 부모님과 함께 해결점을 찾아보고자 한다.

## 01 4차 산업혁명과 초등교육

### 1) 교육 시스템의 변화 필요

미래라고는 하지만 현재 기술변화의 추세로 볼 때 어쩌면 생각보다 가까운 미래에 교육시스템의 변화를 가져 올지도 모른다. 현재 학교에서 배우고 있는 것들은 기술 발전으로 학습적인 면에서는 필요 없는 것들이 생길 수 있다. 인간들이 하던 일들을 대부분 인공지능을 갖춘 로봇이 담당하게 될 것이며 필요한 지식들은 로봇이 대신 기억하거나 기억하도록 도와 줄 것이다.

현재 우리나라 교육시스템은 대학에 진학하기 위한 교육시스템으로 학생의 가치를 상급학교 진학에 두었다. 하지만 미래에는 대학에 진학하기 위해 세운 대학수학능력시험 등의 교육계획이나 표준화 시험 시스템은 어쩌면 그 가치가 하락하거나 사라질 수도 있다. 대학 졸업장보다는 개인의 능력치와 개인이 보유한 기술력 등이 더 가치 있게 될 것으로 교육전문가들이 입을 모으고 있기 때문이다.

[그림1] https://pixabay.com

인사팀만 2,500명이라는 구글은 인재를 확보하기 위해 많은 비용을 치르고 있다고 알려져 있다. 구글을 대기업으로 바꾼 전 구글 회장이자 전 애플 이사였던 에릭 슈미트는 '구글은 어떻게 일하는가'라는 책에서 구글이 가장 중시하는 개념으로 전문성과 창의력을 꼽았으며 구글의 직원들에게 자유로운 업무환경을 제공하는 이유라고 했다. 그는 책에서 문화, 전략, 직원관리, 결정, 소통, 혁신 등을 주제로 구글을 소개했는데 직원이 가장 중요한 자산이라고 믿고 직원들에게 많은 자유를 준다고 이야기 했다.

구글은 최고의 인재 채용을 위해 총 네 가지의 영역에서 평가한다고 한다. 다양한 상황에서 팀의 능력을 총동원하기 위해서 각기 다른 팀원들의 특성을 잘 활용하는 능력이 있어야 한다고 했다. 또 학습하는 능력 즉 직무에 대한 이해는 기본이며 새로운 정보를 습득해야 하는 상황에서도 당황하지 않고 학습하는 태도인 성장지향성이 필요하다고 한다. 구글은 지원자가 자신이 어떤 경험을 했는지 늘어놓을 틈을 주지 않고 그 경험에서 어떤 통찰력을 얻었는지를 물어서 재미있거나 독특한 대답을 들을 필요가 있다고 했다. 독특한 질문은 문제해결 능력뿐만 아니라 그 문제를 어떤 각도에서 바라보는지를 확인하기 위함이라고 한다.

구글은 업무와 관련한 분야가 아니더라도 열정을 가져본 경험이 있는 사람은 언젠가 꼭 재미있는 일을 해낼 것이라고 믿기 때문에 관심분야에 대해 계속 이야기 할 수 있는 사람이라면 열정이 있다고 했다. 구글은 유능하고 지식이 많은 사람, 제품과 문화의 가치를 높일 사람, 일을 해낼 사람, 집중적으로 자신에게 동기를 부여하는 사람, 열정을 가진 사람, 동료들에게 영감을 주며 일할 사람, 팀이나 회사와 더불어 성장할 사람, 독특한 관심과 재능을 가진 사람을 채용했다.

업무에 적합한 사람이 나타나지 않으면 선택하지 않고 뛰어난 지원자를 발견할 때까지 기다린다고 한다. 구글은 현재에도 창의적인 인재를 선별하는데 투자를 아끼지 않고 있고 우리나라 대기업도 현재 창의적인 인재를 어떻게 선별해야하는지 고민 중에 있다.

[그림2] https://pixabay.com

4차 산업 혁명기에는 역량의 변화를 필요로 한다. WEF(2016)는 가까운 장래인 2020년에 필요한 역량으로 복잡한 문제 해결능력, 비판적 사고력, 창의력, 인간관리능력, 타인과 조정능력, 감성역량, 판단과 의사결정능력, 서비스지향성, 협상력, 인지적 유연성을 꼽은 바 있다(장덕호, 2017). 미래사회에 알맞은 인재, 사회가 요구하는 인재를 길러내려면 변화하는 미래기술 및 사회 환경과 교육시스템에 발맞춰 인재를 길러내는 방법도 당연히 달라져야 하며 아이들에게 필요한 역량을 갖출 수 있도록 좀 더 구체적인 교육계획과 과정이 만들어져야 할 것이다.

## 2) 교육환경의 변화 필요

4차 산업혁명 시대의 교육내용은 미래교육목표인 인성교육과 창의성을 키울 수 있는 내용들이 필요하다. 미래 사회에서 필요한 것은 단순한 지식이 아니라 방대하고 다양한 정보와 지식을 신속하고 다양하게 만들 수 있는 지식이다. 또한 복잡한 정보를 조직하고 관리하는 연계망 지식(networking knowledge)이나 문제해결 지식(problem-solving knowledge)과 같은 적용력이 크고 부가가치가 높은 창조적 지식(교육부, 1999)이다.

4차 산업혁명은 2010년 이후, 실제 세계와 가상 세계의 통합으로 여러 사물들을 자동적, 지능적으로 제어하는 가상 물리 시스템 구축을 의미한다. 사물인터넷(Internet of Things), 빅 데이터(Big Data), 인공지능(Artificial Intelligence)등 다양한 과학기술이 이에 포함된다.

4차 산업혁명으로 인해 새롭게 주목받는 교육의 형태가 시간과 장소에 구애받지 않는 자율형 학습이다. Stanford 대학에는 개발한 MOOC(Massive Open Online Course)는 미국 대학 캠퍼스에서 실제로 이뤄지는 코스를 온라인으로 제공하는 온라인 대학 강좌이다. 이것은 양방향 학습이 가능하다는 특징이 있으며 무료로 강의를 제공하고 교수의 피드백이나 수료증을 받으려면 비용을 지불해야하는 경우도 있다. 고등교육을 대상으로 한 학습 시스템이기는 하나 3,000여개 강좌 이상이 열리고 누적 사용자가 3,500만 명을 넘어섰다(Class Central, 2017).

우리나라에서도 MOOC를 현지화하여 국가평생교육진흥원이 K-MOOC를 주관하고 있으며 한국의 여러 대학이 무료로 강의를 제공하고 강의에 따라 학점을 부여받거나 이수증을 발급해 주기도 한다.

또한 정규 프로그램 중 미디어나 디지털을 통해 학습하는 형태의 가상 학습인 블렌디드 러닝(Blended Learning)이나 온라인을 통해 선행학습을 한 뒤 오프라인을 통해 교수와 토론식 강의를 진행하는 거꾸로 학습(Flipped Learning)이 주목받고 있으며 이미 해외 일부 대학에서는 학사 상담 등에 인공지능을 활용해 자율형학습을 지원하고 있다(Cha & Kim, 2016).

또한 다양한 학문 간의 경계가 모호해지면서 여러 분야의 지식과 정보를 활용해 새로운 아이디어나 산출물을 창출할 수 있는 능력이 강조되고 있는데 이로 인해 융합인재교육의 중요성이 점차 부각되고 있다.

[그림3] https://pixabay.com

특히 4차 산업혁명이 주목받는 이유 중 하나는 인간의 능력과 고유의 영역이 위협받기 때문이다. 인공지능이란 합리적이고 이성적인 판단이나 행동 또는 인간과 유사한 방식의 사고와 행동이 가능한 학습 체계를 말한다(Doh et al, 2013).

교육환경에서 인공지능이나 로봇을 통한 교육이 본격화될 경우 굳이 학교나 특정 장소에 가지 않아도 쉽게 교육 서비스를 제공받게 된다. 또한 개인의 풍부한 자료를 통해 개개인에게 알맞은 맞춤형 학습이 가능하게 되며 각 개인의 수준에 맞는 과제가 제공되고 학습 진도가 달라지는 개별화된 맞춤형 학습이 가능해질 것이다(Jho, 2017).

특히 과학교육에서는 가상현실과 인간의 감각을 연결하는 기술들이 발전할 경우 가정에서도 다양한 실험이나 실습이 가능해져 보다 풍부한 경험과 체험을 제공할 수 있게 된다. 가상의 박물관, 과학관, 실험실 등 다양한 새로운 가상시스템이 개발될 것이다. 또한 학교에서는 인공지능을 활용한다면 부진학생 지도나 개인별 맞춤형 과제제시 및 개별학습 등이 가능해진다.

[그림4] https://pixabay.com

### 3) 교육제도의 변화

교육제도에서 변화해야 할 것들은 무엇일까? 우리나라 교육부가 발표한 교육과정은 첫째 바른 인성을 갖춘 창의융합형 인재를 양성하기 위해 미래 사회가 요구하는 역량을 계발한다. 둘째 전인적 성장을 위해 인문, 사회, 과학기술 소양을 균형 있게 함양하도록 한다. 셋째 학생의 적성과 진로에 따른 선택학습이 가능하게 한다. 넷째 학생 참여형 수업을 활성화해 학습의 즐거움을 경험하도록 한다. 다섯째 학생의 성장과 수업 개선을 위해 학습의 과정을 중시하는 평가의 강조 등이다.

우리나라 교육은 아직까지 방법론에서 교과서로 교육하는 것은 점수를 따기 위한 교육이지 세상을 살아가는데 필요한 수업이 되지 않는다. 아이들의 능력을 어떻게 길러줄 것인가를 고민하고 연구해 이제는 학교교육도 개인의 능력을 찾아내고 길러내는 맞춤식 교육이 돼야 할 것이다. 일부 학교에서는 수준별 수업을 위해 반을 나누고 수업의 내용을 바꾸거나 달리하기도 한다. 하지만 학교에서 실시하는 수준별 학습은 형식적인 구분일 뿐이고 실제 내용면에서는 개인적인 수준과는 거리가 있는 경우가 많다.

우리나라 교육제도는 수직적으로 지시사항으로 내려오는 제도와 규칙에 부합돼야하기 때문에 교사들의 활동에도 제한이 있다. 이제는 많은 결정권을 학교나 교사 그리고 학생들에게 넘겨야 할 것이다. 학생의 요구에 따른 맞춤식 교육이 이뤄져야 하지만 아직 선생님들은 주입식 교육에 익숙해 있어 학교 교육방법에도 변화가 요구되고 있다.

이권현 유한 대학 총장은 프레지던트 서밋 2차 콘퍼런스에서 답을 미리 정해 놓고 답을 쓰도록 하는 교육은 의미가 없으며 미래교육은 답이 없는 교육이 돼야 한다고 했다. 하지만 아직은 교육현장에서 프로젝트기반 수업이나 교육방향대로 이끌어낼 인력이 없다는 것이다.

[그림5] 온교육 (https//www.moe.go.kr)

그러므로 현재 학교체제를 바꾸고 새로운 설계를 해야 한다. 애플의 스티브잡스나 테슬라의 엘론 머스크 같은 사람들은 학교 교육과정을 완전히 마친 것은 아니었다. 하지만 창의성과 융합적인 능력으로 세상을 바꾸고 인류의 주인공이 됐다. 학교 현장에서 창의성을 기르는 수업을 해야 한다고 해 일부학교에서는 영재학급을 운영하기도 한다. 하지만 창의성을 길러주는 과정이라기보다는 문제를 해결하는 기술을 가르치는 면이 강하다.

그러면 창의성을 기르기 위해서는 어떻게 해야 할까? 문제나 의문점만 제시하고 문제를 해결하는 방법을 제시하지 않으며 학생 스스로가 문제를 발견하고 문제에 대해 생각한 것들을 직접 실험하고 실패하는 과정을 고민하고 나아가도록 기다려 줘야한다고 생각한다. 또한 혼자 해결하도록 하지 않고 모둠별로 함께 문제의 해결방법을 의논하고 정리하는 과정에서 협동과 협응 능력을 신장시켜야 하는 것도 잊지 말아야 할 것이다.

토론을 한다는 것은 정답을 찾아가는 것이 아니라 아주 많은 가능성들을 토론하는 것이 돼야 한다. 팀 활동을 하면서 자연스럽게 사회속에서 일하는 과정을 배울 수 있기 때문이다. 우리의 사회 조직 체계가 수직적 조직체계에서 수평적 조직체계로 바뀌어 가고 있기 때문에 이러한 협응적 평가나 의사결정방법도 반드시 경험해야 한다. 4차 산업혁명 시대라 해서 기술적인 측면은 급속도로 발전하고 있는데 아직 존재하지도 않는 직업에 종사해야 하는 학생들에게 변화하지 않는 기존의 교육을 그대로 진행하면 안 될 것이다.

[그림6] https://pixabay.com

미국의 명문대학들은 Online Learning이나 Distance Education에 투자하고 있으며 온라인 강의 활성화를 통해서 인재를 육성할 수 있도록 준비하고 있다. 미국 샌프란시스코에 행정본부가 있지만 캠퍼스 없이 7개 국가를 돌며 구글, 애플, 아마존 등 글로벌 IT기업에서 인턴십을 하며 이론과 실습을 함께 공부하는 '미네르바 스쿨'은 지난 2010년 설립됐으며 현재 서울대나 하버드대보다 입학경쟁이 치열하다고 알려져 있다.

이곳에 입학하기 위해서는 자체시험을 통과해야 하며 1학년은 미국 샌프란시스코 지역 기숙사에서 생활하며 기업 인턴십에 참여하고 수업을 듣는다. 2학년 때부터는 독일, 아르헨티나, 인도, 한국, 이스라엘, 영국 등으로 이동해 기숙사 생활을 하며 온라인 수업을 듣는다. 나머지 시간은 공동 프로젝트를 하거나 비영리단체나 공공기관에서 다양한 사람들을 만난다. 우리나라 한국에서는 카카오 직원들과 함께 작업을 한다고 한다. 전공은 예술과 인문학, 컴퓨터 과학, 자연과학, 사회과학, 경영이 있으며 교수와의 화상통화 및 많은 양의 과제를 해내야 한다.

이 '미네르바 스쿨'은 미국의 한 고등학교 선생님인 존 버그먼(Jon-Bergmann)과 에런 샘(Aron Sams)이 개발한 것으로 기존의 학교 수업과는 정반대의 방식으로 진행하는 flipped learning(플립 러닝)시스템이다. flipped learning(플립 러닝)이란 온라인을 통한 선행학습을 한 뒤 오프라인 강의를 통해 교수와 토론식 강의를 진행하는 '역 진행 수업방식'을 말하며 '거꾸로 학습법'이라고도 한다. 기존 전통적인 수업 방식과는 정반대로 수업에 앞서 학생들이 교수가 제공한 강연영상을 미리 학습하고 강의실에서는 토론이나 과제풀이를 진행하는 형태의 수업방식을 말한다. 우리나라의 경우 카이스트(KAIST), 울산과학기술원(UNIST), 서울대가 이 방식을 도입해 시행하고 있다[네이버 지식백과].

[그림7] https://pixabay.com

플립 러닝 설계 시 학습 환경과 수업방식의 변화 등 많은 변화가 필요하지만 이러한 플립 러닝 시스템은 먼저 온라인 강의를 들어서 지식과 이해의 단계를 해결하고 교실의 오프라인 수업에서는 학습자 중심의 문제해결 및 토론식 수업의 형태로 분석, 적용, 종합의 단계의 수업을 할 수 있다. 플립 러닝 수업은 온라인 강의를 듣고 주제에 알맞은 자료를 스스로 찾고 관련 동영상 등을 시청해 스스로 내용을 학습하는 것을 먼저 해야 하므로 자기주도적인 능력과 다양하게 학습하고 연구하는 방법으로 창의적인 생각과 문제를 해결하는 능력을 키울 수 있다. 또 과제를 해결하고 토론식 수업의 형태로 분석하고 적용하는 단계에서 협동은 물론이고 학생들의 수업 참여도를 높일 수 있다.

박기종 목포과학대학 총장은 '4차 산업혁명 시대 대학의 기본 임무는 잘 가르치는 것'이라고 하며 플립 러닝을 제안하고 있다. 한국의 대학은 산학 연계, 취업 이런 문제를 고민하고 있는데 다른 나라의 대학은 리더십과 원주민 차별문제, 정신건강 이런 부분을 얘기하며 취업이나 산학문제를 고민하지 않았다고 했다. 그럼에도 불구하고 우리나라보다도 취업률이 더 높다고 한다. 이러한 결과를 볼 때 우리 교육의 방법론에서 반드시 변화가 필요한 이유이기도 하다.

미래 인재가 갖춰야 할 역량으로 소통, 협업, 비판적 사고, 창의성이라고 한다. 학생들 스스로 문제를 제안하고 그 문제를 해결하기 위해 친구들과 서로 힘을 합치고 의견을 나누는 과정에서 학생들은 비판적 사고(critical thinking)나 창의성(creativity)을 키울 수 있으며 다른 친구들과의 협력을 통한 프로젝트 수업이야말로 소통(communication)하는 방법과 함께 하는 협업(collaboration)정신을 기를 수 있는 좋은 방법이라고 생각한다.

현재 우리 아이들의 교육에 필요한 것은 프로젝트 중심교육이며, 프로젝트 중심교육 즉 PBL(Project Based Learning)은 학습자 중심의 학습으로 문제해결을 스스로 하며 해결책을 찾아가는 과정 중심의 교육이다. 팀을 이뤄서 배울 부분을 정하고 팀이 힘을 합쳐서 문제를 해결하는 방식이다. 이 모형은 지난 1950년대 캐나다의 한 의과대학에서 개발됐다고 한다. 의과대학 학생들이 대학을 졸업한 후 의사가 돼 환자의 상태에 대해 정확한 진단을 내리기 위해서는 기본지식뿐만 아니라 가설을 세우고 가설검토를 위한 자료수집, 자료분석, 자료종합, 최종진단과 처방제시와 같은 복잡한 문제해결을 위한 능력이 필요했다고 한다.

미국에서는 학생이 입학을 하면서부터 학습설계를 하고 있으며 21세기 핵심 역량교육의 필요성과 함께 개인 맞춤형 프로젝트 기반학습이 확산되고 있다. 스웨덴도 역시 프로젝트 중심 교육을 강조하고 있다. 핀란드의 고등학교 과정에서는 학년 구분 없이 1년 과정이 5, 6학기로 구분되는 무학년 과정을 진행한다. 대학생처럼 시간표를 직접 짜서 자신이 듣고 싶은 강의를 선택해서 수업에 참여하는 수업도 진행 중이다.

우리나라 대구경북과학기술원(디지스트)은 PBL 즉 프로젝트 중심 수업을 바탕으로 4년 무학과 단일학부의 학사과정을 도입했다. 이 학교에는 학과를 나타내는 팻말도 학과 사무실도 없다. 이 학교 학생들은 입학하면서 교수들과 멘토-멘티를 맺고 교수의 지도를 받아 프로젝트를 진행한다고 한다.

이처럼 각 나라에서는 프로젝트 수업이 확산되고 있으며 우리나라에서도 미래를 준비하는 학생들에게 이와 같은 프로젝트 수업이 대학생뿐 아니라 초등학교, 중학교, 고등학교에서도 활성화되기를 바란다. 그러기 위해서는 교육을 담당하는 전문가들이 발 벗고 나서서 교육과정을 계획하고 준비의 과정을 세밀하게 설계해야만 한다.

[그림8] 매일신문 사회면 대학수학능력시험

우리나라에서도 중학교에서 자유학기제와 자유학년제와 같은 교육 제도를 실천하며 1년간 시험을 없애고 학생들은 학생중심 수업을 확대하고 과정중심 평가를 도입하는 등의 노력과 실천을 했다. 자유학기제는 몇몇 중학교들의 학교장 재량으로 선택적으로 시범 운영되다가 지난 2016년부터 모든 중학교에 시행돼 중학교 과정 중 한 학기동안 지필고사를 보지 않고 시험부담에서 벗어나 자신의 적성과 진로 희망을 찾을 수 있도록 돕고 있다. 수업은 토론이나 실습 등 학생들이 참여하는 형태로 개선하고 진로탐색 활동 등 다양한 체험활동을 운영하는 제도로 오전에는 주로 국어, 영어, 수학, 과학, 기술, 가정, 체육, 도덕 등 교과수업이 이뤄지고 오후에는 주로 진로탐색 활동, 주제선택 활동, 예술-체육 활동, 동아리활동 등이 이뤄진다.

경기도에 있는 한 중학교는 1학년 1학기에는 워밍업을 위해 연계자유 학기제를, 1학년 2학기에는 본 자유학기제를, 2학년 1학기에는 일반학기와 연계할 수 있는 연계학기제를 넣어 학교과정 계획을 세부적으로 세워 이를 실천한 학교도 있다. 자유학기제는 미래의 직업을 미리 내다볼 수 있는 기회를 만들어 진로탐색 활동, 주제선택 활동, 예술 체육 활동, 동아리 활동에 참여하고 지필고사를 한번으로 줄이고 수행평가 비율을 60~80%로 확대했다. 또한 경북의 한 중학교는 수업목표에 효과적으로 달성하기 위해 주제선택 활동에 중점을 두고 한 학기만 자유학년제를 실천하고 나머지 네 학기를 모두 자유학기와 일반학기의 연계로 운영 중인 학교도 있다.

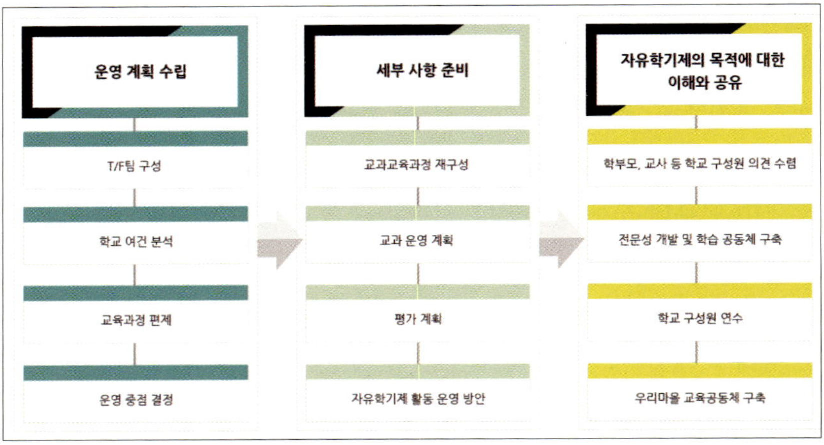


[그림9] 자유학기제 운영절차(http://www.ggoomggi.go.kr)

자유학기제와 자유학년제 실시로 학생들의 학습에 영향이 있을까 해서 걱정하는 학부모님들도 있다. 하지만 자유학기제를 실시하는 기간 동안 학생들은 참여형 활동수업을 하고 토론이나 모둠활동으로 수업이 진행되며 다양한 방법으로 꼭 필요한 학습과정을 문제해결 방식으로 습득해나가도록 교육과정이 구성돼있다. 이 자유학기제나 자유학년제를 실시하는 동안 시험을 전혀 보지 않는 방식은 아니다. 지필고사가 줄었을 뿐이고 단원평가, 수행평가, 수시평가가 있다.

수업이 토론, 실습, 실험, 프로젝트학습 등 전 과정에 학생이 주도적으로 참여하는 방식으로 진행되기 때문에 이러한 수시평가 방식에서는 문제만 풀거나 연습해서는 제대로 점수를 얻을 수 없다. 실습, 실험, 구술, 토의와 토론 등의 수시평가는 수업을 하면서 태도나 지식을 적용하는 능력, 협력적 문제해결력, 기자재의 조작능력 등을 포함해 종합적으로 평가하도록 돼있다. 또한 서술형평가와 논술 형 평가는 특정한 답을 선택하는 시험방식이 아니라 수업내용과 관련된 어떠한 현상이나 개념에 대해 학생의 생각이나 의견을 묻고 해결하는 방법과 그 과정을 써내려가도록 돼있다.

이러한 평가방식은 수시로 자신의 주변에서 일어나는 문제를 해결하려고 의문점을 갖거나 새로운 문제를 찾아내려는 연구심과 호기심 그리고 창의적인 발상이나 아이디어를 구상해 보는 자기주도적인 생각을 해야 좋은 점수를 얻을 수 있다. 시험을 보는 일반학기에도 학교 성적을 지필과 수행으로 나눠 종합평가 함으로써 시험에서 문제를 잘 못 풀어 지필점수가 좋지 않다고 하더라도 수행평가에서 좋은 점수를 얻게 되면 좋은 성적표를 받을 수 있다.

학생들은 지속적인 관찰평가, 형성평가, 자기성찰평가, 포트폴리오 평가, 수행평가 등을 통해서도 꼭 배워야하는 내용을 학습하도록 도움을 받는다. 또한 학교에서는 자유학기제 동안 진로체험 활동을 하면서 자신의 진로를 계획하고 탐색하는 시간을 갖는다. 자신의 진로목표를 정하고 목표의식이 생기면 전공학과와 관련된 다양한 과목들에 관심이 생기고 동기를 부여할 수 있는 기회를 주기 위해서 다양한 체험을 학교에서는 실시 하려고하고 있다. 다만 이러한 제도의 목적과 의의를 잘 살리고 좋은 계획과 학생중심의 활동이 되도록 학교 일선에서도 공정한 평가와 다양한 평가 그리고 내실 있는 수업활동이 이뤄지도록 지도하는 교사들의 역량과 노력이 요구되고 있다.

[그림10] 모두가 만족하는 자유학기제(http://www.ggoomggi.go.kr)

## 02 4차 산업혁명 속 직업의 변화

### 1) 산업혁명의 흐름과 일자리의 변화

1차 산업혁명은 석탄이라는 연료를 사용하는 증기기관의 발명으로 생긴 혁명이다. 석탄을 태워서 나오는 열로 만들어진 증기로 기계를 움직이는데 사용한 증기기관차가 나오면서 이동수단의 혁명을 가져왔다. 당시 사람들은 자연을 이용한 바람이나 물, 동물 등의 동력을 사용했고 가내 수공업을 하던 때이므로 석탄연료를 동력으로 사용해 기계를 가동할 수 있는 능력이 생긴 것이다. 이로 인해 많은 양의 물건을 만들 수 있게 됐고 노동자들이 일자리의 위협을 받게 되기도 했다. 하지만 농업중심사회에서 공업중심 사회가 돼 가면서 기계식방적기 등 생산설비를 갖춰 생산의 증가를 가져오게 됐다. 18세기 산업혁명으로 노동은 세분화되고 가속화 되면서 새로운 일자리가 생겨나게 돼 농사를 짓던 농촌지역 사람들이 공장이 밀집한 도시로 이전해 일자리의 변화를 갖게 된다.

2차 산업혁명은 미국과 독일을 중심으로 전기의 발명과 컨베이어벨트를 만들면서 전기 동력에 의한 대량생산을 하게 된 혁명으로 이 당시 석유가 발견됨으로써 풍부한 연료까지 제공받게 된다. 전기 화에 의해 가전제품이 생겨나고 작업공정이 표준화되면 군수 물자 등의 운송으로 교통과 통신의 발전도 맞이하게 된다. 1차 산업혁명이 영국에서 증기력과 석탄을 이용한 경공업중심으로 시작 됐던 것과는 다르게 2차 산업혁명은 전기, 석유와 같은 새로운 동력과 강철제조기술, 근대적 화학기술, 석유와 전기산업 등 중화학공업 부문에서 발전을 해 상업용 발전기가 발명되는 등 자동장치와 정밀기기제조 등이 새로운 산업분야가 됐다.

자동화로 인해 생산기술이 발전해 공장노동자들의 실업이 문제가 되기도 했고 산업에 필요한 석유와 고무, 구리 등에 대한 수요가 많아져서 국가 간 대결까지 가져오게 돼 세계대전을 거치기도 했다. 하지만 2차 세계대전 이후 과학기술이 급속하게 발전해 오히려 많은 새로운 일자리를 창출하게 됐다.

3차 산업혁명은 지난 1970년대 이후 컴퓨터와 반도체가 발명되면서 정보기술이 발전되고 전자산업과 컴퓨터 산업이 발전하게 됐다. 컴퓨터를 활용한 정보, 자동화 생산시스템이 시작돼 전자산업이 급성장하고 전자기술과 IT기술을 통한 자동차의 진화, 서비스 산업과 통신 산업 등이 발전해 사람은 생산라인을 점검하거나 컨트롤하는 일을 수행 했다. 또한 사람들의 생활편의를 위해 서비스업에 종사하거나 직접 생산에 참여하지 않는 신지식인그룹이 등장했다. 여기서 신지식인이란 지식을 활용, 부가가치를 능동적으로 창출하는 사람이나 기존 사고의 틀에서 벗어나 새로운 발상으로 일하는 방식을 개선·혁신한 사람으로 정의를 내렸다[네이버 지식백과].

이렇듯 현재 우리는 제조업중심의 일자리를 벗어나 세분화 되고 새로운 일자리가 생기고 지식정보가 중요한 시대에 살고 있다.

| 산업혁명 | 연 도 | 특 징 |
|---|---|---|
| 1차 산업혁명 | 1784년 | • 핵심 발명품 : 증기기관 방적기<br>• 핵심 산업 : 면방직 사업<br>• 경제적 영향 : 사회는 농업 중심에서 공업 중심으로 발전<br>• 사회적 영향 : 노동자 계급의 성장과 자유민주주의 체제 형성 |
| 2차 산업혁명 | 1870년 | • 핵심발명품 : 전기, 컨베이어벨트<br>• 핵심 산업 : 인프라, 중화학, 철강, 자동차산업<br>• 경제적 영향 : 현대사회의 근간이 되는 사회적<br>• 인프라 산업 형성<br>• 사회적 영향 : 자본가 영향력 증대, 인간성 말살(인간의 소모품 화) |
| 3차 산업혁명 | 1969년 | • 핵심 발명품 : 컴퓨터, 반도체<br>• 핵심 산업 : 전자산업, 컴퓨터 산업<br>• 경제적 영향 : 서비스산업, 통신산업, 전자산업 급성장<br>• 사회적 영향 : 생활 편의 향상, 신지식인 그룹 등장 |

[표1] 과거 산업 혁명 특징(출처 : 한국은행 재인용)
박정수의 일자리와 4차 산업혁명이야기 - 칼럼

## 2) 직업의 변화

지난 2016년 다보스포럼에서는 향후 5년간 700만개의 일자리가 사라질 것이라고 예측했다. 그 후 많은 사람들이 4차 산업혁명 시대에는 대부분의 일자리가 사라진다고 예측하고 있다. 제4차 산업혁명이라는 용어는 지난 2010년 발표된 'High-tech Strategy 2020'의 프로젝트 중 하나인 'Industry 4.0'에서 유래한다. 경제적 위기를 맞이한 독일이 대량생산만으로는 인건비가 저렴한 나라와 가격경쟁이 불가능하므로 효율적인 생산을 위해 무인 자동화 시스템을 도입하는 것은 대책이 아니며 개인의 욕구를 충족시킬 수 있도록 새로운 생산체계를 구축해야 한다고 발의한 것을 시작으로 클라우스 슈밥(Klaus Schwab)이 의장으로 있는 2016년 세계 경제 포럼(World Economic Forum, WEF)에서 주창된 용어이다.

인터넷이 활성화 되면서 온라인상으로 다양한 정보를 공유하며 소비의 형태가 바뀌었다. 이제는 인공지능이 방대한 정보를 갖고 스스로 판단해 작업을 수행할 수 있으며 개인의 취향에 맞도록 대량생산의 속도로 많은 품종을 소량 생산할 수도 있다. 제조업과 정보통신이 융합되는 단계이며 제품과 설비, 인간이 연결되는 사물인터넷 혁명이라고도 한다.

현재 우리는 이미 4차 산업혁명 시대에 들어서 있으며 현재 사물인터넷과 3D프린팅 기술, 인공지능과 로봇이 원동력이 될 기반을 갖춰가고 있다. 인공지능(Artificial Intelligence), 사물인터넷(IoT: Internetof Things), 빅 데이터(Big Data)가 4차 산업혁명 핵심기술이며 이를 이용해 이미 자율주행 자동차, 스마트 헬스 케어, 스마트 홈, 계산대 없는 매장인 '아마존 고' 등이 실현되고 있다. 또한 이와 같은 기술의 발전으로 오는 2020년까지 전 세계에서 일자리 710만개가 사라질 것이란 전망을 했다.

사라질 것으로 예상되는 직업 분야를 구체적으로 살펴보면 사무직(476만개), 제조업(161만개), 건설·채광 분야(50만개), 미술·디자인·엔터테인먼트·스포츠·미디어 등 분야(약 15만개), 법률 분야(11만개)이라는 것이다. 반면 새로 고용창출이 될 200만개의 일자리 분야를 살펴보면 경영·재무 운영 분야(49만개), 관리감독 분야(41.6만개), 컴퓨터&수학 분야(약 41만개), 건축·엔지니어 분야(34만개), 영업 관련 분야(30만개), 교육관련 분야(6.6만개) 순이었다.

줄어드는 일자리 수와 비교해서 늘어날 것으로 전망되는 일자리 수는 부족하기 때문에 전체 일자리는 대폭 감소할 것이라는 게 다보스포럼의 예측이다. 새로 생기는 일자리는 과학이나 컴퓨터공학, 수학 분야가 많으므로 남성이 직업을 잃는 속도보다 여성이 직업을 빼앗기는 속도가 훨씬 빠를 것으로 예측하고 있다. -매일경제 뉴스-

(단위 : %)

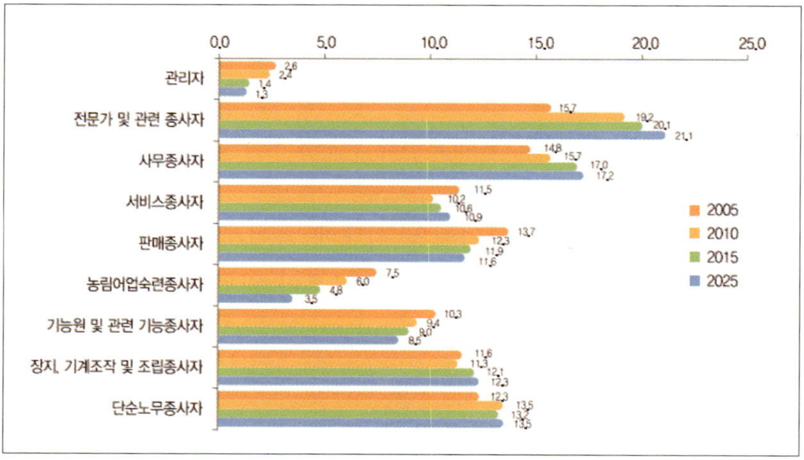


[그림11] 통계청 경제활동인구조사 중장기인력수급수정전망 2015~2025
(한국고용정보원 2016 재인용)

| 고용변동 영향 요인 | | 내용 |
|---|---|---|
| 확실성 요인 (certain drivers) | 인구구조 및 노동인구 변화 | 저출산, 고령화, 1인 가구의 증가 등 거시적 인구구조 변화, 생산가능인구 감소, 여성의 경제활동 증가, 외국인근로자의 증가 등 국내 노동인구 변화 |
| | 산업특성 및 산업구조 변화 | 산업구조의 고도화, 타 산업과의 융합 등 산업 육성을 위한 정부의 전략적 지원 (공유경제, 핀테크 활성화 등) |
| | 과학기술 발전 | 4차 산업혁명에 따른 과학기술 발전, 예를 들면, 로봇화와 자동화, IoT, 자율주행, AI, 빅데이터, 3D프린팅, 드론, IT 발전, 기술의 융복합화 등 |
| | 기후변화와 에너지 부족 | 환경 요인(환경오염, 기후변화, 자연재해 등)과 에너지자원 요인(자원고갈, 국가 간 자원경쟁 등)으로 인한 (국제)규제 강화, 산업육성, 전문가 양성 등 |
| | 가치관과 라이프스타일 변화 | 사회의 복잡화, 개인화, 생활수준의 질 향상 등으로 인한 건강, 미용, 여가에 대한 관심 증가, 온라인상의 소통 증대 등 |
| 불확실성 요인 (uncertain drivers) | 대내외 경제 상황 변화 | 세계 및 국내 경기 전망 |
| | 기업의 경영전략 변화 | 기업 생산시설의 해외이전 또는 국내로의 유턴, 특정 분야 또는 직무의 아웃소싱, 기업 인수/합병 등 |
| | 정부정책 및 법·제도 변화 | 각종 규제 완화(튜닝 등), 신직업 육성 및 자격제도 신설, 대학구조 조정, 복지서비스 강화 등 정부정책에 따른 고용 영향, 법·제도(로스쿨 등)의 변화에 따른 고용 영향 |

[표2] 고용변동요인의 8가지 범주(출처: 한국고용정보원)

한국고용정보원의 조사표를 살펴보면 우리나라 인구는 오는 2031년 이후 저 출산과 학력인구의 감소, 고령화와 노인인구의 증가, 1인가구의 증가 등으로 전체인구가 감소되고 외국인의 국내유입과 고령자의 취업, 여성의 경제활동 증가로 노동인구가 변화해 교육이나 의료관련 직종 일자리에 영향을 미치게 될 것으로 전망했다. 경제침체로 인해 수출산업들이 경쟁력을 잃어가고 제조생산 등은 자동화로 인해 제조업 등 기계설비와 노동의 대체가 가능한 업종들은 큰 영향을 받을 것이다. 그렇지만 건설생산은 영향을 덜 받으며 문화예술 등 창조적 업무가 큰 분야도 덜 영향을 받을 것이라는 전망이다.

인간의 가치관과 라이프스타일의 변화에 관심을 가지면 미래 일자리가 불안하지 않을 수도 있을 것이다. 과거 1차 산업혁명으로 기계가 인간의 노동력을 대체해 일자리가 사라질 것이라는 두려움에 '러다이트 운동'까지도 일어났지만 오히려 의식주를 만드는 일자리들이 창출됐고 2차 산업혁명기 때는 기술발전으로 생산성이 높아져서 기존에 없던 새로운 수요가 만들어졌다. 3차 산업혁명기 때는 인터넷 정보기술과 같은 정보교환 및 의사소통 방식이 생겨나면서 일자리가 만들어졌다. 하지만 현재 4차 산업혁명으로 근로자들이 어떤 능력을 갖추기를 요구받게 될지 아니면 일자리에 다른 개념들이 생겨날지는 아직 모른다.

「The Future of Jobs」(World Economic Forum, 2016)에서는 4차 산업혁명을 이끌 기술적 변화 동인으로 모바일 인터넷과 클라우드 기술, 컴퓨터 연산능력 및 빅 데이터의 발달, 신에너지의 공급과 기술, 사물인터넷(IoT), 크라우드 소싱(crowd sourcing), 공유경제, P2P플랫폼, 첨단로봇 발달과 자율주행, 인공지능과 기계학습, 첨단제조기술과 3D 프린팅, 신소재·생명공학·유전학 등 9개 기술을 제시했다(재인용 : 한국고용정보원 2017 한국직업의 전망).

이러한 첨단기술은 서로 융합돼 또 다른 새로운 방향으로 발전해 범위와 속도를 가늠하기 어렵지만 사람들의 가치관과 라이프스타일의 변화는 일상을 살아가는 우리의 생활 속에서 창의적인 생각과 아이디어로 새로운 가치를 만들어 갈 수 있기 때문이다.

### 3) 뜨는 직업 사라지는 직업

현재 정부육성과 지원으로 생겨날 신 직업으로 공공조달 지도사, 원격진로 코디네이터, 보건의료 정보관리사, 자동차튜닝 엔지니어, 곤충 컨설던트, 할랄 전문가, 사물인터넷 전문가, 핀테크 전문가, 증강현실 전문가를 꼽았으며 2017년 한국고용정보원에서 예측한 미래형 신 직업으로는 다음 표와 같다.

| 미래형 신 직업 | 관련직업 | 미래형 신 직업 | 관련직업 |
|---|---|---|---|
| 첨단 과학/기술 관련 | 빅데이터 전문가 | 삶의 질/개인 서비스 관련 | 홈스쿨코디네이터 |
| | 감성인식기술전문가 | | 창의트레이너 |
| | 로봇전문가/로봇컨설턴트 | | 임신출산육아전문가 |
| | 인공지능전문가 | | 재활 및 교육돌보미 |
| | 홀로그램전문가/가상현실개발자 | | 아동보호조사관 |
| | 3D프린팅모델러/소재개발자 | | 학부모코디네이터 |
| | 디지털헬스케어전문가 | | 특수교육법지도사 |
| | 레벨디자이너 | | 진로체험코디네이터 |
| | 무인항공촬영감독 | | 컴퓨터소프트웨어코딩강사 |
| | 매트페인터 | | 아동심리분석가 |
| | 임상엔지니어 | | 이혼부모코디네이터 |
| | 의료기기소프트웨어엔지니어 | | 여가생활상담원 |
| | 맵 가시화 예술가/엔지니어 | | 주변환경정리전문가 |
| | 입체피규어 그림사 | | 지역사회교육코디네이터 |
| | 3D질감 전문가 | | 노년플래너 |
| | 3D프린팅콘텐츠크리에이터 | | 케어매니저 |

<table>
<tr><td rowspan="13">첨단 과학/기술 관련</td><td>홈 팩토리 마스터</td><td rowspan="13">삶의 질/개인 서비스 관련</td><td>방문미용사</td></tr>
<tr><td>클라우드컴퓨팅<br>보안개발자</td><td>장애인잡코치</td></tr>
<tr><td>드론조종사<br>/드론수리원</td><td>라이프코치</td></tr>
<tr><td>전자코개발자</td><td>약물및중독전문가</td></tr>
<tr><td>배터리교체스테이션<br>유지보수원</td><td>놀이,음악,산림치료사</td></tr>
<tr><td>전기차정비원</td><td>전직지원전문가</td></tr>
<tr><td>자율주행자동차개발자</td><td>식생활지도사</td></tr>
<tr><td>클라우드개발자</td><td>치매전문관리사</td></tr>
<tr><td>스마트팩토리설계사</td><td>수면컨설턴트</td></tr>
<tr><td>지급결재서비스<br>기획자</td><td>재능기부코디네이터</td></tr>
<tr><td>로보어드바이저개발자</td><td>모바일 건강관리코치</td></tr>
<tr><td>블록체인시스템개발자</td><td>스포츠심리상담사</td></tr>
<tr><td>빅데이터플랫폼개발자</td><td>미용전문상담사</td></tr>
<tr><td rowspan="4">건축/주택관리/도시재생 관련</td><td>매매주택연출가</td><td rowspan="4">동물 관련</td><td>애완동물장의사</td></tr>
<tr><td>도시재생전문가</td><td>애완동물행동상담원</td></tr>
<tr><td>복지주거환경<br>코디네이터</td><td>동물매개치유사</td></tr>
<tr><td>BIM디자이너</td><td>동물영양사<br>/동물복지사</td></tr>
</table>

| 건축/주택관리/도시재생 관련 | 그린빌딩인증평가전문가(녹색건축전문가) | 동물 관련 | 동물변호사 |
|---|---|---|---|
| | 주택진단사(건물하자평가사) | | 수의병리학자 |
| | 건설원가관리사 | | 동물치료사 |
| 사업 서비스 관련 | 자금조달자 | 안전/환경 관련 | 탄소배출권중개인 |
| | 협동조합코디네이터 | | 도로안전유도원 |
| | 공유경제컨설턴트 | | 가정에코컨설턴트 |
| | 그린마케터 | | 에너지절감시설원 |
| | 기업프로파일러 | | 그린장례지도사 |
| | 직무능력평가사 | | 온실가스관리컨설턴트 |
| | 산업카운셀러 | | 기후변화전문가 |
| | 상품스토리텔러 | | 리사이클링코디네이터 |
| | 창업교육전문가 | | 오염지재개발전문가 |
| | 스마트오피스컨설던트 | | 기업재난관리자 |
| | 분쟁조정사 | | 방재전문가 |
| | 생산성카운셀러 | | 공간정보분석가 |
| | 위기관리전문가 | | 안전작업승인 전문가 |
| | 사업거래중개인 | | 에너지효율측정 및 검증전문가 |
| | 공공정책감리사 | | GMO시험검사원 |

| 의료/보건 관련 | 원격진료코디네이터 | 보육/교육 관련 | 홈스쿨코디네이터 |
|---|---|---|---|
| | 교정사 | | 창의트레이너 |
| | 유전학상담전문가 | | 임신출산육아전문가 |
| | 메디컬어디바이저 | | 재활 및 교육돌보미 |
| | 웰니스디자이너 | | 아동보호조사관 |
| | 유치원보건교사 | | 학부모코디네이터 |
| | 법의 간호사 | | 특수교육법지도사 |
| | 환자비서 | | 진로체험코디네이터 |
| | 의료정보분석사 | | 컴퓨터소프트웨어 코딩강사 |
| | 뇌질환전문가 | | 아동심리분석가 |
| | 줄기세표연구원 | | 병원아동생활전문가 |
| | 질병역학조사원 | | 학습장애지도사 |
| 인터넷/미디어/문화예술관련 | 소셜미디어전문가 | 농업/해양 관련 | 육종가 |
| | 평판관리전문가 | | 정밀농업기술사 |
| | 디지털장의사 | | 식용곤충요리사 |
| | 스토리에이전트 | | 6차산업컨설턴트 |
| | 인포그래픽기획자 | | 치유농업컨설턴트 |
| | 개인디지털정리가 | | 산람바이오매스연구원 |
| | 개인브랜드개발자 | | 산림생태복원기술자 |
| | 게이미피케이션 | | 나무의사 |
| | SNS불공전거래감시자 | | 스마트팜구축자 |
| | 사이버큐레이터 | | 해외수종검사원 |

<table>
<tr><td rowspan="4">인터넷/미디어/문화예술관련</td><td>온라인쇼핑큐레이터</td><td rowspan="4">농업/해양관련</td><td>레저선박시설운영관리원</td></tr>
<tr><td>문화스토리텔러</td><td>해양플랜트기본설계사</td></tr>
<tr><td>창작자에이전트</td><td>바다해설사</td></tr>
<tr><td>문화매니저</td><td>크루즈승무원</td></tr>
</table>

[표3] 2017 미래를 함께 할 새로운 직업(참조 : 한국고용정보원)

2019년 SBS 뉴스보도에 따르면 미래유망직종 1위가 앱 개발자이다. 그 다음 2위가 임상간호사 3위는 건강 서비스관리자이다. 이는 초 고령화 사회가 돼가면서 의료분야가 세분화되고 물리치료사, 재활치료사 등 건강관리 서비스 수요가 계속 증가하고 있기 때문이다. 그 외 유망직종에 해당하는 직업은 재무 관리사, 시장조사 분석가, 컴퓨터 시스템관리자, 해킹방지를 위한 정보 보안 전문가 등이 있으며 무인자동차의 개발, 드론의 상용화, 3D프린터의 보급화, 빅 데이터, 인공지능의 발전, 에너지 저장기술의 발전, 로봇의 발전 등으로 전화상담원, 보험설계사, 택배기사, 약사, 버스기사, 택시기사, 공장노동자, 텔레마케터, 시계수리공, 회계사, 주차요원 등은 미래에 사라질 직업으로 꼽히고 있다.

[그림12] network(https://pixabay.com)

인공지능과 빅 데이터의 위력은 대단하기 때문에 예측한 것보다 훨씬 빠르게 달라질지도 모른다. 다양한 환경이 변화하기 때문에 앞으로 사라지는 직업에 대한 내용으로 많이 발표하고 있지만 여러 번의 산업혁명을 거치면서 새로운 일자리를 만들어 내고 사회가 진화했다. 새로운 기술의 발전과 융합이 미래 사회에 큰 변화를 가져올 것은 확실하지만 우리의 자녀들이 살아가야할 환경이기 때문에 교육환경에 관심을 쏟고 잘 적응해 함께 살아갈 수 있도록 준비를 해줘야 할 것이다. 제4차 산업혁명 시대에 성공적인 고용을 위해 계속해 진화하는 일자리에 부합한 능력과 역량이 우리의 자녀들에게는 필요하기 때문이다.

## 03 무엇을 배워야 전망이 있을까?

4차 산업혁명 시대인 오늘날 발전된 신기술들은 교육계에도 변화를 가져오고 있다. '에듀테크 교육'의 시작이 바로 그것이다. 에듀테크란 교육(education)과 기술(technology)의 결합된 용어로 빅 데이터, 인공지능(AI) 등 정보통신기술(ICT)을 활용한 차세대 교육을 의미한다.

[그림13] 에듀테크교육환경(https//www.lifentalk.com)

미래 교육환경 속에서 가상현실 VR과 증강현실 AR 교육 훈련시스템의 도입으로 수업시간에 배울 지역을 미리 탐방하거나 문화를 학습하고 재구성하기도 한다. 가상현실(Virtual Reality, VR)이란 컴퓨터 기술을 이용해 인공적으로 만들어 낸 특정한 환경이나 상황을 의미한다. 이러한 가상현실 시스템은 4차 산업혁명 시대의 핵심기술로 증강현실(Augmented Reality: AR)이 더해지고 현실과 가상을 합쳐 하나의 영상으로 보여주는 혼합현실(Mixed Reality, MR)까지 더해져서 다양한 산업으로 확산될 것으로 전망된다.

가상현실 전문가는 소비자의 필요나 요구에 따라 가상현실 콘텐츠와 시스템을 기획하고 개발한다. 국방 (Military)영역에서 VR 시스템은 시뮬레이션을 통한 훈련으로, 공학(Engineering)에서는 생산 전 시나리오 테스트를 통한 생산성 증진 및 비용절감의 방법으로, 건강(Healthcare)분야에서는 의사 진료과정 및 일정관리를 지원하거나 가상 방문을 통한 의료 접근성을 증가시킬 수 있는 방법으로, 교육(Education)분야는 물론 부동산, 소비재, 영상콘텐츠 분야 등으로 가상현실 VR과 증강현실 AR 훈련시스템이 빠르게 적용될 것으로 예상된다(인용 : 김해석 VR, AR산업 현황 및 전망에서 발췌).

가상현실전문가는 공간지각능력, 기술설계, 기술분석, 창의력과 전산의 업무수행 능력이 필요하며 디자인, 컴퓨터와 전자공학, 공학과 기술, 영어, 건축과 설계 등의 지식을 필요로 한다. 분석적 사고능력과 혁신, 책임과 진취성, 적응성, 융통성 등의 성격을 가진 사람들이 잘 적응할 수 있으며, 탐구심과 현실성 그리고 예술성과 진취성 등을 길러야 한다(인용 : www.saramin.co.kr 직업사전-사람인 가상현실 전문가요약).

[그림14] cyber-glasses(https://pixabay.com)

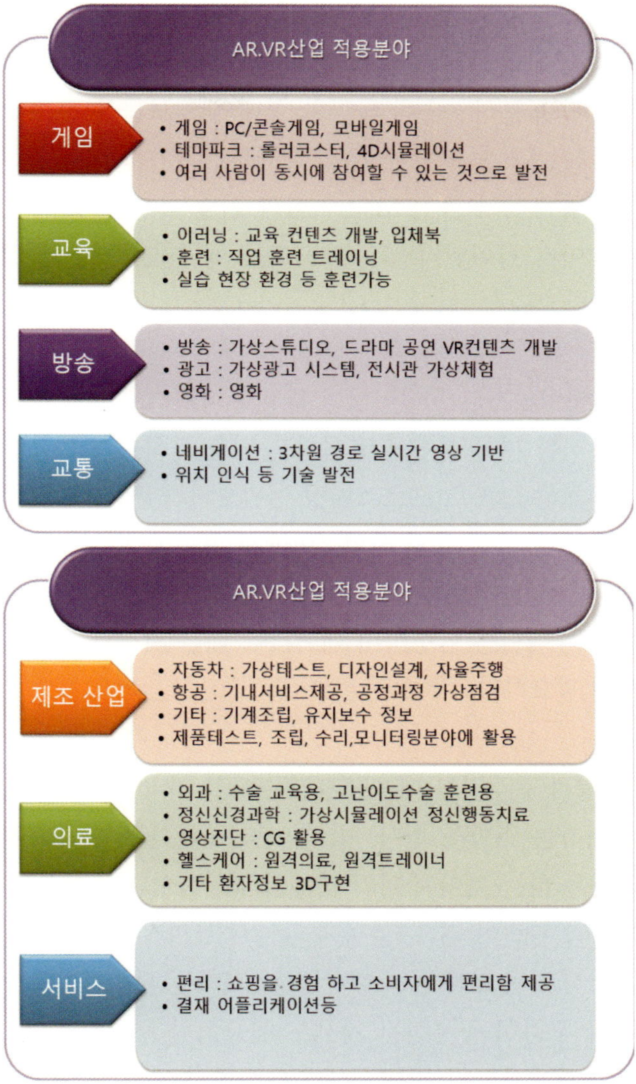


[그림15] VR.AR산업 적용분야

(플래너 2018 재인용, NIPA이슈리포트, VR.AR산업현황 및 전망)

미래에는 빅 데이터 전문가를 빼놓을 수 없다. 삶의 질을 높이고 행복하게 살기를 원하는 미래에는 빅 데이터만큼 중요한 것은 없기 때문이다. 빅 데이터 분석기술은 다양한 형태의 정보들을 분석해 새로운 가치를 창출하는 기술을 말한다. 빅 데이터전문가가 되기 위해서는 빅 데이터를 활용하기 위한 고도의 지식과 기술이 필요하다. 빅 데이터 전문가는 데이터 사이언티스트, 알고리즘 개발자, 시스템운영과 관리자로 구분된다.

데이터 사이언티스트는 데이터의 특징을 파악하고 분석의 방향을 설정해 분석결과를 다른 분야에 융합하는 역할을 하며 산업분야에 대한 이해와 분석처리 그리고 프로그래밍이 필요하다. 빅 데이터 전문가는 금융, 제조, 통신, 유통 등의 산업분야에서 활동한다. 알고리즘 개발자는 데이터 사이언티스트가 설계한 분석이 가능할 수 있도록 프로그래밍을 수행하는 역할을 담당하며 데이터에 대한 지식과 고도의 프로그래밍 기술이 필요하다.

시스템운영과 관리자는 대용량의 데이터를 처리하는 컴퓨터와 프로그램을 관리하는 역할을 한다. 빅 데이터 전문가는 수치를 단순하게 나열해 연구를 하는 것이 아니기 때문에 경영학이나 마케팅 분야의 지식이나 경험과 관련이 깊다. 분석에 있어서 창의적인 접근이 필요하기 때문에 호기심도 중요하다. 오랜 시간이 걸리는 분석과정을 인내하기 위한 끈기와 꾸준히 공부하는 자세도 필요하다. 사람들의 행동 패턴 또는 시장의 경제상황 등을 예측하며 데이터 속에 함축된 트렌드나 인사이트를 도출하고 이로부터 새로운 부가가치를 창출하기 위해 대량의 빅 데이터를 관리하고 분석하는 일을 하며 맞춤형 서비스를 제공할 수 있어 브랜드 가치를 높이는 핵심역할을 할 수 있다. 호기심, 인내심, 읽고 이해하는 능력, 범주화, 듣고 이해하는 능력, 문제해결 능력, 추리력, 논리적 분석력이나 모니터링 능력, 창의력, 글쓰기 능력 등을 길러야 한다(인용 : www.career.go.kr 커리어넷 발췌).

[그림16] big-data(https://pixabay.com)

통신업체 데이터센터는 빅 데이터 시장을 인프라, 소프트웨어, 서비스로 분류했다. 이 중 소프트웨어 시장은 정보관리, 정보검색과 분석, 애플리케이션 소프트웨어로 구성된다. 서비스 시장은 전문 서비스, 지원 서비스로, 인프라 시장은 컴퓨팅, 네트워킹, 스토리지 인프라, 기타 보안 등 데이터센터 인프라로 구분해 성장률을 발표했다.

4차 산업혁명 시대는 초 지능, 초 현실, 초 연결 시대이다. 핵심은 초지능과 관련된 인공지능관련 공부, 초현실과 관련된 VR, AR산업, 초연결과 관련된 사물인터넷 기술이다. 앞에 소개한 두 가지의 영역은 모두 개인에게 맞춤서비스를 제공할 수 있거나 인간을 행복하게 해줄 수 있는 것들과 관련된 것들이다. 이와 관련하여 깊이 공부해 도움이 될 한 가지를 더 소개하자면 맞춤형 사물인터넷 서비스를 들 수 있다.

사물인터넷(IoT)이란? 'Internet of Things'의 줄임말로 인터넷을 기반으로 모든 사물을 연결해 사람과 사물, 사물과 사물이 서로 정보를 교환하며 소통할 수 있게 하는 기술이다. 주요업무는 사용자의 요구를 분석해 응용프로그램의 구조를 설계하거나 센서를 개발해 정보를 수집관리하고 서비스로 구현하는 환경을 구축하는 일, 시뮬레이션을 통해 소프트웨어의 오류를 수정하거나 하드웨어에 적응하도록 하고 인터페이스 성능을 향상시키기 위해 주기적인 업그레이드를 수행하는 직무를 수행한다(인용 www.career.go.kr 커리어넷 발췌).

사물인터넷 전문가는 사물들이 서로 교신할 수 있도록 센서를 부착해 데이터를 서로 주고받는 기술이나 환경을 구축하며 USB, 블루투스, WiFi, NFVC 등 네트워크를 활용한 센서를 개발한다. 사물인터넷 전문가는 적용분야가 무궁무진하며 우리의 생활을 편리하게 하는 기술이다. IoT 전문가가 되려면 프로그래밍에 대한 지식을 갖춰야 한다. 자바, 리눅스 등 프로그래밍 언어부터 데이터베이스, 전기전자 기초, 디지털 논리회로, 임베디드 시스템과 운영체제 등 탄탄한 기초지식이 필수다. 정보통신기술(ICT)과 관련된 역량도 필요하다.

다음 [표4]는 사물인터넷 서비스 활용분야를 정리한 것이고 사물인터넷 사업 분야는 플랫폼, 네트워크, 제품과 기기 등으로 활용분야가 광범위하다. 미래의 발전할 사회에 대해 신직업과 비교해 언급해 보았다. 변화하는 미래에 무엇을 배워야하고 준비해야 할지 또 내가 준비한 것들이 그대로 활용돼 쓸 수 있을지 불안하고 걱정되기도 하겠지만 분명한 것은 미래에는 사람들이 편리하게 살아가도록 발전하게 될 것이고 개개인이 행복해질 수 있도록 변화할 것이라는 것이다. 사람을 이해하고 더불어 살아가도록 준비 해 준다면 우리 아이들의 미래가 일할 곳이 없어서 암울해진다거나 기계들과 살아가느라고 모두 기술자가 돼야만 한다거나 하는 일은 없을 것이다.

| 활용분야 | 주요내용 |
|---|---|
| 건강<br>의료<br>복지 | • 헬스 케어 – 운동량 관리, 수면관리서비스 등<br>• 의료 – 약품, 의료기기 관리, 환자상태 모니터링, 원격 검진서비스 등<br>• 복지 – 취약계층 건강서비스, 사회복지시설대상 서비스, 여성안심서비스 등 |
| 에너지 | • 검침 – 전기, 가스, 수도 등 원격 검침 서비스<br>• 에너지관리 – 에너지 모니터링 서비스, 에너지 관리 총괄 서비스 |
| 제조 | • 생산 공정 관리, 기계진단, 공장자동화, 설비 모니터링 서비스 |
| 스마트홈 | • 가전, 기기 원격제어서비스, 인공지능서비스, 스마트도어락, 홈CCTV |
| 금융 | • 동산관리, 금융상품 안내 및 고객서비스 |
| 교육 | • 스마트스쿨, 스마트도서관 |
| 국방 | • 군인 관리, 전장감시, 방호, 총기 및 무기관리, 테러감지 서비스 |
| 농림<br>축산<br>수산 | • 재배환경 모니터링과 관리, 사육관리, 사료자동화, 농산물유통관리서비스,생산이력관리서비스, 전염병관리 서비스, 농축산물 이력 추적서비스<br>• 양식장 환경정보 수집서비스 |

| | |
|---|---|
| 자동차,<br>교통<br>항공,<br>우주<br>조선 | • 차량진단서비스, 무인자율주행서비스<br>• ITS, 대중교통운영정보관리 서비스, 스마트파킹, 주차장 안내지도, 차량출입통제관리 서비스<br>• 비행기, 선박 등 모니터링, 실시간 원격점검서비스 |
| 관광<br>스포츠 | • 관광지 위치정보서비스, 관광, 문화행사서비스<br>• 운동관리서비스, 운동장비관리서비스, 경기장내 안내서비스 |
| 소매<br>물류 | • 재고관리 서비스, 운송추적서비스, 물류창고 관리서비스, 조달관리서비스 |
| 건설,<br>시설<br>관리,<br>안전<br>환경 | • 구조물 안전관리 서비스, 공공시설물 제어서비스, 출입통제 서비스, 건물관리서비스, 도로상태 모니터링서비스<br>• 유해물질관리, 위험물관리서비스<br>• 수질관리, 기상정보 수집, 제공, 음식물쓰레기 관리서비스, 재난재해 감시서비스 |

[표4] 사물인터넷 서비스 활용분야
(2018년 사물인터넷 산업 실태조사 보고서, 20190213)

## 04 미래 인재상

### 1) 길러야할 덕목

미래에 성공할 일자리로 기술과 혁신, 창의와 비즈니스, 인간과 행복을 생각해야 한다. 이러한 미래직업변화의 트렌드에 발맞춰 우리의 자녀가 행복하고 즐겁게 일하며 인재로 자라나도록 하기위해서는 무엇을 갖추도록 도울 것인가! 이것이 부모로서의 역할이고 숙제이다.

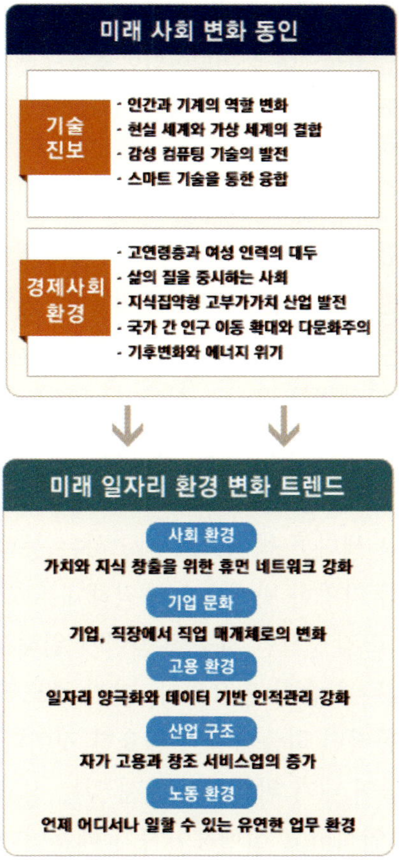


[그림17] 미래일자리 환경변화 5대 트랜드
(미래창조과학부 미래준비위원회 미래전략보고서-2017)

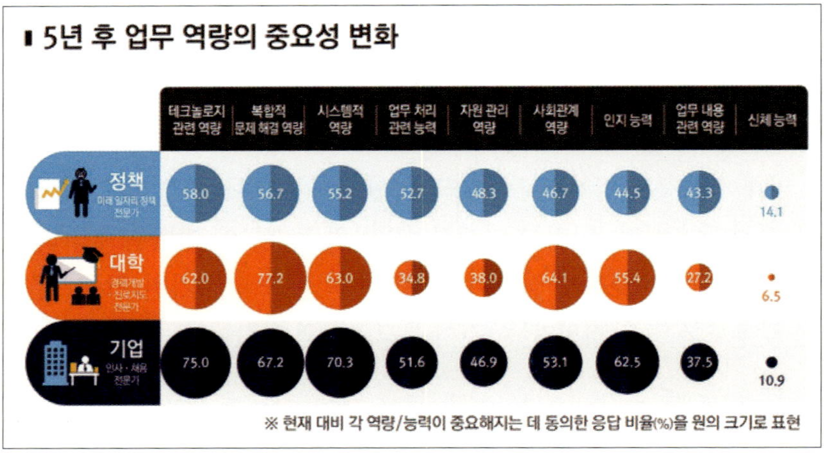


[그림18] 5년 후 업무역량의 중요성 변화
(미래창조과학부미래준비위원회 미래전략보고서-2017)

미래의 인재는 접해 보지 않은 문제를 다양하고 정확하게 이해하고 창의적인 대안을 만들어 실천할 수 있으며 서로 협력하고 소통해 가치를 창출할 수 있는 사람이 필요한 시대가 됐다. 그러므로 인간의 문제와 즐겁고 행복한 일상생활 그리고 살아가는 환경 등을 인식하고 필요한 것들 만들어 낼 수 있는 사람으로 성장해야 한다.

첫째, 창의적이고 색다른 방식으로 사고하는 능력을 키우려면 일반적인 틀에서 벗어나 다양한 방식으로 생각해내는 교육이 필요하다. 둘째, 인간을 이해하고 감성적인 지능을 높이기 위해서는 능동적이고 감수성을 키울 수 있는 학습이 필요하다. 자기 주도적으로 문제를 분석하고 판단하는 능동적인 학습역량이 필요한 것이다. 인간에게 필요한 것들을 새롭게 만들어 내기 위해서는 현재 있는 정보와 경험 등을 토대로 새로운 문제를 인식하고 실행해야하기 때문이다. 셋째, 협력적 의

사결정력을 키우기 위해서는 함께 배려하고 소통하는 능력, 협력해 문제를 함께 해결하는 능력을 갖추도록 교육해야 한다.

현재 교육시스템에서 가장 잘 실천하지 못하는 것이 바로 팀워크이다. 한 자녀만을 기르며 자녀에게 모든 것을 지원해주는 부모라면 더욱 더 생각해 봐야한다. 꽃길만을 걷게 했다가는 미래에 큰 낭패를 보게 될지도 모른다. 학교에 가서 교육을 받는 이유가 무엇인가? 사회성을 기르며 나와 함께 살아갈 미래의 동지와의 협력도 배우게 되는 것이다. 협력하고 소통할 줄 아는 미래의 인재를 육성할 수 있도록 하기위해서는 놀이를 기반으로 한 학습, 체험학습 등을 통한 경험학습, 창의성을 기르기 위한 연구 형 학습, 협업능력을 기르기 위한 프로젝트 형 팀별학습 등으로 교육프로그램을 개발해야한다. 일선학교에서는 이미 실천하고는 있으나 더욱 다양하고 계획성 있는 교육프로그램이 개발돼서 다양하게 실천됐으면 하는 희망이 있다.

### 2) 부모역할

마지막으로 오랫동안 아이들과 함께한 나로서는 현재의 아동, 청소년들이 미래의 꿈과 희망으로 스스로를 장착하고 자신의 미래를 설계할 수 있는 정열적이고 도전적인 정신과 계획이 있었으면 한다. 대부분의 아이들은 주변 환경을 접하면서 꿈과 희망을 갖게 된다. 내가 만나는 청소년 친구들이 미래에 꿈을 찾지 못하고 “그냥 편하게 살고 싶어요.”라던가 “직업 같은 것은 생각하지 않았어요.”라던가 “하고 싶은 것이 없어요.”라고 말하는 경우가 종종 있다.

경험이 부족해서도 아니고 학습이 부족해서도 아니다. 자신에 대한 성찰의 시간을 갖지 못하거나 자신과 사회에 대한 애정이 없는 경우가 대부분이었다. 자신을 사랑하는 마음이 생길 때 하고 싶은 것이 생기고 미래 목표도 생기는 것이다. 즐겁지 않으면 참여하지 않고 관심이 없으면 아무리 좋은 프로그램도 자신의 것으로 만들지 못한다. 꿈과 희망 그리고 미래에 대한 계획이 있으려면 자신을 사랑하는 마음이 있어야 하며 자신을 사랑하는 마음은 사랑을 서로 주고받을 때와 내가 가치 있는 사람이라는 것을 알 때 생긴다는 것을 잊지 않았으면 한다.

[그림19] https://pixabay.com team

## Epilogue

지금까지 4차 산업혁명 시대 속 우리아이 주인공 만들기 프로젝트를 앞으로 생겨날 미래직업 트렌드와 미래 인재가 갖춰야할 핵심역량을 알아보며 그 속에서 자녀에게 무엇을 준비해주면 좋을까하는 부모님들의 고민을 함께 풀어나가고자 했다.

우리의 자녀는 공상과학 영화 속에서 보았던 것과 같은 또는 그것보다도 더 불확실하고 알 수 없는 환경에 살게 될 것이다. 분명 지금과는 다른 생활환경 속에서 살아가야하기 때문에 어쩌면 지금 힘쓰고 있는 일들이 무용지물이 될지도 모른다.

하지만 분명한 것은 미래 환경에서 잘 살아가기 위해서는, 미래주인공으로 우뚝 서기 위해서는, 예전에도 그랬고 현재에도 그렇듯이 미래에도 스스로 생각하고 스스로 일어서야한다는 것이다. 미래 환경에 적응하기 위해 좀 더 힘쓰고 준비해야 할 것이 생겼을 뿐이라고 생각한다.

발전하는 미래를 너무 걱정하지 말고 우리 자녀들의 숨겨진 능력을 찾고 개발하는데 부모님들이 앞장서는 것을 목표로 삼기를 바라고 있다. 누구나 잘 할 수 있는 능력이 한 가지 이상은 존재하고 있다. 그것을 찾아서 미래 환경에서 행복한 생활을 할 수 있는 미래의 인재로 거듭나기를 희망한다.

[참고 문헌]
- 최근 교육정책 환경 분석과 향후 변화 전망 (2017년 교육정책네트워크 교육현장지원연구 장덕호)
- 21세기 사회변화의 전망과 교육의 방향 (시민의 소리 기획연재 이상수)
- 21세기 사회변화의 전망과 교육의 방향 (홍재호 연구집)
- 구글은 어떻게 일하는가- 책읽찌라유투브내용
- 4차 산업혁명에 따른 미래사회와 교육환경의 변화, 그리고 초·중등 과학교육의 과제 (초등과학교육 제36권 제3호 조헌국)
- 제4차 산업혁명에 따른 사회·교육환경 변화와 인재상 (http://webzine.ncyok.or.kr)
- 박정수의 일자리와 4차 산업혁명 이야기(매일경제칼럼)
- 3차산 업혁명과 지식 노동자층의 붕괴(https://www.educloud.co.kr)
- 러닝스파크랩 칼럼 1차산업혁명과 농민층의 붕괴 / 2차산업혁명과 공장노동자층의 붕괴(http://learningspark.co.kr)
- 2017년9월 KIOSK 40호 역사적으로 본 4차 혁명 (과학기술정보통신부)
- AI시대 사라질 직업 탄생할 직업 (매일경제칼럼)
- 사라지는 일자리 (한국경제뉴스)
- 2017미래를 함께 할 새로운 직업 (한국고용정보원)
- 2017 한국직업전망(한국고용정보원)
- 일자리는 사라질 것인가 (kcen-2017 6월호)
- VR,AR산업현황 및 전망 (NIPA이슈리포트2018제44호)
- 전라북도 빅데이터 활용 기본계획 (전북대학교 산학협력단)
- 2018년 사물인터넷 산업 실태조사 보고서(한국사물인터넷협회)
- 10년후 대한민국 미래 일자리의 길을 찾다(미래창조과학부 미래준비위원회)

# 4차 산업혁명 속에서 노인 돌봄

# 5

# 4차 산업혁명 속에서 노인 돌봄

## 임 명 숙

필자는 전 수목원요양원 원장, 푸른누리요양보호사교육원 원장, 양주시 등급판정위원을 역임하고 현재 서정대학교 사회복지행정학과 겸임교수(사회복지학 박사), 상담심리치료학 전공 중(박사과정), 푸른누리요양보호사교육원 외 사회복지분야 강사, 양주시 법사랑 위원(학교폭력 강사 및 선도위원)으로 활동 중에 있다.

## Prologue

인간은 나이가 들수록 노화가 진행되기 때문에 주변인의 보살핌이 필요해진다. '노인 돌봄'. 고령사회에 사는 우리 사회의 절박한 요구다. 돌봄을 필요로 할 때 사회적 필요에 따라 사회구성원으로서 자신의 문제에 대한 사회적 해결을 요구하는 것은 현대를 살아가는 사람으로 너무나 당연한 일이라 생각한다.

돌봄의 사회적 책임 강화, 간병서비스제도의 사회화 등은 이러한 이유에서 우리사회가 반드시 해결해야 할 절박한 요구가 되고 있다. 정부는 이러한 국민의 목소리를 도외시한 채 실효성 없는 정책으로 일관하며 생색내기에만 열중하고 있는 것 같다. 노인 돌봄과 관련해 공적 돌봄 제도의 도입 필요성, 제도 출범 후 공적 서비스의 문제점, 운영방식 및 서비스 질 개선 등에 초점을 맞춰 왔지만 빠르게 변화하는 시대에 부족함을 느낀다. 최근 '좋은 돌봄'에 대해 많은 담론과 연구들이 증가하고 있지만 아직까지 미흡하다고 생각한다.

저자는 2008년 노인장기요양보험제도 실시 이후 노인장기요양기관인 재가·요양시설 등에서 근무도 하며 직접 요양시설을 운영도 해 보았다. 현재는 요양보호사교육원을 운영하면서 직접 노인 돌봄을 경험해야 할 세대들을 통해 교육과 직·간접적인 경험으로 노인 돌봄과 관련해 지금도 일을 하고 있다. 노인 돌봄이 과거의 가족 내에서 해결이 됐다고 한다면 현재는 국가가 책무성을 띠고 개입해 도움을 주어야 한다는 것이다.

노인 돌봄 문제를 사회권 관점에서 바라볼 때 국가가 개입해야 한다는 것에 필자는 긍정적으로 대답하지만 아직도 많은 도움이 필요하다고 생각한다. 정부는 오는 2026년 초 고령사회 진입을 앞두고 지난 2018년 11월 20일 발표한 모두가 누리는 보편적 복지와 포용적 복지를 완성한다는 것이다. 이렇듯 초 고령사회에 대한 노인 돌봄 문제는 가족의 문제를 벗어나 정부와 민간협력, 주민 네트워크를 통한 자발적 인적자원 활용을 통해 복지서비스를 제공함으로 노인의 삶에 질 향상에 개인의 사회적 책임이 증가하게 될 것으로 보며 더 많은 관심이 필요하다고 본다.

현재 4차 산업혁명 시대를 살아가는 우리는 세상이 빠르게 변화하고 있음을 실감하며 노인 돌봄의 문제 또한 예외가 아니라고 생각한다. 노인 돌봄에 대한 의식과 문화가 차세대와는 큰 차이를 보이고 있다. 핵가족화와 저 출산, 고령화 그리고 노동시장의 변화 등은 전통적인 가족 내 돌봄을 어렵게 했다. 노인 돌봄의 위기 혹은 부재는 우리 사회의 지속가능성을 위협했으며 국가는 '노인 돌봄'에 개입할 수밖에 없게 됐다.

그렇다면 국가는 '노인 돌봄'을 어떤 방식으로 제도화하게 되며 이는 노인들의 삶에 어떤 변화를 가져오게 되는가에 대해 알고 싶다. 따라서 노인 돌봄에 대해 개인과 가족의 관점에서 벗어나 인적 자원 활용을 통한 사회적 책임을 높여 가는 것이 초 고령사회에 대비한 바람직한 노인 돌봄이라 할 수 있다.

이 글에서 필자는 노인 돌봄을 사회·문화 현상으로 접근해 우리 사회에서 오랫동안 이뤄진 노인 돌봄을 역사적 맥락과 현대 사회에서 그 의미와 구성을 통해 변화하는 사회에 초점을 두고자 한다. 지난 2008년 노인장기요양보험제도 출범 이후 확산되고 있는 노인 돌봄과 관련된 다양한 담론들을 통해 4차 산업혁명 시대 속에서도 노인 돌봄을 사회·문화 현상으로 접근하고 바람직한 돌봄 문화에 대해 알아보고자 한다.

## 01 노인 돌봄의 정의

보살핌이 필요한 노인들이 다양하지만 이 글에서 '노인 돌봄'이란 '65세 이상의 사람들 중 경제적 자립이 어렵거나 신체적 노화로 혼자서 생활하는 데 어려움을 겪는 사람을 보살피는 일'이라 한다.

## 02 노인 돌봄 이용자와 노인 돌봄 제공자

일반적으로 사람들은 돌보는 사람이 돌봄을 받는 사람에게 일방적으로 정성을 쏟고, 헌신하고 희생한다고 생각한다. 하지만 헨리나우웬은 '돌봄은 돌보는 사람이나, 돌봄을 받는 사람이나 다 똑같이 연약한 사람들이고 그 속에서 교제를 나누고 내적 치유와 해방과 변화를 경험하는 기회'라고 정의한다. 돌보는 사람은 돌봄을 받는 사람의 내면의 아픔에 공감하는 훈련을 해야 하기 때문에 내면까지 깊게 이해하는 훈련을 해야 한다는 것이다.

하지만 돌봄을 받는 이와 돌봄을 제공하는 이의 권리 사이에 균형이 필요하다는 것을 강조했다. 양자 사이에 균형을 강조하는 시각에서 보면 국가가 개입할 수 있는 수준은 돌봄을 필요로 하는 이에 대한 국가 책임의 정도에 연동된다는 시사점도 발견하게 된다.

### 1) 노인 돌봄 이용자

혼자의 힘으로 일상생활이 어려운 노인과 독거노인에게 안전 확인, 생활교육, 서비스 연계, 가사지원, 활동지원 등 맞춤형 복지를 제공하는 서비스. 독거노인에 대한 종합적 사회안전망 구축을 위해 시행되고 있으며 관련 근거는 노인복지법 제27조의 2(홀로 사는 노인에 대한 지원), 사회복지사업법 제33조의 7(보호의 방법)에서 찾을 수 있다.

### 2) 노인 돌봄 제공자

자격필수조건은 요양보호사 2급 이상 자격 소지자로 사회보험 관련 법령에 따른 사용자의 의무가 명시된 근로자 또는 기관장 및 관리책임자(사회복지사, 의료인, 요양보호사)로 한다.

### 3) 노인 돌봄 이용자와 노인 돌봄 제공자의 관계

'돌봄'은 매우 복합적이며 동시에 상호성과 관계성을 내포한 개념으로 사랑과 정서적 활동에 의해 이뤄진다. 여기서 돌봄을 필요로 하는 사람(care receiver)과 돌봄을 제공하는 사람(caregiver)의 '동기(motivation)'를 구분해 이해한다.

돌봄 이용자(care receiver)는 의존적인 존재로서의 욕구를 실현하려는 동기를 가진다. 돌봄 제공자(caregiver)는 도덕적 의무나 자신을 인정받고 싶은 욕구 혹은 특정한 책임으로 인한 처벌을 피하고자 하는 동기에 의해 돌봄 서비스를 제공한다. 돌봄 활동을 통해 돌봄 이용자나 돌봄 제공자가 서로에게 감정적 유대나 애정이 발생함으로써 신체적, 심리 상태를 통해 서로가 변화해가는 경험을 한다는 것이다. 대인관계에서 이뤄지는 돌봄의 관계가 불평등 관계 또는 관리 감독의 관계가 되지 않기 위해서는 서로의 안정적인 보호가 필요하며 돌봄에 대한 상호간의 인지가 전제돼야 한다.

이러한 돌봄의 상호관계에는 정서적 개입이 중요한 역할을 하기도 한다. 정서를 돈으로 살 수는 없는 것이며 돌봄 이용자와 돌봄 제공자 모두 정서적 동기의 측면에서 이를 권력화하기도 하며 이로 인해 억압을 경험하기도 한다. 결국 돌봄의 정서적이고 도덕적인 특성 그 자체는 '돌봄'이 질의 표준화를 이룰 수 없으며 사람과 관계에 의해 크게 좌우될 수밖에 없음을 의미하는 것이다.

상호의존적 존재로서의 돌봄 이용자와 돌봄 제공자의 관계는 우리 사회의 생산과 재생산의 관계처럼 장기적인 유지와 지속가능을 위한 연속적 과정인 것이다. 그런 면에서 돌봄은 우리의 기본적 욕구의 일부로 모두의 권리이자 의무가 된다.

[그림1] 돌봄이 필요한 자

## 03 한국의 노인 돌봄 서비스 제도

### 1) 노인 돌봄 서비스 유형

노인 돌봄 서비스는 노인복지법 제27조의 2에 의거 혼자 사는 독거노인에 대한 지원과 사회복지사업법 제33조의 7에 의한 서비스 제공방법은 보호대상자에게 현물서비스 제공을 원칙으로 한다. 본 연구에서는 노인 돌봄 종합서비스와 노인 돌봄 기본서비스를 다루고자 한다.

| 사업명 | 이용자격 대상 | 서비스 종류와 본인부담금 | 대상자 선정과 서비스 제공 절차 |
|---|---|---|---|
| 노인 돌봄 기본 서비스 | ·독거노인<br>·기초연금 수급자 | 정기적인 안전 확인, 생활 교육, 서비스연계 / 무료 | 현황조사 위한 대상자 선정<br>→ 방문현황조사<br>→ 사업대상자 선정요청<br>→ 서비스자격확인결정<br>→ 서비스제공<br>→ 대상자관리 |
| 노인 돌봄 종합 서비스 | ·장기요양 등급 외 A, B<br>·기준중위 소득160% | 방문·주간보호서비스: 무료~48천원(27시간, 9일)<br>단기가사: 무료~42천원(24시간, 1개월)<br>치매가족휴가지원서비스: 연 6일, 무료~6천원(일) | 장기요양인정신청 및 방문조사<br>→ 등급판정<br>→ 주민센터 서비스 신청 담당자 조사<br>→ 결정통지<br>→ 바우처 카드 발급<br>→ 본인부담금 납입 |

[표1] 노인 돌봄 서비스 내용과 특징(자료 : 보건복지부, 2017b)

### (1) 노인 돌봄 종합서비스

노인 돌봄 종합서비스는 장기요양보험제도에서 제외된 대상자들을 위한 보완적 서비스라 할 수 있다. 일상생활을 유지하는데 어려움이 있는 노인에게 방문서비스와 주간보호서비스, 치매가족휴가지원서비스, 단기가사서비스를 지원한다. 장기요양등급 외 A형, B형을 받은 허약 노인이나 노인성질환이 있는 노인을 대상으로 하고 안정된 노후생활을 보장하기 위함에 목적이 있다.

아래 계층별 노인 돌봄 종합서비스 이용자 수에 의하면 노인 돌봄 종합서비스 이용자 수 및 이용액을 살펴보면 국민기초수급자는 노인 돌봄 종합서비스를 무료로 이용할 수 있어 서비스 이용율이 높게 나타난 반면 차 상위계층은 본인부담금에 대한 부담으로 서비스를 포기하는 등 이용율이 낮게 나타나고 있다.

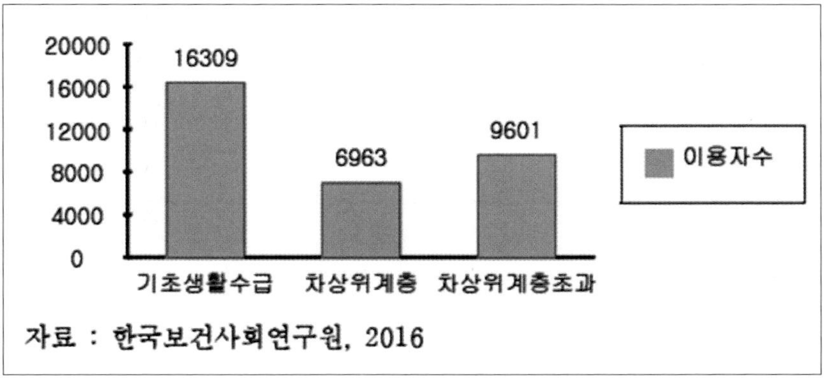


[표2] 계층별 노인돌봄종합서비스 이용자 수(2015년 12월 기준)

### (2) 노인 돌봄 기본서비스

노인 돌봄 기본서비스는 실제 혼자 사는 만 65세 이상 노인을 대상으로 하며 일상생활의 위험요소에 취약해 정기적인 안전 확인이 필요한 경우와 소득, 건강, 주거, 사회적 접촉 등의 수준이 열악한 경우 또는 정기적인 생활상태 점검 및 사회적 접촉기회 제공이 필요한 대상자에게 서비스를 지원하며 이와 유사한 재가서비스를 받는 자는 제외 대상이다.

보건복지부가 2016년 노인 돌봄 기본서비스 수행기관을 평가한 자료를 보면 서비스를 필요로 하는 독거노인 수요량에 비해 서비스를 제공하는 공급량 비율이 현저히 낮음을 보여주고 있다.

**① 독거노인비율**

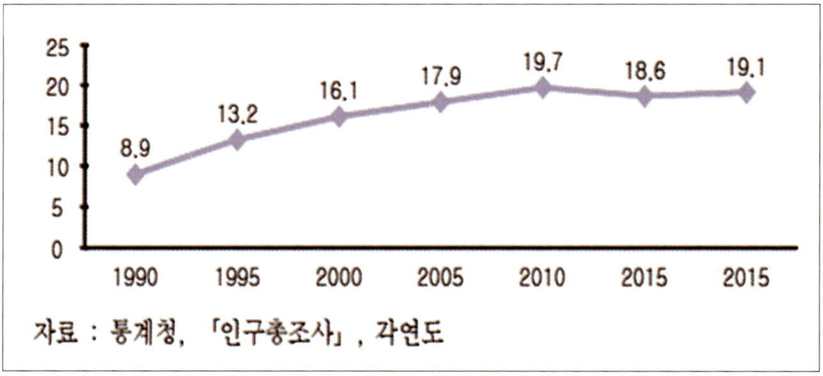


[표3] 독거노인비율

② 노인 돌봄 기본서비스 추가욕구 우선순위

| 서비스 구분 | 지적빈도(명) | | | 욕구 비율과 순위 | |
|---|---|---|---|---|---|
| | 1순위 | 2순위 | 3순위 | 비율(%) | 순위 |
| 1. 가사일상생활지원서비스 | 176 | 249 | 267 | 28.4 | 4 |
| 2. 간병·요양서비스 | 26 | 59 | 26 | 4.6 | 11 |
| 3. 위생·영양서비스 | 480 | 408 | 361 | 51.3 | 1 |
| 4. 의료서비스 | 185 | 165 | 129 | 19.7 | 6 |
| 5. 소득지원서비스 | 241 | 97 | 127 | 19.7 | 5 |
| 6. 후원연계서비스 | 159 | 234 | 53 | 18.3 | 7 |
| 7. 고용지원서비스 | 16 | 8 | 10 | 1.4 | 13 |
| 8. 문화·여가서비스 | 41 | 67 | 64 | 7.1 | 10 |
| 9. 심리·사회서비스 | 127 | 126 | 124 | 15.5 | 8 |
| 10. 교통편의·외출동행서비스 | 308 | 253 | 194 | 31.0 | 2 |
| 11. 주거개선서비스 | 326 | 208 | 149 | 28.1 | 3 |
| 12. 생활용품지원·수리서비스 | 82 | 48 | 154 | 11.7 | 9 |
| 13. 평생교육서비스 | 1 | 3 | 10 | 0.6 | 14 |
| 14. 복지서비스 | 18 | 15 | 7 | 1.6 | 12 |

자료 : 보건복지부, 2016b:18

[표4] 노인 돌봄 기본서비스 추가욕구 우선순위

③ 한국인의 기대수명과 건강수명

[그림2] 한국인의 기대수명과 건강수명(출처 : 한국건강증진개발원)

## 2) 대상자

### (1) 대상자 선정의 문제점

우리나라의 사회복지는 제도적 관점인 보편주의를 추구하지만 실제 운영되는 사회복지는 보충적 관점인 선별주의를 따르고 있다. 또한 선별과정에서 수급자 선정의 구체적 기준을 혼합·병용하지 않고 자산조사의 기준에만 의존해 대상자를 책정하고 있다(남기민, 2010 : 153).

돌봄이 필요한 저소득 노인 중에는 저소득계층에 있으면서 실제로 자녀의 도움을 받지 못하는 독거노인과 노인부부가 있다. 또한 노인성 만성질환을 갖고 있으나 일상생활은 가능해 지원대상자에서 제외되는 경우도 있다. 이에 서비스를 필요로 하는 대상자는 많으나 선정기준 적용으로 대상자에서 제외는 사례가 많아 사각지대 현상이 나타나고 있다. 국민기초수급자 중심으로 지원되는 돌봄 서비스를 보편주의에 입각해 저소득 노인으로 확대할 필요가 있다.

### (2) 대상자 선정의 개선방안

노인 돌봄 서비스를 필요로 하는 재가노인의 증가로 선정기준 완화 및 보편주의 방식으로의 전환으로 돌봄이 필요한 노인은 복지혜택을 받을 수 있도록 해야 한다. 노인 돌봄 서비스의 욕구를 갖고 있음에도 혜택을 받지 못하는 노인들이 많은 이유는 서비스를 이용할 수 있는 기준이 협소하며 제한적이기 때문이다.

노인 돌봄 서비스 대상자 선정 시 수혜자에서 제외되는 저소득 사각지대 노인들은 저소득이면서 실제 가족에게 도움을 받지 못하고 노인성 만성질환 등을 겪고 있어 도움이 필요한 대상자가 대부분이다. 예방적 차원에서 잠재적 수혜대상자인 사각지대 노인들을 위한 통합적 복지사업이 필요하며 예산절감과 공공성 실현에서도 필요하다.

### 3) 급 여

#### (1) 급여의 문제점

**① 노인 돌봄 서비스의 구체적인 기준 부족**

노인 돌봄 기본서비스는 안부확인, 일상생활 교육 등 단편적인 서비스에 국한돼 있다. 하지만 대부분의 노인들이 갖고 있는 복지욕구와 관심은 건강으로 의료에 대한 서비스가 제외돼 있어 노인들의 다양한 복지욕구에 전문적이고 개별화된 서비스가 지원되지 못하고 있다.

노인 돌봄 종합서비스의 경우 돌보미들이 노인에게 제공하는 서비스는 대부분이 가사지원 서비스에 한정돼 있으며 서비스를 받는 노인들도 돌보미를 가사도우미 정도로 여기는 경향이 있으며 서비스의 내용이 장기요양제도의 제가노인서비스와 중복돼 있다. 돌봄의 케어(CARE)가 필요한 대상자에게 돌봄 서비스가 제공되고 있지 않고 가사지원서비스 위주로 제공되고 있는 실정이다.

또한 노인 돌봄 서비스에 대한 구체적인 서비스 내용이 마련돼 있지 않아 서비스 제공에 있어 현실적인 한계점에 부딪히고 있다. 독거노인, 노인부부가구와 장기요양 등급외자는 잠재적 장기요양서비스 대상자로 이들을 위한 예방사업이 없어 사업 마련을 위해 등급외자의 복지욕구 파악이 필요하다. 노인의 경우 노인성질환으로 계속적인 의료서비스가 필요하나 노인의 욕구에 맞는 노인 돌봄 서비스가 이뤄지고 있지 않다고 볼 수 있다(박병헌 외, 2011).

**② 노인 돌봄 서비스의 질 저하**

우리나라 노인 돌봄 서비스는 돌봄인 케어의 개념이 빠져있어 진정한 돌봄 서비스를 제공하지 못하고 있으며 심리적·정서적 욕구가 포함되지 않는 단편적인 서비스가 제공되고 있다. 노인에게 서비스를 제공하는 제공자를 제공기관이 관리하고 있어 제공자에 대한 전문 교육이 미흡한 실정이다. 제공자에 대한 정기적인 기본 교육이 이뤄지고 있지 않아 서비스 제공 수준은 현저히 낮다.

서비스의 질 향상을 위해 정부차원에서 서비스 제공자 교육을 의무화하고 정기적인 교육과정을 마련해야 한다. 또한 제공자의 서비스 내용이 현실적으로 맞게 구체화 돼야 서비스 제공자가 정체성에 혼란을 겪지 않을 것이며 수혜를 받는 대상 노인도 욕구에 맞는 서비스를 제공받을 수 있을 것이다.

### (2) 급여의 개선방안

**① 서비스 내용의 다양화**

노인 돌봄 서비스의 내용은 단편적이고 비전문적으로 구성돼 있다. 이는 노인들의 돌봄 욕구를 충분히 반영하기 않은 것으로 욕구를 충족시키기에 부족할 수밖에 없다. 돌봄이 필요한 노인들은 식사, 간병, 가사 등 일상생활 유지하는 것뿐만 아니라 지역사회 구성원으로 살기 위해서 필요한 다양한 정보가 제공돼야 하고 일상적인 생활을 유지하기 위한 생활전반에 대한 보호욕구가 있다. 즉, 노인이 처한 시기와 환경에 따라서 다양한 욕구로 나타나는데 이에 대응할 수 있는 서비스의 확대가 요구된다.

장기요양 등급외자들이 장기요양등급 내로 편입되기 전에 대상자의 건강상태와 일상생활에 대한 서비스를 강화하는 예방사업의 시행이 요구된다. 예방사업 시행으로 장기요양 등급제도로의 편입을 지연시켜 예산절감 효과를 볼 수 있으며 노인의 삶에 대한 만족감을 증대 시킬 수 있을 것이다. 노인 돌봄 서비스에 제외된 사각지대 노인들을 위해 주말 돌봄 서비스, 동행서비스 등 다양한 맞춤형 노인 돌봄 서비스와 노인의 가구구성 형태에 따라 서비스의 내용을 달리하는 방안으로 노인부부에 대해서는 찾아가는 의료서비스 제공과 어느 한쪽의 위급상황에 대처할 수 있게 병원 연계서비스 및 교육 등이 필요하다.

또한 노인들의 욕구에 맞는 통합적인 맞춤형 복지서비스가 제공돼야 한다. 건강상태에 따라 보건·의료서비스와 응급서비스의 전문화된 교육과 방문간호사업과 연계해 서비스를 제공할 필요가 있다(이혜숙, 2009). 또한 노인이 일상생활을 유지하는데 필요로 하는 보조기기 대여사업과 고령친화사업이 바우처 사업으로 확대돼 실시된다면 노인들이 일상생활의 어려움이 해소 될 수 있을 것이다.

### 4) 노인 돌봄 서비스의 전달체계

사회서비스는 국가가 재정지원 및 감독의 역할을 하고 주로 비영리 민간기관이 국가로부터 수탁을 받아 서비스를 제공하는 형태를 취하고 있다(이수경, 2012 : 339).

#### (1) 노인 돌봄 기본서비스

노인 돌봄 기본서비스는 보건복지부에서 시·도 → 시·군·구 → 독거노인지원센터 → 시·도 거점 수행기관 → 시·군·구 서비스수행기관 으로 수직적인 전달체계로 이뤄져 있다.

#### (2) 노인 돌봄 종합서비스

노인 돌봄 종합서비스 사업추진기관을 살펴보면 노인 돌봄 기본서비스와 같이 보건복지부 → 시·도 → 시·군·구 → 서비스제공기관으로 수직적으로 전달체계가 운영되고 있다.

### (3) 전달체계의 문제점

**① 전달체계의 세분화**

노인 돌봄 서비스인 돌봄 기본서비스와 종합서비스는 하나의 전달체계를 이루는 것이 아니라 개별 사업마다 새로운 전달체계로 복잡하고 세분화돼 있다. 이에 노인이 어떠한 서비스를 받고 있는지 통합적인 관리가 어렵고 중복으로 서비스가 제공되고 있다. 또한 현장에서 근무하는 실무자가 사업별로 전달체계가 상이해 업무의 혼선을 가져온다.

중앙정부와 지자체 및 제공기관의 행정 네트워크와 상호 교류가 이뤄지고 있지 않아 노인복지서비스의 제공 및 관리에 어려움이 있다. 노인들의 건강상태와 표출된 복지욕구가 어떠한지에 대해 지자체, 건강보험관리공단과 제공기관이 정보를 공유해 관리하는 방안이 요구된다. 또한 서비스를 총괄해 관리하는 주체가 건강보험관리공단과 지자체로 이원화 돼있어 대상자의 노인복지서비스 결정과정이 복잡하고 이후 종합적인 관리가 이뤄지고 있지 않다. 대상 노인의 건강기준에 대해서는 건강관리공단에서 결정하고 이후 지자체에서 소득기준에 대한 결과를 다시 건강보험관리공단에 보내는 형식으로 진행되고 있다. 이에 서비스 선정 과정에서 생기는 문제와 절차의 어려움은 대상자의 몫이다.

노인의 다양한 욕구를 충족시키기 위해 하나의 통합된 시스템이 필요하다. 통합된 시스템을 통해 대상자 관리와 기관간의 서비스 연계 및 조정이 가능하며 대상자에게 적절한 서비스가 제공될 수 있을 것이다(성은미 외, 2012).

**② 서비스 관리에 대한 전달체계 부재**

노인 돌봄 서비스를 제공하는 제공기관에서 제공자에 대한 교육과 관리를 자체적으로 실시하고 있어 서비스 질 향상을 위한 전문적인 교육이 이뤄지고 있지 않다. 서비스 제공기관에서는 교육에 필요한 예산

부족과 과중한 업무로 제대로 된 교육을 제공자에게 시행하기에 어려움이다. 서비스를 제공하는 제공자에 대한 총괄 관리자가 없어 제공자 교육과 자격여부에 문제가 제기되고 있다(박병헌 외, 2011). 노인 돌봄 서비스는 제공자의 개인적인 성향과 돌봄에 대한 인지정도에 따라 서비스가 제공되고 있어 전문적인 서비스 제공에 어려움이 있으며 제공자의 급여가 타 사업에 비해 낮아 급여의 재조정이 필요하다.

### (4) 전달체계의 개선방안

노인 돌봄 서비스는 제공인력이 노인의 안부를 확인하고 서비스를 연계하는 기본서비스를 포함해 가사지원, 신체활동 지원 등의 종합서비스이다. 대상자가 유사한 복지욕구를 갖고 있어 노인의 욕구에 맞는 서비스를 통합된 전달체계를 통해 노인 돌봄 서비스를 지원받는 것이 합리적이다. 하지만 서로 다른 재원방식과 운영주체로 인한 기관들 간의 갈등이 유발될 수 있어 전달체계의 재정립이 요구된다.

또한 통합서비스를 위한 통합 시스템 구축으로 전산과 행정 등 서비스 연계와 관리가 이뤄질 수 있는 체계가 마련돼야 한다. 건강보험관리공단과 지자체, 제공기관 간 시스템 구축으로 중복서비스 확인이 가능해 예산을 절감할 수 있고 대상자에 대한 정보공유로 노인의 복지욕구에 맞는 적절한 서비스 제공이 가능할 것이다.

우리나라의 빠른 고령화 속도와 수명연장으로 독거노인 수 증가 및 노인문제가 사회현상으로 대두되며 정부에서는 체계적이고 계획적인 노인관련 사업을 구축하지 못하고 사회적 이슈가 되는 재가 독거노인을 위한 사업을 내놓으며 추가적인 전달체계를 개발했다. 이는 기존의 전달체계를 고려하지 않고 추가한 노인관련 복지정책이라 할 수 있다. 세분화된 전달체계를 통합하기 위해서는 기존의 비슷한 서비스들을 통·폐합하는 작업이 필요하다. 서비스 통합 방법에 관해서는 별도의 연구로 신중히 결정해야 한다(전용호, 2015).

(단위 : 백만 원)

| 구 분 | '12예산 | '13예산 | '14예산 | '15예산 | '16예산 | '17예산 |
|---|---|---|---|---|---|---|
| 노인복지 | 950,377 | 1,140,395 | 1,207,434 | 1,267,772 | 1,380,842 | 1,489,132 |
| 노인 돌봄 서비스 | 103,671 | 131,143 | 144,582 | 132,647 | 153,467 | 166,762 |

[표5] 노인 정책관실 사업 예산현황(자료 : 보건복지부, 각 년도)

노인 돌봄 종합서비스는 사회서비스로 서비스에 대한 본인부담금 문제는 서비스의 공급이 확대되면서 주요하게 논의되고 있다. 아래 표는 노인 돌봄 종합서비스 이용액 비중이다.

| 구분 | 2009년 | 2011년 | 2013년 | 2015년 |
|---|---|---|---|---|
| 정부지원율(%) | 86.9 | 94.2 | 94 | 93.7 |
| 본인부담율(%) | 13.1 | 5.8 | 6 | 6.3 |

[표6] 노인 돌봄 종합서비스 이용액 비중
(자료 : 한국보건사회연구원, 노인 돌봄 서비스 통계자료)

## 04 노인 돌봄의 재원

### 1) 재원의 문제점

전체 인구 중에서 노인인구가 차지하는 비율이나 절대 수가 증가한다는 것은 노인부양비가 증가한다는 것을 의미하는 것으로 핵가족화, 저 출산률의 지속적 증가, 여성의 사회참여 및 경제활동 참가 등의 증가는 노인부양이 국가와 사회의 몫으로 다가왔다. 고령화는 생산 가능인구(15세~64세) 비율의 점차적인 감소로 이어질 것이며 이는 노동력의 감소와 질 저하로 나타날 가능성이 있다. 국민의 경제생활은 수요의 감소와 소비위축으로 연결돼 국가 경제전반에 활력이 저하되고 국가 경제 성장잠재력은 약화되거나 둔화될 가능성을 내포하기도 한다.

고령화와 수명연장으로 건강수명과 의존수명의 차이를 보이고 있으며 건강하지 못한 상태에서 의존적인 생존을 할 경우 부양의 문제가 발생하는 것을 예견할 수 있다. 또한 지난 2013년 기준으로 노인이 전체 건강보험 진료비의 3분의 1이상(35.5%)을 쓰며 오는 2020년에는 45.6%까지 증가할 것으로 예상하는 등 고령화는 국가 재정에 많은 영향을 미치는 요인이 되고 있다.

복지지출 규모를 비교하는 경우 주로 OECD 기준의 공공사회복지지출(SOCX)이 사용되고 우리나라 정부의 복지지출 수준을 논함에 있어서는 통합재정상의 복지지출 규모가 자주 사용되고 있다(최성은, 2013:61). 지난 2013년 OECD 주요국의 사회복지 지출규모를 비교해 보면 경상 GDP 대비 우리나라는 10.1%로 OECD 회원국 평균 22.0%에 절반도 못 미치는 수준이며 급속한 고령화와 국민소득 수준을 고려해도 매우 낮은 수준이다(보건복지부, 2014).

| 한국 | 스웨덴 | 덴마크 | 프랑스 | 영국 | 네덜란드 | 일본 | 미국 | OECD 평균 |
|---|---|---|---|---|---|---|---|---|
| 10.1 | 27.8 | 31.5 | 31.7 | 22.8 | 23.6 | 23.7 | 19.1 | 22.0 |

[표7] 2013년 OECD 주요국 사회복지지출규모 비교
(자료: OECD.State(2017.7월 발표기준): 보건복지부, 2014 재인용)

노인인구 증가로 서비스를 원하는 대상자는 증가하고 있는 반면 한정된 예산 범위에서 서비스를 우선기준에 의해 지원하고 있어 서비스를 받지 못하는 사각지대 대상자가 늘어나고 있다. 노인 돌봄 서비스의 지역별 국비 및 지방비의 배정을 살펴보면 상당히 부족하며 정부의 국비지원 확대 방안과 노인 돌봄기금 마련 정책이 필요하다(박병헌 외, 2011).

현재 운영비 지원은 지방자치단체의 재량으로 예산규모를 배정하고 있어 재정상황이 열악한 지방자치단체는 예산확보에 어려움을 겪고 있다. 지방이양 사업으로 진행되는 노인복지서비스를 중앙정부의 사업으로 전환해 행정지원체계와 예산지원체계를 일원화하도록 법규를 재정비할 필요가 있다(차수민 외, 2013:69).

### 2) 재원의 개선방법

인구고령화와 노인부양비 증가는 국가의 개입 확대를 가져오고 있으며, 사회서비스부분의 재정 지원 확대 필요성은 우리나라의 재정 구조를 바꾸어 놓을 것으로 예측되고 있다. 선별적 복지에서 보편적 복지의 요구로 복지 수혜자가 저소득층에서 중산층까지 확대되고 있어 경제·사회적 환경 변화에 대처할 수 있는 복지 재정운용체제가 갖춰져야 한다(최성은, 2013).

노인복지서비스의 대상자 증가로 국가 예산의 부담과 소득기준에 의해 차등 적용되는 본인부담금으로 대상자의 경제적 부담도 커지고 있으며, 사각지대 현상도 대두되고 있는 실정이다. 이에 노인복지 예산의 국가 부담률을 높이고 이용자가 납부하는 본인부담금을 경감해 주는 방안이 필요하다.

노인 돌봄 서비스의 대상자가 지속적으로 증가하고 있어 노인복지 예산 확보는 매우 중요한 부분이다. 복지재정의 증가에 따른 추가적 부담에 대한 단기적 재원 조달은 현행 제도 내에서의 세출구조조정이나 넓은 세원 확충을 통한 재원 조달 노력이 선행돼야 하고, 중장기적으로 복지수요증가, 재정 여건의 변화 등 변화하는 상황에 대응할 수 있는 넓은 세원과 낮은 세율의 원칙하에 조세제도의 개편, 시회보험 재정안정화, 적합한 세원에 대한 국민적 합의, 목적세나 사회보험방식에 대한 고려, 사회서비스 부문에서의 민간 역할 강화 등이 필요하다(최성은, 2013:91).

## 05 '돌봄'의 특성과 제도화방식

### 1) 돌봄의 동기(motivation)

'돌봄' 혹은 '보살핌'으로 번역되는 'care'에 대한 논의들은 길리건(Gilligan, 1997)1)의 '돌봄의 윤리' 이후 다양한 영역과 주제로 접근돼 왔지만 정책연구의 주제가 된 것은 고령화 사회의 노인 돌봄 비용이 사회정책의 주요 연구주제가 되면서부터이다. 돌봄은 정서적 차원을 지닌 행위이며 강한 도덕적 의무를 요구하는 특성을 갖고 이는 경제적이며 합리적인 행위이다. 웨어니스와 라이라는 '돌봄'이 전통적인 경제학적 의미의 일과 다르며 돌봄을 제공하는 사람이 노동과 사랑이 아우르는 행위라고 설명한다(England &Folbre, 2003 재인용).

'돌봄'의 공공윤리를 주장하는 키테이(Kittay, 1999)는 모든 인간은 언젠가 누군가에게 의존을 해야 하며 이러한 절대적인 의존에 내재한 취약성으로 인해 모든 인간이 돌봄을 제공하고 돌봄을 받는 상호간의 윤리적 의무가 있다고 한다. 평등한 상호관계에서 타인과의 관계맺음이 동기화돼 돌봄이 제공돼야 한다. 이러한 가치를 어떻게 조직하고 제도화 하는가 인데 이는 돌봄 서비스 전달체계에서 돌봄 제공자와 돌봄 이용자의 사회적 합의 측면에서 고려돼야 할 중요한 과제이기도 하다.

### 2) 돌봄의 범주

복지국가의 돌봄 논의를 제도화 방식과 관련해 정책 범주에서 논의할 때 돌봄의 영역과 범주는 무엇인가를 질문하게 된다. 현실적으로 돌봄은 종합적인 과정적 특수성을 강조할 수 있을 것이다. 이렇듯 돌봄은 종합적으로 완벽한 분리가 어려움에도 불구하고 돌봄 영역을 범주화해 분리하려는 것은 무엇 때문인가. 그것은 복지국가에서의 돌봄 조직화 즉 돌봄의 제도화방식에 주목하기 때문이다.

### 3) 돌봄의 제도화 방식

노인의 증가로 노인 돌봄에 대한 사회적 지원이 절실히 필요하다. 돌봄의 제도화는 크게 현금, 서비스 그리고 시간의 3가지 사회적 지원정책으로 유형화된다. 돌봄의 인정과 가치화에 대한 복지국가의 정책은 현금급여(수당), 현물급여(서비스) 그리고 시간 지원(휴가)으로 나타나며 특히 수당과 서비스에 대한 것이다. 복지국가의 돌봄 제도화는 해당 사회의 가족구조나 형태 그리고 역할에 대한 특정한 암시를 수반하게 된다.

돌봄 양육자에게 현금을 지급할 것인지, 소득자에게 서비스를 지원할 것인지 등에 대한 국가 재정의 투입 정도와 시장화 정도에 따라 돌봄 체제에 대한 국가별 상이한 성격이 나타나게 된다. 스웨덴은 이인소득자/공공모델에 해당하며, 프랑스는 이인소득자/시장모델에 해당한다. 이때 국가가 돌봄의 제도화를 위해 지불하는 급여는 현금과 서비스를 포함한 것을 말한다.

우리나라의 돌봄 제도화 방식 중 현금급여의 비중이 가장 큰 것은 기초노령연금이며 여타의 사회서비스가 현물급여로 이뤄져 있다. 노인의 경우 기초노령연금 이외에 지난 2008년부터 도입된 노인장기요양보험에 의해 현물급여인 요양서비스를 제공하고 있다. 현재 약 24만여 명의 요양보호사가 시설과 재가 형태의 서비스를 제공하며 국공립요양시설은 0.3%에 불과하다.

### 4) 돌봄에 대한 사회적 지원정책

#### (1) 돌봄 노동 정책의 기본방향

구체적인 로드맵도 나와 있다. 먼저 오는 2022년까지 커뮤니티 케어 모델개발을 위해 공모사업을 통해 선정된 시·군·구를 대상으로 선도사업을 실시하고 케어안심주택 등 주거 지원 인프라를 대폭 확충하며 관련된 법·제도를 정비하는 것으로 했다. 또한 오는 2025년까지 장기요양 등의 재가 서비스를 확충함과 동시에 관련 전문 인력의 양성 내지 ICT 기술 등을 통해 케어 매니지먼트 시스템을 구축하는 한편 재정전략도 마련함으로써 보편적 제도로 확대될 수 있도록 하겠다는 방침이다.

이상을 요약하면 노인을 중심으로 이들이 지역사회 내에서 건강한 노후를 보낼 수 있도록 제공 기반을 구축하는 것을 목표로 이는 다시 크게 세 가지 방향 즉, ① 주택 개조나 케어안심주택 등의 보완·확충을 통한 주거 시스템 강화 ② 보건의료·요양·돌봄 등과 관련된 사회서비스 확충 ③ 사례관리 체계 마련이라는 측면에서 다루고 있다고 할 것이다.

지역사회복지협의체(지금은 지역사회보장협의체로 명칭이 바뀌었다), 동복지협의체, 읍·면·동 복지 허브화, 희망복지지원단, 찾동 등과 같은 이름으로 유사한 사업들을 추진해왔다. 이들은 모두 커뮤니티 케어 내에 포섭되거나 혹은 거의 동일한 것이라고 볼 수 있다.

먼저 로드맵을 들 수 있다. 앞서 소개한 바와 같이 정부는 선도사업 실시와 오는 2022년까지 4만 호의 케어안심주택을 공급하는 것을 우선 과제로 정했다. 보건의료·요양·돌봄 등과 관련된 사회서비스 확충이나 전문인력 양성과 같은 사업은 그 이후에나 추진될 것으로 보인다.

다시 말해 지금까지 시행된 제도들이 지닌 여러 문제를 극복하고 여기에 향후 직면하게 될 새로운 사회적 위험에도 대비하기 위해 우리 사회가 준비해야 할 총체적·복합적 개념을 함축적으로 표현한 것이 커뮤니티 케어라고 봐야 할 것이다. 그런 점에서 금번 발표를 앞둔 우리 사회의 기대감은 어느 때보다도 높을 수밖에 없었으며 '광풍(狂風)'이라고 해도 부족하지 않을 만큼 보건, 의료, 간호, 요양, 복지, 주거 등 관련 영역뿐만 아니라 지역사회 곳곳에서 커뮤니티 케어에 대한 논의도 뜨거웠다.

커뮤니티 케어는 통합적·연속적 돌봄 체계가 전제가 된다. 이는 추진 목표에도 잘 나타나 있다. 그렇다면 오히려 그런 돌봄의 수행이 가능한 전문 인력과 더불어 통합적 지원, 서비스 연계, 사례관리 등이 가능한 이른바 '케어 매니저(나는 이들을 커뮤니티 케어 코디네이터라고 부르고자 한다)'를 양성함과 동시에 그 지역사회 내 주민의 욕구나 문제에 적합한 여러 서비스를 개발·확충하는 것이 최우선 과제가 돼야 하는 것은 아닌가 하는 생각이 든다.

### (2) 노인 돌봄 노동 정책의 지원 형태

#### ① 노인 돌봄

돌봄 노동에 대한 현금 급여는 돌봄 자(carer)와 돌봄 대상자(care recipient) 두 집단을 대상으로 한다.

가. 돌봄 수당

돌봄 수당(care allowance)은 돌봄 자나 가족에게 제공되는 현금 급여이다.

나. 돌봄 자와 돌봄 대상자의 수당 관계

예를 들어서 영국에서는 질병을 앓고 있는 사람에 대한 돌봄 수당(invalid care allwance ICA)을 지급하는 경우에는 돌봄 대상자가 돌봄 급여를 받는 경우에만 돌봄 자가 ICA를 받을 수 있도록 하고 있다.

＊ 참고 : 네델란드, 핀란드, 미국에서도 수당지급 시 돌봄 자와 돌봄 대상자간의 계약이나 사인을 요구함으로써 돌봄 대상자의 권리를 보호하고 강조하게 된다.

| | 비공식 돌봄 | 공식 돌봄 |
|---|---|---|
| 전통적 형태 | • 관계기반(관계에 따라 서비스의 질 차이)<br>• 대상자의 집에서 수행<br>• 무급 | • 전문적 돌봄<br>• 대상자의 집/공식시설에서 수행<br>• 유급 |
| 돌봄 정책의 변화 | • 현금지급제도 도입(돌봄 수당/간병수당/양육수당/보육수당)<br>• 세액공제제도(tax credit)<br>• 바우처(특정서비스를 이용할 수 있는 권리)<br>• 크레딧 시스템(credit system)<br>• 조세감면 | • 시설 및 서비스 확대<br>• 보편적 이용권리 |

[표8] 비공식 돌봄과 공식 돌봄에 대한 지원형태

즉 통합 돌봄에서는 컨트롤 타워로서의 '통합 돌봄의 중심'뿐만 아니라(이에 대해서는 뒤에서 다룬다) '통합 돌봄의 매개'도 반드시 필요하게 된다. 이는 결국 커뮤니티 케어에서 다학제·다분야를 연계·연락·조정하는 기능이나 조직이 매우 중요하다는 점을 강조하는 것이라고 할 수 있다. 커뮤니티 케어에서는 그 사람의 욕구나 상태에 적합한 Care-Pass for Community를 실현하기 위한 입체적(종적·횡적) 관리 및 지원 체계를 어떻게 형성하고 연계할 것인가, 어떻게 하면 서비스에 대한 이용자의 접근성과 편의성을 강화할 것인가 하는 점이 매우 중요해진다.

즉, 보건·의료·복지 등 자원의 연계나 강화 방안은 커뮤니티 케어에서 갖춰야 할 대 전제라고 할 수 있다. 정부가 제시한 각 읍·면·동 사무소의 돌봄 종합창구를 중심으로 하는 모형 외에 시·군·구 내지 광역 시·도와 연결되는 모형이나 지역사회보장협의체 등 민관협의기구와의 구체적 활용·연계방안 또는 직접서비스 제공기관·관리기관 및 이용자 측 등과의 전달체계 등 여러 부분이 보다 구체적이고 체계적으로 제시될 필요가 있으며 그 안에 반드시 컨트롤 타워도 설정돼 있어야 한다. 커뮤니티 케어 주체는 커뮤니티와 주민이다.

이는 영국이나 일본 등에서 커뮤니티 케어가 어떻게 발전돼 왔는지를 보면 알 수 있다. 그 과정을 상세히 언급할 수는 없지만 양국이 지닌 커뮤니티 케어의 공통점은 그것이 지자체의 권한과 지역 주민의 책임이라는 전제 하에서 오랜 기간에 걸쳐 끊임없이 시행착오를 거쳐 온 산물이라는 점이다.

## 06 노인 돌봄의 현 실태 - 제도적인 면

우리 사회의 노인 돌봄은 제도적인 면에서 돌봄 욕구는 '상승'했으나 정부 투자는 '축소'됐다. 공적으로 준비된 돌봄은 낮은 수준에 머물러 있다. 정부가 돌봄 서비스를 위해 마련한 예산이나 규모는 사회적인 기대에 반해 크게 변하지 않고 있다. 보건복지부의 사회서비스 제공계획을 살펴보면 국가 예산은 지난 2013년 3조 4,000억 원, 2014년 4조원, 2015년 3조 8,000억 원이며 그 대상규모는 2013년 191만 명, 2014년 196만 명, 2015년 183만 명이다. 이는 사회서비스 제공계획을 종합한 결과로 실 집행과는 차이가 있을 수 있다.

또한 정부의 전체적인 투자는 지난 몇 년간 변함이 없다. 오히려 올해 예산과 규모가 더 축소되는 경향마저 보여 우려된다. 돌봄 서비스를 더 이용하고 싶어도 하지 못하는 현실도 밝혀지고 있다. 사회서비스 이용 비율과 희망 비율 간 편차가 적지 않다는 조사가 발표됐다. 사회서비스 전자 바우처 이용자를 일부 포함한 전국 규모의 사회서비스 실태조사(2013년)가 있었다. 이를 보면 사회서비스 이용 비율은 성인 돌봄 및 일상생활 지원서비스가 22.4%로 가장 높다.

아직도 노인 돌봄이 복지의 '사각지대'에 있다. 노인 돌봄 서비스는 자격요건, 비용부담, 거주 지역 내 서비스의 유무, 질적 수준 등에 따라 이용여부가 판단된다. 현재 정부가 책임지는 돌봄 서비스는 적지 않은 비용이 발생하고 있다. 정부가 책임지는 대상은 대다수가 기초생활수급자에 그쳐 있다. 사회서비스의 공적 대상은 2019년 월평균 가구소득 160%미만 가구까지로 정하고 있으나 기초생활수급자를 제외하고 소득별로 비용 부담이 적지 않다. 서비스를 이용하는 기초생활수급자라도 이용 시간이 제한돼 충분한 서비스를 받기 어려운 현실도 있다.

정부지원을 받지 못하는 빈곤층, 빈곤층의 경계선을 넘나드는 차 상위계층과 실업이나 질병에 의해 언제든지 빈곤층으로 낮아질 수 있는 계층 모두가 복지의 '사각지대'에 있다. 지난 2016년 발생한 '송파 세 모녀 사건'을 보더라도 최소한의 생활보장이 어려운데도 기초생활수급자가 되거나 긴급복지를 지원받기는 쉽지 않았다.

사회보험과 기초생활보장에 이어 제3의 사회안전망으로 불리는 돌봄 서비스의 사각지대도 위와 같은 규모로 생각해볼 수 있다. 기초생활수급자를 제외하고는 공적인 돌봄 지원을 기대하기 어렵고 개인이나 가족이 서비스 부담을 전적으로 책임질 경우 비용부담 때문에 돌봄에서 방치될 수 있다.

결과적으로 현재 우리의 돌봄 서비스는 '시장화' 정책, '좋은 돌봄'과 동떨어져 있다. 돌봄의 비용부담 이외에도 선뜻 이용하기 어려운 데는 서비스에 대한 불신도 크게 자리하고 있다. 누구나 이용하고픈 좋은 돌봄이 불충분한 지금의 현실은 정부 정책의 잘못된 방향에서 비롯된 바가 크다. 전 정부에서 시장방식의 하나인 바우처를 도입해 서비스를 공급하는 방식을 고수하고 있다. 정부는 바우처를 도입하면 돌봄 서비스 시장에 공급자간 경쟁이 생겨 가격이 낮아지고 이용자는 공급자가 늘면 자연스럽게 선택의 폭이 넓어질 것으로 주장해 왔다.

## 07 4차 산업 속에서 선진국과 우리나라의 노인 돌봄 형태

노인 돌봄 관련 국민건강보험공단에서는 요양시설 안 가도 되는 '노인 돌봄 서비스'가 필요하다고 한다. 고령화로 인한 앞으로의 노인 돌봄은 노인들이 마지막까지 살던 곳에서 돌봄을 받을 수 있도록 노인복지정책이 전환되기를 바란다. 또한 지자체 차원에서 운영하던 것을 국가 정책으로 전면 확대하고 복지부는 돌봄 안심 주택도 짓고 돌봄 인력도 확충해 좀 더 노인들이 편안하고 안전한 곳에서 돌봄을 받기를 바란다고 했다. 네덜란드는 환자, 의료진 등이 한마을에서 '이웃'처럼 자연스레 생활한다고 한다.

〈외국 사례〉

일본 지방도시에 혼자 살고 있는 80세 남성 A씨는 20년 전 뇌경색을 앓았고 그 후유증으로 좌측 반신 마비 증세와 언어장애가 있다. 2년 전 고관절 골절로 수술까지 받아 혼자서는 일상 생활을 할 수 없는 상태다. 하지만 A씨는 병원이나 요양시설이 아닌 살던 집에서 지내기를 원했다. 그가 입원한 병원에서는 의사, 간호사, 의료사회 복지사, 물리치료사, 케어 매니저, 복지용구 전문가 등이 참여하는 퇴원계획 회의를 열고 대책을 마련했다. 회의 결과에 따라 A씨는 월 1회 정기적인 방문 진찰과 검사, 건강상담을 포함하는 의료서비스를 받고 주 2회 방문 물리치료, 방문간호 및 방문요양서비스 등이 포함된 퇴원계획을 마련하고 본인 집에서 생활하고 있다. 노인이 생활하는 데 불편함이 없도록 미끄럼을 방지하는 안전 바닥재를 깔고 욕실에는 안전 손잡이를 설치했다. 전동침대와 실내용 휠체어도 대여했다.

A씨의 경우 지역 인프라를 기반으로 포괄적인 의료, 요양 및 돌봄 서비스를 제공해 불필요한 입원에 따른 삶의 질 저하와 가족들의 부양부담 증가를 막을 수 있었다. 초 고령사회로 진입함에 따라 날로 늘어나는 사회적 비용에 대한 실효성 있는 대안을 마련해 사회서비스 혜택을 국민 모두가 누리도록 하는 프로그램이다.

〈우리나라 사례〉

우리나라는 특히 베이비붐 세대의 노령화로 인한 초고령사회 진입이 머지않은 상황에서 돌봄 서비스는 반드시 필요하다. 이를 위해 정부는 '지역사회 통합 돌봄 기본계획', 일명 '노인 커뮤니티케어 프로그램'을 발표했다. 이는 주거 지원, 방문 건강관리 및 방문 의료, 재가 요양 및 돌봄 서비스 등을 제공해 노인이 요양병원이나 요양시설에 들어가는 대신 살던 곳에서 자립적인 생활을 할 수 있도록 정부가 복지와 의료 서비스를 제공하는 것이다. 방문 건강관리 서비스는 의사와 간호사 등이 퇴원 환자나 건강 상태가 우려되는 노인 집을 찾아가 혈압·혈당 등을 확인하고 만성질환 등을 관리해주는 것이다.

노인의 절반 이상(57.6%)은 자신이 살던 곳에서 여생을 마치고 싶어한다는 조사 결과도 있다. 우리나라에도 노인들이 병원이나 시설로 삶의 터전을 옮기지 않고 자신이 살던 지역에서 의료 돌봄 서비스를 받는 시스템이 하루빨리 정착돼야 한다.

### 1) 노인 돌봄 형태

돌봄에 대한 관심은 크게 두 가지 관점에서 제기된다. 첫째는 돌봄을 받는 자의 관점이다. 인간의 상호의존성(interdependency)이라는 시각에서 보자면 자신의 힘만으로는 살아나가기 힘든 약자를 누군가 돌보지 않을 경우 발생할 일들을 우려하지 않을 수 없다. 현대 복지국가에서는 돌봄을 받는다는 것이 시민으로서의 권리로 정립됐다. 요컨대, 돌봄의 사회화 문제를 바라봄에 있어서 돌봄을 받는 자의 관점과 돌봄을 제공하는 자의 관점이 동시적으로 인지돼야 할 것이다. 이때 돌봄을 제공하는 자의 시민권은 경제적인 독립성을 유지할 권리와 더불어 누군가를 돌볼 권리가 모두 시민적 권리의 일부라는 점을 인정하는 데서 출발한다.

돌봄을 받는 개인마다 다른 욕구를 갖고 있는 돌봄 영역의 운영은 복지혼합과 효율성의 추구 과정에서 공공이 생산해 공급하던 돌봄 서비스는 주로 민간시장의 영역으로 넘어가고 있다. (Knijn, 2001). '복지혼합(welfare mix)'이나 '책임의 공유(shared responsibility)', '선택의 자유'라는 정당화 논리가 있었지만, 결국 초래된 현상은 돌봄의 시장화이며, 이에 따른 돌봄 일자리 질의 하락이었다.

네덜란드를 비롯한 유럽 국가들에서는 돌보는 자와 돌봄을 받는 자 간에 공식적인 고용계약을 맺도록 하고 노동법의 적용도 받게 하였지만 돌봄 일자리의 질이 급격히 떨어지는 것을 막지는 못했다. 핀란드나 노르웨이, 스웨덴의 경우 돌봄을 재가로 돌리면서 개인화하는 경우에도 돌봄 제공자와 지방정부가 직접 고용계약을 맺고 개별 가정으로 파견한다(Glendinning, 2006).

대부분의 국가에서 가족이나 친지도 돌봄 제공자로 고용할 수 있도록 하는 정책설계를 갖고 있는 점을 감안하면 무엇보다도 중요한 근본적인 해결책은 영리부문 또는 개인근로자 단위의 비공식적인 서비스 공급을 줄이고, 공적 공급과 제3섹터의 비중을 높이는 것이 될 것이다.

다음은 돌봄 노동의 사회화는 다섯 가지 유형으로 구분했다.

① 국가가 직접서비스 제공, 시설 또는 재가파견
② 국가가 재정을 투입해 민간에서 생산한 서비스를 제공, 시설 또는 재가파견
③ 돌봄 받는 자에게 돌봄 서비스를 구매할 수 있는 비용 지원
④ 돌봄 받는 자에게 용도를 정하지 않은 현금급여
⑤ 돌봄 제공자에게 현금급여

유형 ②와 유형 ③, 유형 ④의 확대는 모두 돌봄 서비스의 생산을 주로 민간시장에 의존하게 만드는 유형으로서 돌봄 노동의 상품화(또는 시장화)를 촉진할 가능성이 매우 높다.

한편 유형 ③, 유형 ④, 유형 ⑤의 확대는 돌봄의 역할을 결국 다시 가족, 그 중에서도 여성에게 부여해 돌봄 노동의 재가족화를 낳는 방식이라는 사실을 각국의 제도 사례를 통해 살펴보고 한 사회가 갖고 있는 돌봄의 성격은 일자리의 질에 영향을 미친다.

다음은 각 나라의 노인 돌봄에 대해 살펴보고자 한다.

### (1) 한국의 노인 돌봄 형태

우리나라는 가족의 역할이 중요한 가운데 국가는 재정지원의 역할을 하면서 시장기제를 이용하는 방식을 취하고 있다. 아직까지 가족에 의한 비공식 돌봄이 절대적인 중요성을 갖고 있으며, 새로이 도입된 노인장기요양보험제도를 근간으로 해 공적 서비스가 제공되기 시작했다. 이 서비스는 영리조직과 비영리조직이 경쟁적으로 참여하도록 설계되었으며 정부는 서비스를 구매하는 역할, 즉 재정지원을 담당하고 있다. 위의 다섯 가지 돌봄 서비스의 사회화 유형으로 보자면, 유형 ②,

즉 국가가 재정을 투입해 민간에서 생산한 서비스를 제공하는 방식이 절대적인 위치를 차지하고 있다.

### (2) 외국의 노인 돌봄 형태

#### ① 일 본

- 일본의 노인 돌봄 정책 중 노노 돌봄 정책, 홀몸노인 돌봄 정책, 더블 및 휴식 돌봄 정책 중심으로 소개함.
- 노노 돌봄 정책: 일본의 지난 2016년 국민생활기초조사에 기초해서 보면 65세 이상 돌봄 노인 중 55% 정도는 노노케어이며 이들 중 30% 정도는 75세 이상의 중 고령자 이다. 이렇게 노노 케어는 돌봄 과정에서 위험에 직면할 가능성이 높고 정보 부재로 적절한 의료서비스 제공이 되지 않는 등 여러 가지 문제가 발생함으로 그 대안 책으로 추진되는 대표적인 정책이 지역포괄케어시스템이다. 이는 돌봄 서비스를 이용하는 노노부부 가구의 정보를 사전에 지자체별 케어매니저가 정기·비정기적으로 상황을 파악해 돌봄 제공자의 상태와 그에 따른 부담을 줄이기 위한 대안을 마련하는 등 케어플랜을 가구별로 세우고 그에 맞게 지원함. 돌봄 서비스를 이용하지 않는 노노가구에는 이 시스템이 작동된다.
- 더블 및 휴식 돌봄 정책: 최근 젊은 가구에서는 육아 수요, 노인 가구에서는 돌봄 수요가 늘어가면서 이들 간 상호 수요를 지원하는 '더블 케어' 제도를 운영하며 그 외에도 '리스파이트(respite) 제도(일명 휴식 돌봄 제도)'를 운영하면서 돌봄을 하는 가족이 돌봄 노동을 잠시 내려놓고 휴식을 갖도록 지원하고 있다. 이는 가족 돌봄 제공자의 돌봄에 따른 누적된 피로도와 스트레스를 해소해 주기 위함이 주된 목적으로 도입 배경에는 실제 돌봄에 따른 피로도와 스트레스는 외부 단절과 고립, 그에 따른 우울증 등 정신적 질환의 유병률을 높일 뿐만 아니라 돌봄을 받는 가족의 학대 등의 위험으로 전가되는 부분이 있었기 때문이다.

② **덴마크**

덴마크에는 돌봄을 받을 노인이 돌봄 제공자를 선택하면 지방정부가 그 사람과 고용계약을 맺어서 급여를 지급하는 제도를 운영하는데, 이때 노인의 가족이나 친지를 고용할 수 있게 돼 있음(Knijn &Verhagen, 2007). 이는 재가파견이고 이용자의 선택을 강조한 형식이지만 국가가 돌봄 노동자를 직접 고용하므로 첫 번째 범주에 포함시킬 수 있다.

③ **스웨덴**

스웨덴은 노인 돌봄 서비스의 제공에 있어서 국가의 역할이 강력한 사례이다. 국가는 전적으로 재정을 담당하고 있을 뿐 아니라 직접적으로 서비스를 제공한다. 국가가 제공하기로 돼있는 돌봄 서비스의 일부는 아웃소싱을 통해 시장에서 생산되기도 한다. 그러나 국가의 역할이 강력하기 때문에 가족에 의한 비공식 돌봄의 비중은 소개된 5개 국가 중에서 가장 적고, 제3섹터의 역할도 미미한 편이다. 다섯 가지 돌봄 서비스 사회화 유형으로 보자면, 국가가 직접 서비스를 제공하는 유형 ①이 지배적이며, 유형 ②가 보충적으로 활용된다.

④ **네덜란드**

네덜란드는 제3섹터를 서비스제공자로 삼아 국가가 지원하는 형태가 강하다. 가족이 커다란 역할을 하고 있으나, 제3섹터는 이러한 가족 내 돌봄 자를 돌보는 기능까지도 수행하면서 중요한 주체로 자리 잡고 있다. 노인에게는 국가로부터 현금이 지급되지만 이것으로 시장에서 제공되는 서비스를 구매하는 방식이 보편적으로 자리 잡은 것은 아닌 것으로 보인다. 국가가 직접 지원해야할 필요성이 있는 노인에게는 직접적인 서비스를 제공하기 때문에 국가의 서비스 제공 기능도 영국이나 이태리에 비해서 보다는 큰 것으로 보이며, 시장의 역할은 소개된 국가들 중에서 가장 미미한 것으로 표시되고 있다. 다섯 가지 유형 중에서 ①, ②, ④가 모두 활용되고 있는데, 이 중에서 유형 ②가 주로 제3섹터를 이용한다는 점이 다른 나라와 구분된다. 네덜란드에서는 돌봄 방법을 명시적인 공론화 과정을 거쳐 지난 1994년 'Committee for the Re-division of Unpaid Work'이라는 위원회를 두어 몇 가지 시나리오를 검토하였는데, 결국 임금노동과 돌봄을 병행하게 하되, 일부 돌봄은 가족 밖으로 아웃소싱 한다는 '조화(combination)' 시나리오를 채택하였고, 시간제근로 청구권, 유급부모휴가 확대, 조세의 개인화, 보육시설 확대, 돌봄 노동에 대한 세금감면 등이 종합적으로 도입됐다(Knijn, 2001). 네덜란드에서는 유사한 제도가 PGB (Dutch CareAllocation or Personal Budget)라는 명칭으로 도입됐다가 지난 1995년에 장기요양보험제도(AWBZ)로 통합된 바 있다.

### ⑤ 영 국

영국은 유형 ②가 지배적으로 활용된다는 점에서 우리나라와 비슷해 보이지만, 국가가 민간을 활용하는 방식은 우리와 매우 다르다. 정부는 제3섹터에는 시설 이용이나 서비스 제공을 대리해 줄 것을 위탁하는 계약을 체결하며, 영리조직에는 아웃소싱 방식으로 서비스를 구매한다. 정부가 노인들에게 직접 서비스를 제공하는 정도는 적은 편이다. 노인에게 지급하는 현금급여가 있다.

### ⑥ 이탈리아

이태리는 돌봄 서비스 이용자인 노인에게 현금을 지급하고 노인은 이를 이용해 시장에서 서비스를 구매하는 유형 ③이 지배적인 형태를 취하고 있다. 가족에 의한 비공식 돌봄의 비중이 절대적으로 중요하며, 국가의 재정지원 없는 사적인 돌봄 서비스의 구매가 시장에서 이뤄지는 양상이다. 이때 서비스 제공자는 이주노동자가 큰 부분을 차지한다. 즉, 돌봄 노동의 시장화는 이뤄졌으나 사회화는 이뤄졌다고 보기 힘들고, 유형 ①과 ②가약하게 나타나며, 유형 ③도 나타난다.

⑦ **프랑스**

프랑스에서 지난 2002년에 도입한 APA (Allocation Personalisee a l'Autonomie)는 돌봄을 받는 노인에게 돈을 주어서 전문적 돌봄이나 친족에 의한 돌봄을 구매할 수 있게 하는 제도이다.

⑧ **핀란드**

핀란드에서 노인 돌봄의 영역에서도 HCAs (Home-care Allowance)가 도입되었는데, 이로 인해 돌봄을 다시 가족의 영역으로 돌려보내면서 국가는 재정지출을 줄이는 정책이었던 것으로 평가된다 (Anttonen, 2001).

[그림3] 돌봄의 선택이 없어지면서 삶의 뿌리가 뽑히는 노인들! 누구와 함께 손을 잡을까?

## 2) 노인 돌봄, 어떻게 해야 하나?

사람들이 사회서비스에 대한 욕구를 느끼는 정도는 소득에 비례하지 않는다. 서비스 질에 따른 가격차별과 추가적인 본인부담은 비단 소득수준이 더 높은 사람들에게 필요한 결과는 아니라는 것이다. 한국보건사회연구원(이하 보사연)은 '돌봄'이 필요한 노인 증가세가 가파르다고 했다. 노인 인구는 빠르게 증가하고 있지만 과거와 달리 자녀가 부모를 부양하는 인식이 낮아지고, 경제력이 없는 노인들은 빈곤 문제에 시달리고 있다. 노인 돌봄의 필요성과 사회적 책임이 증가하면서 정부가 '노인 돌봄 정책'을 통해 지원하고 있지만 여전히 사각지대가 발생하고 있다. 특히 일생생활이 어려운 노인조차 서비스 대상에서 제외되고 있는 것으로 나타나면서 대상 기준을 확대해야 한다는 주장이 제기됐다.

### (1) 돌봄 재정

돌봄 주요 대상인 65세 이상 인구가 지난 1970년 전체 인구 중 3.1%에서 2018년 14.3%, 오는 2040년 32.8%로 증가할 것으로 전망했다. 80세 이상은 지난 2018년 전체인구의 3.2%, 2014년 9.9%로 증가할 것으로 예측했다. 그러나 평균 자녀수는 지난 1970년 4.1명에서 2010년 2.4명으로 줄었고, "노년기에 자녀 동거가 필요하다."고 인식한 비율도 줄면서 사회적 돌봄에 대한 욕구가 증가하고 있음을 시사했다.

이윤경 한국보건사회연구원(이하 보사연) 센터장은 "이에 지난 2000년대 후반 노인 돌봄 정책이 도입되면서 '노인 돌봄'은 자녀와 가족의 책임에서 상당부분을 사회적 책임으로 전환됐다. 노인 돌봄과 장기요양보험에 필요한 재정도 지난 2007~2016년 동안 약 23배 증가했다."고 설명했다.

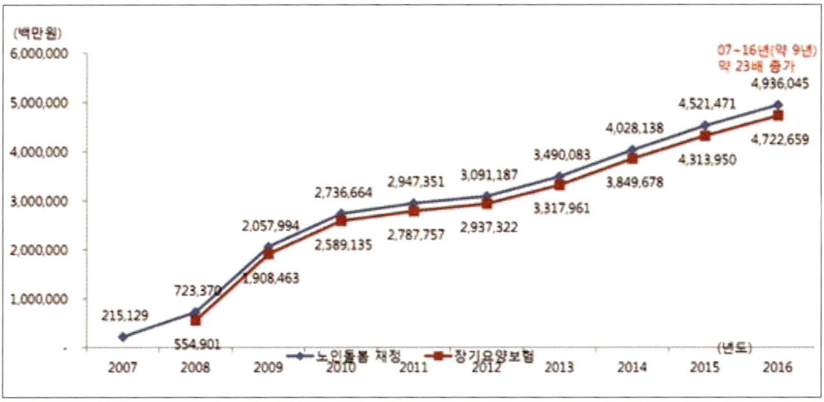


[표9]

## (2) 현재 돌봄 규모 및 사각지대

일상생활수행능력(ADL · activities of daily living)에 제한이 있어 실질적으로 돌봄이 필요한 노인은 지난 2017년 기준 65세 이상 노인의 9.4%로 추정됐다. 약 66만 명 정도다. ADL은 목욕하기, 옷 갈아입기, 식사하기, 앉기, 걷기, 화장실 이용하기 등 기본적인 일상 활동을 독립적으로 할 수 있는지를 측정하는 지표다. 수단적 일상생활수행능력(IADL · instrumental activities of daily living)에 제한이 있는 노인은 11.3% 으로 추산됐다. 약 80만 명 정도다. IADL 제한노인은 신체적 자립능력은 있지만 집안일, 외출, 금전관리 등 활동에 어려움을 겪는 것을 말한다. 문제는 실질적으로 일상 활동이 어려운 ADL 제한 노인 중 장기요양서비스나 돌봄 정책 등을 받지 못하는 노인이 약 4만 6,000명에 달한다는 점이다. IADL 제한 노인 중에서도 독거노인 지원사업 대상자 약 20만 명을 제외하면 약 60만 명이 예비 사각지대에 놓인다.

이윤경 한국보건사회연구원(이하 보사연) 센터장은 “노인장기요양보험과 노인돌봄종합서비스를 확대해 요양이 필요한 대상자를 목표로 요양 보장성을 늘려야한다.”며 “LADL 제한노인에 대해서도 일상생활 지원서비스를 확대해야 한다. 현재 독거노인, 저소득층 중심으로 지원되고 있지만 기능제한 노인으로 확대할 필요가 있다.”고 주장했다. 아울러 서비스 제공기관의 역할 정립과 이용자 중심의 돌봄 전달체계 구축의 필요성도 제기했다. 다양한 돌봄 서비스가 사업단위로 운영되고 있는데, 이용자인 노인 관점에서는 사업간, 서비스 간 구분이 어렵다는 지적이다.

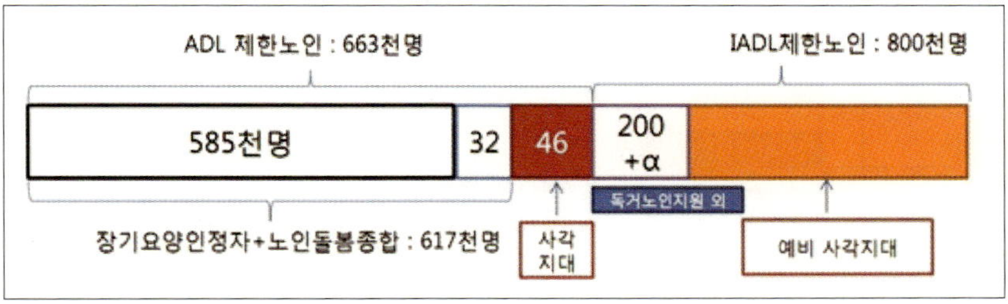


[표10]

## (3) 돌봄 서비스 제도

이윤경 한국보건사회연구원(이하 보사연) 센터장은 “현재 돌봄 서비스 제도는 이용자인 ‘노인’ 관점에서 사업, 서비스 간 구분이 어렵다”고 지적했다. 지원되는 노인 돌봄 서비스는 ▲노인장기요양보험(국민건강보험공단) ▲노인돌봄종합서비스(사회보장정보원) ▲재가노인지원서비스(재가노인지원서비스센터) ▲독거노인지원서비스(독거노인종합지원센터) ▲재가복지서비스(노인복지관, 사회복지관)로 구분되며, 운영 주체와 역할이 중복되거나 다르다.

그는 “노인의 다양한 의료, 요양, 복지 욕구에 대한 통합적 접근이 부족하다.”며 “제도와 서비스 간역할 정립도 부족하다. 요양병원과 요양시설, 장기요양보험과 돌봄종합서비스 그리고 재가서비스에 대한 체계도 부족해 돌봄 욕구 발생 시 최초 컨텍 포인트가 불분명하다.”고 강조했다. 이어 “요양병원과 요양시설 기능 정립, 요양시설과 노인요양공동생활가정, 재가노인지원센터와 이외 재가기관 등 기관의 명확한 역할 정립이 필요하다.”며 “지역단위의 돌봄 컨텍포인트도 일원화하는 작업이 필요하다.”고 말했다.

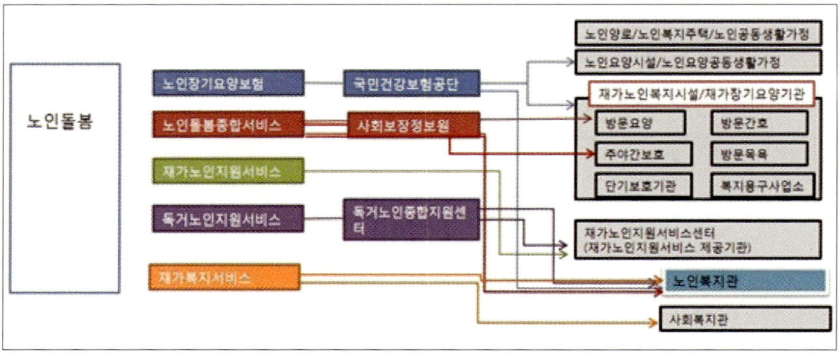


[표11]

### (4) 노인의 미 충족 돌봄과 미 충족 의료

한국보건사회연구원 보건사회연구 최신호에 실린 ‘노인의 미 충족 돌봄과 미 충족 의료에 대한 탐색적 연구’에 담겼다. 지난 2014년 65세 이상 한국 노인 1만 259명(남성 4,207명, 여성 6,052명)을 대상으로 연구를 진행한 결과다. 미 충족 의료는 필요한 의료서비스를 제공받지 못하는 상태를 말하고, 미 충족 돌봄은 일상생활의 어려움을 가진 개인이 도움을 받지 못하는 상태를 말한다. 신체 상태와 인지 기능이 동시에 쇠퇴하는 노인에게 의료와 돌봄은 생존과 직결되는 서비스다. 돌봄과 의료가 필요한 시기에 이와 관련한 서비스를 제공하면 신체 건강의 악화를 사전에 방지할 수 있다. 적절한 시기에 서비스를 제공하기 위해선 미 충족 수요를 파악하는 작업이 필요하다. 또 연구를 진행한 박금령 전문연구원은 "돌봄 수요의 충족 여부에 따라 미 충족 의료 경험 비율이 큰 차이를 보였다. 노인의 의료사각지대를 해소하고, 의료비 지출을 효율적으로 관리하기 위해서는 의료와 돌봄 간 통합과 연계 방안도 고려해야 한다."고 강조했다.

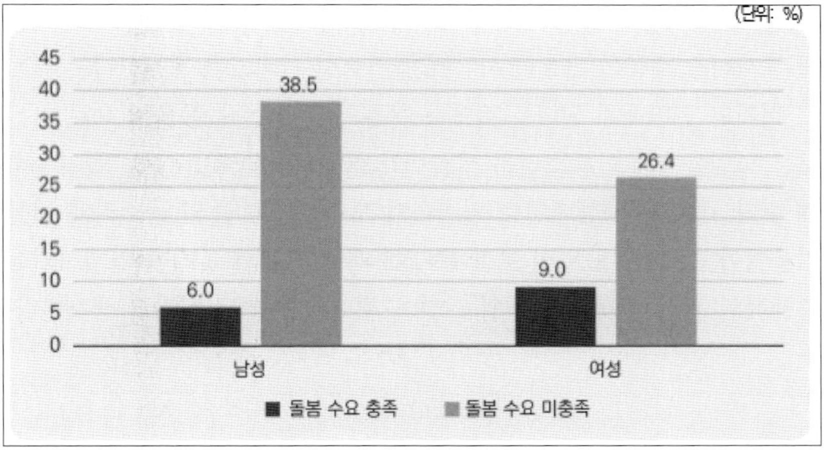


[표12]

현재 실시하고 있는 노인 돌봄은 바우처 방식을 통해 가능하지 않다는 전제의 공유이다. 나아가 노인 돌봄과 관련한 제도에 대한 총체적 검토가 시급하다. 현재 시행하고 있는 〈노인장기요양보험제도〉의 경우만 하더라도 보편적인 서비스로서 기능하기 어려운 근본적 한계를 가진다는 점에서 우려의 목소리가 크다. 국민적 합의과정 없이 문제점이 큰 제도가 시행돼 그것이 그릇된 기준선 역할을 하게 되는 상황 또한 예상된다. 그간 비공식부문으로 존재해온 병원간병 문제를 사회화

하고 공적제도 마련을 하는 것이 시급하다는 제기 역시 수년 간 이어져 오고 있다. 이와 같이 노인 돌봄의 문제와 관련해서는 여러 분야와 제도가 맞물려있다. 따라서 결코 뗄래야 뗄 수 없는 부분들을 행정편의상 파편화시켜 비효율적이고 오히려 국민의 권리를 침해하는 제도로 만들 것이 아니라, 장기적인 안목과 신중한 태도로 접근할 필요가 있다.

노인 돌봄과 관련한 공공인프라를 어떻게 확충할 것인지에 대한 대책이 전무한 상태에서의 제도시행은 결국 영리기관의 난립을 부추기고 있는 꼴이다. 이렇게 공공적 방식이 아닌 시장화된 방식에 전적으로 의존하는 서비스 제공은 필요한 사람에게 필요한 서비스를 제공한다는 서비스 취지와 전면배치 된다는 점에서 문제이다. 이는 돌봄을 필요로 하는 모든 노인들에게 만족스러운 서비스가 골고루 제공되는 것을 불가능하게 한다. 정부는 생색내기로 일관하기 보다는 국민들의 목소리에 귀를 기울여야 할 것이며 노인 돌봄 문제에 대해 의료와 복지를 연결시키는 총체적인 관점을 갖고 공동의 실천을 해나가야 할 것이라고 생각한다.

## 08 4차 산업 혁명 속에서 노인 돌봄과 인공지능로봇의 관계

지난 2018년 1월 30일 서울 더플라자 호텔에서 열린 "4차 산업 혁명, 로봇 소피아에게 묻다."에 다녀온 적이 있다. 초청 인공지능 로봇 소피아의 한복을 입고 등장한 모습은 많은 사람들의 관심을 끌었다. 인공지능 로봇의 변화가 우리 인간들의 삶에 어떤 변화를 가져다줄까?에 대해 생각해 보는 계기가 됐다.

로봇의 활약상이 인간과의 관계에서 어디까지 돌봄에 적용 되는가에 대해 과거와 현재 노인들의 삶을 비교해 본다면 4차 산업 혁명 시대 속에 살아가는 노인들에게 인공지능 로봇이 사람 곁에서 과연 동반자 역할을 잘 수행 해 나아갈 수 있을까?에 질문을 던져본다. 그러므로 인공지능로봇이 노인들의 생활 모습을 어떻게 변화 시킬까에 대한 해답도 얻을 수 있을 것 같다. 현재 개발 되고 있는 인공지능 로봇의 발전 형태를 보면 우리 인간들의 미래 생활 변화도 예측해 보며, 인공지능 로봇은 앞으로 더욱 진화되며 변화를 계속 할 것으로 본다.

현재 우리 사회에서 4차 산업혁명은 지금 빛의 속도로 전개되고 있다. 속도(Velocity)면에서 1~3차 산업혁명과는 달리 선형적 속도가 아닌 기하급수적 속도로 전개(세계가 다면화, 상호 깊게 연계, 신기술이 더 새롭고 뛰어난 역량)되고 있으며 범위와 깊이(Breadth and depth)면에서 디지털 혁명을 기반으로 다양한 기술을 융합해서 개인만이 아니라 경제, 기업, 사회를 전례 없는 새로운 패러다임으로 전환, '무엇을' '어떻게' 하는 문제만이 아니라 우리가 '누구인가'에 대해서도 변화를 일으키고 있다. 또한 시스템 충격(System Impact)면에서 국가 간, 기업 간, 산업 간 그리고 사회전체 시스템의 변화를 수반한다. 4차 산업혁명의 기술은 물리학 기술, 디지털 기술, 생물학 기술의 상호 연계 및 융합 물리학(Physical) 기술, 디지털(Digital) 기술, 생물학(Biological) 기술 등으로 다양한 분야에서 이뤄지고 있다.

4차 산업 혁명 속에서 노인 돌봄에 활용될 로봇이 과연 인간을 대신해서 대체 가능할까? 이에 대해 저자는 다양한 현장 경험을 한 자로서 묻지 않을 수 없다. 오늘날 우리는 4차 산업 혁명시대에서 첨단기술이 빠른 속도로 지속적인 성장과 혁신적인 발전, 변화하는 사회 속에서 생활한다. 하지만 인공지능시대라 해도 사람의 심리 및 감성, 인간관계, 인성, 윤리 등 기능을 감당하기에는 부족한 현실이다. 그래도 저자는 인공지능로봇의 역할에 대해서 긍정적으로 생각을 한다.

현재 노인 돌봄에서 가장 필요로 한 것은 돌봄을 필요로 하는 자들에게 따뜻한 가슴으로 함께 마음을 나누는 것이라 생각한다. 돌봄에는 정서와 애정의 강조가 돌봄 이용자와 돌봄 제공자의 관계에 작동되는 방식에 주목해야 한다. 물질적인 것은 본인의 의지나 주변의 관심, 정부정책 차원에서 해결 된다고 본다. 그러나 인간의 마음을 헤아리는 것은 함께 인생을 해로한 사람도 100% 알 수 없듯이 로봇에 대한 대체수단의 만족도에 한계라 생각한다. 그렇다면 앞으로 노인 돌봄에 로봇의 활용도에 대한 가치 연구가 더 필요다고 본다.

## 09 '좋은 돌봄'과 관련해 일본노동자협동조합 초청 한일토론회를 개최

우리나라는 지난 2008년 7월 노인장기요양보험법이 시행된 이후 노인 돌봄 분야는 양적으로 급성장했다. 지난 2014년 말 기준으로 약 42만 5,000명이 이용(65세 이상 노인의 약 6.6%)하고 있고 급여지출 규모는 약 3.9조원, 요양보호사는 약 28만 명에 달한다. 이 같은 양적 성장에 비해 질적 발전은 아직 요원하다. 무엇보다 돌봄 이용자와 돌봄 제공자 간 상호존중의 문화가 미흡하다. "요양보호사님 감사합니다." "어르신! 마음까지 보살펴드릴게요." 이런 대화가 아쉽다고 했다.

그럼 "좋은 돌봄의 길은 무엇일까?" (사)보건복지자원연구원은 한일요양제도 토론회에서 '좋은 돌봄 실천전략'을 주제로 한 강연에서 "돌봄을 받는 사람, 돌봄을 주는 사람, 그리고 돌봄이 이뤄지는 우리 사회 모두를 인간화(人間化) 하자는 것이다. 이를 위해서는 돌봄 종사자가 직업적 자긍심과 재량권을 갖고 충분한 사회적 보호를 받으면서 일할 수 있도록 제도적 환경이 뒷받침돼야 하고 돌봄을 받는 사람들의 인권도 보호돼야 한다."고 한다.

또 다른 토론자는 노인들이 살던 곳에서 노후를 보낼 순 없을까에 대해 고민해 볼 때 'Aging in Place'는 살던 곳에서 노후를 보내는 것을 뜻하는 것으로 돌봄의 당사자인 노인의 입장에서 보면 평소 안면이 있는 친밀한 이웃들과 함께 살아온 가족관계 속에서 돌봄이 이뤄질 때 만족도가 높다고 하면서 일상생활의 연속선상에서 돌봄이 이뤄지는 환경을 조성해야 한다고 강조했다. 마을은 가족과 이웃이 함께 살아가는 장소로 마을에서 어린이를 돌보는 육아시스템이 필요하듯이 노인을 돌보는 마을시스템이 절실하며 마을에서 안정적이고 지속가능한 시스템으로서 정부, 지자체는 이런 마을 돌봄 네트워크를 구축할 수 있도록 공간을 지원해야 할 필요가 있다고 했다.

일본은 개호보험이 시행되면서 '돌봄의 시장화'가 빠르게 진행됐다. '예방 중시 사회'를 위해 '개호(돌봄)의 사회화'가 필요하다 보고 협동노동으로 돌봄 서비스 시장에 진입했다. 전국 각지에 지역복지사업소를 만들어 개호보험제도의 틀을 넘어 '커뮤니티 케어(communicaty care)'를 실현하려고 한 것이다. 지역의 요구에 부응하는 사업을 지역주민들과 함께 만들어 가는 것으로 고령자 자립지원과 임종까지 살피는 사업을 '서로 성장하는 관계 만들기가 곧 좋은 일자리 만들기 이고 협동조합이 이에 적합한 방식'이라고 강조했다.

이렇듯 사회적 돌봄이 필요한 누구라도 그 지역 안에서 안심하고 살아갈 수 있다는 것은 당연한 것이다. 노인 돌봄에 있어 많은 시간과 노력이 필요할 것이며, 예상하지 못한 상황에 맞닥뜨릴 수도 있다. 그럼에도 불구하고 우리 사회가 좋은 돌봄에 대해 포기해서도 안 된다. 그게 바로 인권이 바로 서고 국민이 행복한 복지국가의 모습이기 때문이다.

## Epilogue

현재 우리나라에서 노인 돌봄은 총체적인 변화를 가져오는 방향이어야 한다. 복지국가의 주요의제인 노인 돌봄의 제도화를 통한 돌봄을 사회적 영역으로 가져옴으로써 돌봄의 가치를 사회적으로 자리매김할 수 있는 방향이어야 한다. 보편적 사회서비스를 제공하는 우리나라에서 복지 재정이 과연 충분한가에 대해 생각해 보면서 노인 돌봄 서비스는 상대적으로 점점 더 요구가 늘어나므로 개개인의 욕구에 맞게 돌봄이 이뤄졌으면 한다.

노인 돌봄의 형태는 다양하다고 볼 수 있겠지만 수당보다는 서비스를 확충하고, 사적 부문에서보다는 공적 부문을 확대해 좋은 돌봄 서비스를 제공했으면 좋겠다. 대인관계에서 이뤄지는 돌봄 과정이 선물이나 도덕으로 보는 것이 아닌 돌봄 제공자와 돌봄 이용자가 함께하는 세상 속에서 인간다움을 향유하는 권리로 볼 때 이는 '좋은 돌봄'일 것이라 생각한다.

노후의 삶은 국가가 책임져야 한다고 주장한다. 현재 우리나라에서 나타나는 노인 돌봄의 변화는 돌봄 제공의 주체가 가족에서 사회로 이동하고 있다는 것이다. 노인들의 이야기는 대개 같은 구조를 지니는데 가족이나 집으로 돌아가고픈 심정의 토로가 대부분이다. 모든 이야기의 끝은 돌아가고 싶은 집이나 자식들과 함께 있고 싶다는 욕망일거라 생각한다. 가족 밖으로 나온 노인들에 대해 지난 2008년 노인장기요양제도 출범 이후 확산되고 있는 '좋은 돌봄'과 관련된 다양한 담론들을 찾아보고 노인 돌봄을 문화현상으로 접근해 바람직한 '좋은 돌봄' 문화에 대해 다시 생각하게 됐다.

우리나라는 세계에서 가장 빠른 고령화 속도를 보이고 있으며 지난 2017년 8말 행정안전부 주민등록 인구통계에서 전체 인구 중 노인인구가 14.02%로 고령사회로 진입을 발표했다. 고령화 속도와 수명의 연장은 건강수명과 의존수명 차이를 보이며 국가와 사회의 노인 돌봄에 대한 관심이 커지고 있다. 고령사회 진입이라는 현실에서 돌봄 서비스와 관련된 문헌과 통계자료를 활용해 노인 돌봄에 대해 알아보았다. 이에 기존의 연구들을 확인해 본 결과 몇 가지 의견을 내 보고자 한다.

**첫째, 여전히 노인복지서비스 대상은 선별주의를 선택하고 있었다.**

우리나라의 사회서비스는 제도적으로 보편주의 방식을 추구하지만 실제 자산조사 및 예산의 부족으로 인한 우선순위 적용으로 선별주의를 따르고 있다. 빠른 고령화 속도로 인한 노인인구 증가는 서비스를 필요로 하는 대상 노인은 많으나 서비스를 이용하는 이용자는 적으며 선정기준 적용으로 제도에서 제외되는 사각지대 노인이 증가하고 있는 현실이다. 이에 노인 돌봄 서비스 대상자 선정원칙은 보편주의를 기반으로 한 선별주의가 채택돼야 한다.

**둘째, 노인돌봄기본서비스의 급여는 한정적으로 나타났다.**

안부확인 및 일상생활 교육 등 단편적인 서비스에 국한돼 있어 노인들의 다양한 복지욕구를 반영하기 어렵다. 또한 노인들의 관심사인 건강에 대한 의료서비스가 제외돼 있어 전문적이고 개별화된 서비스가 제공되고 있지 않는 것으로 나타났다.

**셋째, 이원화돼 있는 전달체계는 대상자의 선정, 급여의 제공, 재원의 운용 등에서 효율성과 합리성을 저해하는 요인으로 나타난다.**

노인복지서비스 전달체계는 서비스 대상에 대한 통합적인 관리가 어렵고 중복서비스, 서비스의 오남용, 서비스의 누락 등으로 나타나고,

서비스제공자들의 업무가중과 혼선의 문제로 이어진다. 이는 객관적인 평가로 모니터링은 이원화돼야 한다. 또한 서비스를 제공받기 위해서는 접근의 편리성을 확보하는 방안이 마련돼야 한다.

**넷째, 노인 돌봄 서비스의 재원은 조세, 사회보험, 수익자부담의 원칙 등의 다양한 재원확보를 위한 노력이 요구된다.**

노인복지서비스 재원은 노인인구 증가로 한정된 예산으로 서비스에서 제외되는 노인이 증가하고 있다. 노인 돌봄 서비스 예산이 부족할 경우 우선순위를 적용해 서비스를 지원하고 있어 대상에서 제외된 사각지대노인이 증가하고 있는 것이다. 따라서 보편적 서비스로서 노인 돌봄 서비스가 제공되기 위해서는 재원확보방안의 다양한 방법을 모색해 욕구에 맞는 서비스 제공에 차별이 발생하지 않도록 해야 한다.

따라서 돌봄 이용자와 돌봄 제공자를 위한 전문적인 교육, 상담, 자조모임, 처우 및 인식 개선 방안 마련, 서비스 홍보 및 안내 등의 복합적인 서비스 제공 및 확대를 통해 비공식적인 돌봄과 공식적 돌봄의 균형 정책 및 이에 대한 지원이 필요하다고 생각된다.

**다섯째, '노후가 걱정 없는 행복한 노후생활'을 위한 실질적 이행을 위해 다각적인 면에서 4차 산업혁명의 필요성을 제기한다.**

4차 산업혁명의 한 분야 중 노인의 돌봄 영역, 생활안전영역, 삶의 질 영역 등에 긍정적인 영향을 미치도록 첨단기술과 연계한 노인관련 다양한 사업이 현장에 적용될 수 있도록 해야 한다.

차세대 사회보장정보시스템을 구축해 거주지 읍면동을 찾아가 복지급여를 일일이 신청해야 하는 불편을 없애고, 인공지능을 활용한 수급자 관리를 통해 업무효율도 높여 나갔으면 한다. 또한 빅 데이터와 지리정보를 활용해 생활권 단위까지 복지자원과 수요를 파악하고 맞춤형 복건복지 서비스를 정책 체감도를 높이는 게 좋겠다고 생각한다.

지난 2년을 포용적 복지국가로 가기 위해 법 제도의 틀을 갖추고 각종 정책을 본격적으로 도입해 추진한 시기였다면, 앞으로의 보건복지 정책이 노인들의 삶을 실질적으로 변화시키고 일상생활 속에서 안정감과 행복감을 느낄 수 있도록 하는데 모든 역량을 다했으면 하는 바람이다.


[참고문헌]

- 박선영. 2011. “비공식부문 돌봄 노동자의 노동권 보장방안-간병노동자를 중심으로”. 한국사회정책학회 주최 2011 춘계학술대회 자료집 발표문.
- 송다영. 2011. “돌봄에 관한 자유선택 논의의 함정과 대안모색”. 한국사회정책학회주최 2011 춘계학술대회 자료집 발표문.
- 고숙자, 2014, “우리나라의 건강수명 산출”, 한국보건사회연구원, 「보건·복지 Issue&Focus」 제247호
- 김경희·강은애. 2011. “고령화사회의 돌봄 노동: 노인 돌봄 노동자를 위한 돌봄의 필요성과 정책개선방안”. 한국사회정책학회 주최 2011 춘계학술대회 자료집발표문.
- 김나영, 2011, 노인돌봄종합서비스 공급 주체의 효과적 역할분담 방안에 관한 연구, 부산대학교대학원 석사학위 논문
- 김윤수·류호영, 2012, “사회적 돌봄 서비스 만족도에 대한 영향요인 분석”, 「보건사회연구」 32(3):298-326

- 김정태, 2009, 노인장기요양보호제도에 관한 국가간 비교연구: 스웨덴, 독일, 일본, 한국을 중심으로, 고려대학교 인문정보대학원 석사학위청구논문
- 마경희. 2010. "일 중심 사회에서 돌봄 사회로: 성찰-상상-실천". 인권재단 주최2010 제주인권회의 자료집 발표문.
- 문순영. 2008. "돌봄 노동 일자리의 일자리 질에 대한 탐색적 연구". 사회복지정책 33(6): 207-237.
- 박병헌 외, 2011, 「노인돌봄종합서비스발전방안」, 보건복지부
- 윤홍식·송다영·김인숙. 2010. 가족정책: 복지국가의 새로운 전망. 서울: 공동체.
- 이수경, 2012, "노인돌봄종합서비스의 발전방향 모색: 네 가지측면(대상, 급여, 전달체계, 재정)의 정책분석을 중심으로", 「지방정부연구」, 제16권제3호: 329-346
- 이종옥. 2018. 서울市立大學校 都市科學大學院
- 전용호, 2015, "노인 돌봄 서비스의 전달체계에 관한 연구: 공공부문 인력과 공급자의 관점을 중심으로", 「한국보건사회연구」, 35(2):347-379
- 정소연·김은정, 2009, "노인 돌보미 바우처서비스 효과성과 영향요인: 노인부양가족 생활상의 긍정적 변화를 중심으로", 「가족과 문화」, 제21집 1호: 117-149
- 주인자, 2014, 노인돌봄종합서비스 품질이 재이용의사에 미치는 영향, 서남대학교대학원사회복지학과 박사학위 논문
- 진재근. 요양시설 안 가도 되는 '노인 돌봄 서비스' 필요. 웰다잉강사
- 최성은, 2013, 한국 노인장기요양보험제도의 특성과 발전방향 연구, 고려대학교 노동정책대학원 석사학위청구논문
- 최희경, 2009, 「노인에 대한 사회적 돌봄과 돌봄서비스의 질 보장」, 집문당.
- 국회입법조사처, 2014, 「노인 돌봄 서비스사업의 실태와 개선과제」
- 한국사회의 젠더와 건강 불평등 연구(Ⅱ): 노인 돌봄과 학대를 중심으로 기본/일반연구/연구보고서. 2019. 2. 13.
- NAVER
- 국민건강보험(www.nhis.or.kr)
- 조선일보
- 한국보건사회연구원, 2016, 통계로 보는 사회보장

# 4차 산업혁명 시대 속에서의 돈의 심리

6

# 4차 산업혁명 시대 속에서의 돈의 심리

**천 은 주**

필자는 현재 칼빈대학원 상담심리치료학과 석사과정에 있으며 한국법최면 수사학회 회원, 대검찰청 법최면수사학회 커뮤니티 전문강사, 재무심리협회CFT, NPTI 연구소 마스터 CFT, 머니튜터 강사, 재무인성강사, CFT강사로 활동하고 있으며 의식성장연구소, 사람과자연 최면 연구소를 운영 중에 있다.

# Prologue

이 글을 쓰려는 목적은 돈이 많고 돈 걱정 없는 사람에게는 필요치 않다. 하지만 항상 돈에 시달리고 해도 해도 돈이 안생기고 매일이 불안한 사람. 미래가 두려워서 현재를 제대로 느끼지 못하고 지옥이 지금인양 사는 이들에게 제 이야기를 통해서 조금이라도 희망과 위로가 되고자 '이렇게 하면 되더라'는 개인적인 의견과 사실을 이야기 하고자 한다.

이 글은 어떤 이에게는 "이 사람 무슨 소리야? 난 그 정도는 아니야." 하시는 분들도 많이 계실 것이다. 하지만 정말 절망에서 누구의 말도 나에게 도움이 되지 않고 어렵고 절망에 빠져 있는 이들이 읽어주고 공감한다면 그동안 돈을 공부한 사람으로서 기쁘고 이 세상에 절망이란 있지 않다는 것을 꼭 알려주고 싶다.

쉬지 않고 일하는 사람, 열심히 죽을 똥 살 똥으로 일하는 사람, 매일 매일 노동의 대가로 받는 몇 만원, 몇 십 만원을 받으면서 사는 이들. 그래도 그 돈이 어디로 갔는지도 모르게 없어지면서 돈이 나에게 붙어 있지 않고 아이스크림 녹아서 없어지듯이 말일이면 카드 값 갚기 바쁜 사람. 빚은 늘어가고 도대체 해결책은 보이지 않고 그나마 일을 안 하면 수입도 없는 이들에게는 내가 겪어낸 일들은 남의 일 같지 않을 것이다.

오랫동안 '빚'이라는 단어에 시달리고 돈이 없어 하고 싶은 것을 못하고 남들과 비교해서 난 항상 쪼그라들면서 "도대체 나는 왜 이렇게 살아가고 있지? 이 세상에 모든 이들의 웃음은 행복하게 보이는데 나에게는 왜 불행이 꼬리를 물고 일어나는 걸까?" 하고 슬픔에 빠져 있을 때. 그 불행의 연속으로 병을 얻고 마음에 상처를 입고 매일 아침이면 눈을 안 뜨면 안 되나 하는 맘으로 매일이 괴로운 어느 날을 보낼 때.

"나만 타인으로 이 세상에 왔나보다. 나만 이방인인가 보다. 왜 나만 불행한 걸까? 내가 뭘 그렇게 잘못산거야? 저들과 무슨 차이가 있냐고?" 하면서 하늘을 쳐다보며 원망을 하고 명동성당까지 걸어가다가 문득 "뭐지? 내가 왜 이렇게 힘든 거지? 힘든 이유가 뭔지도 모르고 힘듦을 겪고 있다."는 거에 생각이 멈췄다.

힘든 이유가 아이·남편·부모·형제·친구 때문에 등등 온갖 거에 대입시켜보다가 결국 내가 내린 결론은 '돈' 때문이었다. "난 돈 때문이 아니야. 돈은 많이 가져도 안 돼. 황금 보기를 돌같이 보라고 했어. 돈이 세상사는 전부는 아니야." 이런 말들이 마구 떠올라 나를 포장했지만 결국 나는 돈 때문에 힘들고 아무리 포장을 해도 그 아름다운 포장지를 다 뜯어내고 나면 남아 있는 것은 결국 '돈' 이었다.

근데 난 왜 이걸 몰랐지? 왜 돈 때문에 힘든 걸 알면서 왜 나는 돈 때문이 아닌 척 했지? 결국 왜 터놓고 난 돈이 없어 힘들어 소리를 못하는 거냐는 거다. 이렇게 하나하나 들여다보면서 무엇을 해야 할지 답을 찾는데 결국 그것은 '돈 공부'였다. 그래 학교 공부는 했고 뭐 부모가 가르쳐준 것은 했지만 학교에서 돈은 뭐다, 돈은 어떻게 다뤄야 한다, 돈의 속성 등을 가르쳐 준적 없고 나쁘게 돈을 벌거나 쓰면 안 된다고만 가르쳐준 것뿐이 없었다.

나쁘다, 좋다도 사실 이해 가지 않게 남의 돈을 빼앗으면 안 된다, 그러면 감옥 간다, 사기 치면 안 된다 등만 가르쳤지 돈을 많이 벌려면 어떻게 해야 한다, 돈을 벌었을 때 어떻게 해야 한다는 건 가르쳐준 적이 없다. 그래서 난 돈에 대해서 알아보기로 했다. 알아보고 알아차리고 고쳤기 때문에 편안하게 된 것에 대한 이야기를 써 내려갈 것이다.

이 책에 나온 말은 모두 내가 겪어낸 일들이기 때문에 무의식, 의식, 초 의식에 대한 이야기도 있음을 먼저 이야기 하고자 한다.

## 01 나의 성장과정 속에서 돈이란?

### 1) 유년기

어린 시절 시골에서는 부모님이 밑에서 그렇게 부자는 아니었지만 가난하지도 않았다. 어린 시절 난 돈이 서랍을 열면 언제나 있는 것이라는 걸 알고 있었다. 담배 가게를 하는 엄마는 5단 서랍장 이라고 하는 서랍에 돈 통과 담배를 넣어 두셨다. 그래서 학교 갈 때는 항상 가방을 챙기고 마지막에 하는 일은 서랍을 열어서 동전 한 움큼 집어 들고 학교에 가는 것이다. 그 돈이 얼마 인지, 그 돈을 가져가면 안 된다는 것도 모르고 그저 저 돈을 가져가면 과자와 바꿔 먹을 수 있고 가방을 안 들고 올수도 있다는 것만 알았다. 그래서 난 매일 돈을 쥐고 필통, 가방, 주머니에 넣고 다니면서 친구와 구멍가게에서 쫀득이, 라면

땅, 시큼한 롤 등을 사들고 신작로는 먼지가 많이 나니까 가지 않고 돌아가자고 하면서 논두렁을 지나서 산길로 접어들었다.

그 산길은 작은 오솔길로 작은 등성 하나를 넘으면 친구의 집이 나오고 전나무 숲을 지나야 우리 집이 있어서 항상 그 친구와 협상을 해야 했다. 예전에는 그 동산도 전나무도 전설이 많았는지 무서움을 타는 초등학생의 나에게는 그 길은 공포의 길이였다. 지금 생각하면 아무것도 아니지만 그 길은 내 몸의 10배도 넘는 전나무가 빼곡히 들어 있어서 낮에도 햇살이 안 들어오고 어두웠다. 그 어둠에서 나오는 이야기들은 어린 나에게는 공포여서 그 길을 그 씩씩한 친구가 데려다 줘야하기에 항상 그 친구의 간식은 내가 사주고 그 친구는 내 가방과 그 전나무 숲을 무사히 데려다 주는 것으로 무언의 계약을 맺었다.

그때 내 머릿속에는 돈은 언제나 서랍에서 나오는 것이고 돈만 있으면 내가하기 싫은 일을 다른 사람이 해줄 수 있다고 인식했는지도 모른다. 훗날 이 동전이 나의 무의식에서 어떤 작동을 했는지를 알면 깜짝 놀랄 것이다.

## 2) 청년기

초등학교 6학년 정도였을 때 아버지는 사업으로 바쁘셨지만 결국 집안은 완전히 빈털터리가 됐다. 가난이라는 말이 실감은 나지 않지만 어렵게 중학교를 다니면서 돈이 없으니까 "투정부리면 안돼."하면서 정말 투정 안 부리고 운동화 떨어지면 떨어진 대로 엄마가 힘드니까 난 엄마한테 뭐 사달라면 안 돼를 심으면서도 갖고 싶은 것은 또 다가졌다.

그것은 왜냐하면 작은 동네이니 그 작은 동네 학교 앞 가게도 물론 다 아는 사람이었다. 엄마는 필요하면 그 가게에다 적어놓고 "학용품 사라. 그러면 엄마가 갚아 줄게." 그 말에 나는 엄마 생각해서 필요한 것만 사야하는데 철없는 나는 운동화는 아껴 신으면서도 과자 사먹는 것은 초등학교 때 그대로였다.

아마 이때부터 난 균형 있는 소비를 하지 못하는 사람이었다고 본다. 그래서 난 그때부터 외상으로 먹는 것을 아무렇지도 않게 생각하면서 과자를 사먹고, 사주고를 계속하고 있었다. 물론 외상으로. 고등학교 때는 다행이 아버지 사업이 잘되면서 회복됐기 때문에 큰 어려움 없이 살았다. 그때 당시에 엄마와 함께 아버지가 준돈을 엄마의 청색 벨벳 가방 지금의 기저귀 가방만한 크기에다 돈을 잔뜩 넣고서 버스터미널에서부터 둘이 손가방 끈 하나씩을 나눠들고 집으로 올 정도로 회복이 되면서 차도 있고 운전기사도 있고 그런 생활을 몇 년 했다.

그러다가 또 몇 년 못가서 아버지는 집에 없었고 빚쟁이들은 하루가 멀게 몰려오고 집을 지었는데 담을 만들 돈이 없어서 대문만 세워진 집에서 살았다. 200평 땅에 50평 2층 양옥집을 뒤로하고 빚잔치를 하고 멀리 떨어진 다른 지역으로 가면서 가난이 확 하고 우리 틈을 비집고 들어왔다. 엄마의 고생은 날로 심해져만 갔고 그 와중에도 아버지는 없었다. 대학을 졸업했는데도 취직을 못하고 있다가 작은 개인사무실에 들어가서도 여전히 형편은 낳아지질 않았다. 그런 생활을 하던 중 결혼을 하고 그 결혼 생활도 편안하지 않았다. 그것 역시 돈이 개입돼 있어서 편치 않다는 것을 안 것은 돈 공부를 하고 나서였다.

결혼은 일종의 탈출구였다. 지금과 같이 편안한 탈출구는 어디에도 없고 오직 부딪치고 살아야만 한다는 것을 알았다면 결혼 역시 하지 않았을 것이다. 젊으니까 둘이 벌어서 알뜰살뜰 모으면 되겠지 했지만 돈을 벌겠다고 나와서 자꾸 실패만 하는 나에게는 너무 버거운 결혼이었다.

### 3) 장년기

어느덧 결혼을 하고 아이를 낳으면서 여전히 난 돈을 벌겠다는 일념으로 하루도 쉬지 않고 일을 했는데 돈이 모이기는커녕 빚만 늘어가고 신뢰는 바닥을 쳤다. 될 듯 될 듯하면서 되지는 않고 하기를 반복하니 식구도 주변에도 모두 신뢰를 잃어서 더는 어떻게 할 수 없는 상황에 몰려서 내가 할 일은 오직 종교에 매달리는 것뿐이 없었다. 지금 생각하면 참 막연한 방법으로 종교를 믿고 막연한 방법으로 탈출구를 찾았구나하는 생각이 들게 하는 것이 종교였다.

일하러 가는 대신 열심히 하는 것은 기도였다. 눈만 뜨면 일 하러 가는 게 아니라 기도하러 가고 있었다. 그것도 쉬지 않고 미친 듯이 종교에 미쳐서 새벽기도, 철야기도며 낮에 기도하러 기도원에 가는 등 내 문제를 해결한다고 미친 듯이 돌아다니다가 매일 하늘에 대고 악을 쓰고 내 목소리가 작아서 하늘에 안 올라가는 줄 알고 교회에서 얼마나 소리를 질렀던지 목은 항상 쉬어서 평소에 말을 못 할 정도였다.

그러다가 내면을 들여다보기 위해 천주교로 자리를 옮겨서 내 문제를 외부가 아닌 내부에서 찾기 시작했다. 몇 년을 그렇게 하면서도 돈이 문제라는 건 인식하지 못한 채 내 죄 성만 다루면서 죄의식에 쩌들어 살아가다가 조금씩 현실에 눈을 뜨기 시작했다.

### 4) 현 재

그러기를 몇 년 하면서 내가 겪고 있는 일이 정작 하느님도 주변도 아니라는 생각이 들면서 심리학 공부를 시작했다. 아이의 신체화 증상이 문제가 되면서 최면을 접하게 됐고 상담을 공부하고 대학원을 가고 한 10년 정도를 하다 보니 맘은 많이 편해졌다. 그러나 여전히 형편은 나아졌어도 분명 1만원 쓰던 씀씀이가 10만원, 100만 원을 쓸 형편이 됐는데도 뭔가 항상 부족하고 불편해지는 것이 돈이었다.

이때 돈 공부가 필요하다는 것을 알아차린 순간 난 책방으로 가서 한 권의 책을 집어 들었다. 고꼬로야 진노스케의 「평생 돈에 구애받지 않는 법」이라는 책이 날 돈 공부로 이끈 계기가 됐다. 지금은 돈 공부를 하면서 돈이 무엇인지를 알고 돈에 대해서 자유로워지면서 돈에 대해 힘들어하고 돈 문제를 갖고 있는 사람들을 치료하는 '재무심리 테라피스트'가 됐다.

## 02 나에게 돈이란?

### 1) 돈

네이버 지식백과에서 '돈'이란 '재산이나 재물을 일컫는 말'이라고 나와 있다. 내용을 보면 돈은 국문기록이 시작된 이래로 줄곧 '돈'이라고 표기 됐고 어형의 변화가 없었다. 방언에서도 다른 말을 쓰지 않는다. 제일 중요한 것은 그럼 나는 돈에 대해서 어떻게 생각하고 있는가이다.

### 2) 내가 돈을 좋아하는가?

나는 돈을 좋아할 수 없는 구조를 가졌다는 게 나의 대답이다. 이유는 나에게 돈은 죄로 연결되기 때문에 돈을 좋아할 수 없었다. 많은 심리적 문제에 맨 밑바닥에 깔려 있는 것이 돈인데도 우리는 돈에 의연한 척 돈이 전부가 아니라는 그런 마음으로 세상을 살아가고 있다. 살면서 한 번도 돈에 자유로운 적이 없었는데도 돈이 없는 게 당연하다는 양 살아가고 있었다.

남편의 말은 종교인에게는 돈이 없다는 것이다. "부자가 천국에 들어가는 것이 낙타가 바늘구멍에 들어가는 것 보다 어렵다."라는 말 하나를 붙잡고 부자로 사는 것은 천국이랑 연결할 수 없다고 항상 가난을 선호하면서 지상에서 돈 없이 사는 가난의 지옥을 심어주고 있었다. 어릴 때 엄마의 돈에 대한 가르침은 남의 돈을 가지면 안 된다, 심지어 땅에 돈이 억만금이 떨어져 있어도 네 돈이 아니니 그 돈을 주우면 안 된다는 것이었다.

그러니 나에게는 돈이란 가지면 안 되는 것이었다. 어느새 돈은 나와는 상관없는 그저 물건으로 인식하면서 살았다. 그럼 난 돈을 좋아 하는가? 참 아이러니 하게도 나에게 돈이란 노래의 가사처럼 가까이 하기엔 너무 먼 당신처럼 가까이 하지는 않지만 언제나 연민을 갖고 바라보면서 사랑은 하지만 사랑하면 안 되는 존재로 남아있다.

### 3) 돈은 나에게 꼭 필요한가?

당연히 돈은 꼭 필요하다. "타의에 의해서든 자의에 의해서든 돈을 안 좋아해도 내가 살아가는데 있어서 돈은 필요한가? 당연히 필요하지만 돈을 싫어한다."는 말도 안 되는 생각이 나를 지배하는데 정신 줄을 잡으며 살 수 있었겠는가 말이다. 눈을 감아도 잠을 자도 돈이 들어가는 세상에 살고 있으면서도 돈을 천하고 나쁘게 생각하는데 돈이 나를 선택할 리가 없지 않는가?

잠자는 동안에도 전기세는 나오고, 가스값은 들어가고, 세 값, 몸 하나를 유지시키기 위해서 나가는 돈 등 이런 돈들은 눈만 껌뻑거리고 있어도 나가는 돈이 아닌가? 사람과 사람이 살면서도 관계를 유지해나가려면 기본적으로 돈은 나가고 본인·자식·부모·형제·각종 지인들과의 유지비 등 도대체 돈 없이 이 세상을 어떻게 사는가?

가끔 TV에서 "나는 자연인이다."를 봐도 자급자족한다고 하지만 100% 자급자족이 아니지 않은가? 배추김치를 담아도 배추씨를 사야 하고, 고추를 길러서 가루를 낼 때도 방앗간을 이용해야하고, 밤에 호롱불을 켜든 촛불을 켜든 기름과 초를 사야하는 것을 보면 산에 혼자 산다고 해서 아주 100%로 돈 없이 살 수 있는 것은 아니라는 것이다.

다시 한 번 생각을 해도 돈은 꼭 필요한 것이다. 나에게는 더 돈이 필요한데 왜 돈을 돌같이 보라는 것인지, 왜 돈이 땅에 떨어져도 본채도 말라는 것인지, 돈이 많으면 천국을 못 간다든지, 이런 말을 해서 돈은 꼭 필요한데 돈이 있으면 안 되는 사람으로 만들었는지 도무지 이해가 가지 않는다.

정우식 원장님이 개발한 NPTI 검사지에 "돈이 땅에 떨어지면 당신은 어떻게 할 것인가?"라는 질문이 있는데 이 질문에 나는 처음부터 끝까지 "돈은 주우면 안 된다."에 체크했다. 그러면 안 된다고 설명하시는 원장님께 정말 진지하게 물어봤다. "왜 그 돈을 주어야 하는 거죠? 전 돈을 줍지 말라고 배웠는데요." 하니까 그 원장님 말씀이 "돈을 주어야 경찰서에 가져다주든 주인을 찾아다주든 불우이웃을 돕든 할 것인데 줍지 않으면 그 돈이 남에게 간다."는 말씀이었다.

정말 맞지 않는가? 돈이 내 손에 있어야 행동을 할 수 있는데 난 그 돈을 내 소유로 만들지 않으므로 나는 아무것도 할 수 없는 사람이 된다는 것이다. 돈이 필요한 세상에 태어나서 돈 없이 사는 것을 청렴결백이라고 말하면서 돈을 벌지도 않고 소유하지도 않으면서 절절 매며 살아야 한다는 게 정말 이해되지 않았다. 결론은 난 돈이 필요한 사람이라는 것이다.

## 03 고꼬로야 진노스께의 평생 돈에 구애받지 않는 법

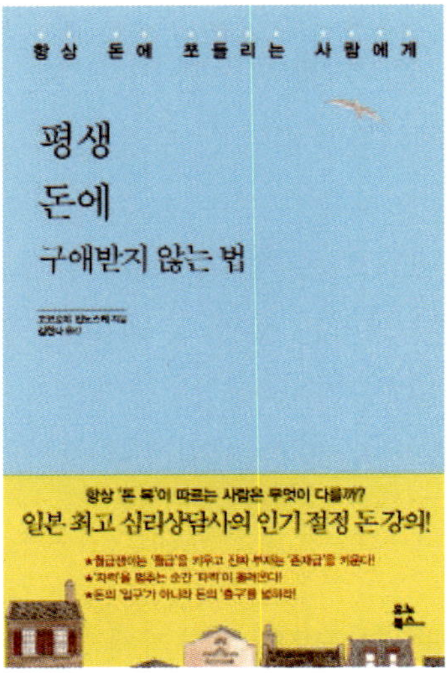


[그림1] 평생 돈에 구애받지 않는 법(출처-교보문고)

이 책을 통해서 처음 돈이라는 것을 알았기에 이 책 내용에 대해서 간단하게 설명해야 할 것 같다. 이 책을 홍보하려는 의도가 아니고 내가 보고 적용시킨 것을 설명하기 위함이다. 제일 관심이 가는 문구가 "이 책이 당신을 필요할 때 필요한 만큼 돈이 들어오는 사람으로 만들어 줄 것이다."라는 문구이다. "뭐? 정말?" 하고 골랐는데 프롤로그에 돈에 대한 생각이 바뀌면 인생이 바뀐다는 이 말에 깜짝 놀랐다.

돈은 그저 벌고 쓰기만 하면 되는 거지 무슨 돈에 대한 생각을…. 그러면서 읽어내려 가다 '아하!' 하는 부분이 많이 있었다. 이 책에서는 "우리는 정말 돈으로 하고 싶은 것이 무엇인가?"라는 질문을 던진다. 그래 난 돈을 벌면 무엇을 하고 싶은지 아무리 생각해도 무엇을 하고 싶은지 감을 잡을 수가 없었다. 또한 "돈이 얼마가 필요하고 그 돈을 어디에다 쓰려는 거지?" 하는 의문이 들면서 정말 구체적인 것이 아무것도 없으면서 "그저 돈이 있어야 해, 돈이 없으면 안 돼, 난 돈이 모자라." 이런 말들을 하고 있는 나를 볼 수 있었다.

구체적으로 "얼마가 필요한데 얼마가 모자라. 그럼 이 모자라는 돈은 어떻게 해결하지?" 하는 게 아니라 그저 막연히 '모자라'를 연발하고 있었다. 한 달에 100만원을 버는 사람이나 500만원을 버는 사람이나 1,000만원을 버는 사람이나 모두 모자라를 이야기한다. 아마 이 부분에서 자유로운 사람은 많지 않을 것이다. 주변에서 말일이면 들리는 소리가 카드값 메우느라 혼났네, 카드값 모자라 간신히 메꿨어, 카드값 갚고 나니 이번 달도 적자야 등등 이런 말로 가득한 세상에 살고 있다.

그렇다고 보면 "돈을 버는 액수가 아니고 돈을 쓰는 것이 문제인가?" 하는 의문이 든다. 그러면 돈이 있는 사람은 돈에 대해서 자유로울까? 돈이 있는 사람들 중에는 또 이런 경우도 있다. 모으느라고 모자라는 사람, 마구 사고 쓰고 해서 돈이 모자라는 사람도 있지만 보험도 크게 들고 가진 것도 많아서 세도 많이 내고 적금도 크게 들어서 그것을 채워나가느라 월말이면 돈에 허덕이는 경우도 있다. 크게 보면 써서 허덕이나 보험 등 저금하느라 허덕이나 허덕이는 꼴은 마찬가지라는 것이다.

또 희한하게 돈을 불린다고 돈을 꿔서 땅도 사고 아파트도 사고 투자금도 들이고 결국 그들이 그 돈을 못 갚아서 자기 것으로 만들지 못하는 부류도 있다. 쓰는 사람은 잘못됐고 저금하고 보험하고 연금 넣는 사람은 잘하는 것이냐 하면 그것도 아니라는 것이다. 쓰는 사람은 쓰기라도 했지 큰 것을 가지려고 모으고 졸라매고 하던 사람은 이만큼 살아보니까 한방에 잘못되는 경우도 허다하다는 것이다. 퇴직금 타서 사업한다고 하다가 망하는 사람, 자식에게 빌려주고 자식이 망한 사람, 투자해서 망하는 사람…. 도대체 돈을 제일 잘 아는 사람은 누굴까? 위의 책에서나 왓칭을 통해서 그리고 끌어당김을 통해서 보면 돈을 제일 잘 아는 사람은 돈 밖에서 돈을 보고 느끼고 객관화 시키는 사람이라고 생각한다.

그럼 돈이 살아있나? 왜 여러 가지 형태로 사람들 속에 돈이 있는 거지? 그러면 우리는 이쯤에서 돈이라는 것은 살아있고 움직인다는 것에 생각이 미칠 것이다. 그래서 옛 어른들이 "돈은 돌고 돈다."라고 말하는 걸 들은 적이 있을 것이다. 물질적인 눈으로 봤을 때는 돈이 그저 동전, 지폐, 수표, 어음 등이지만 에너지로 본다면 돈은 살아있어서 돌아다니다가 나에게로 오고, 또 다른 데로 가고, 다시 나에게로 오는 것이라는데 동의하지 않을 수 없다.

지금은 카드, 주식, 비트코인으로 하기 때문에 돈이 손에 있지는 않아도 숫자로 있다. 무슨 가상 현실도 아니고 도대체 돈이라는 것을 인지하는 이 세상이 진짜 있는 것인가? 아니면 가짜에 우리가 속고 있는 것인가? 지금 이 책에서도 보면 내용이 돈이라는 자체를 액수로 지폐, 동전, 비트코인 이런 게 아니라 심리에서 작동하는 원리로 보는 것이다.

심리상담을 하는 사람으로서 이 책은 정말 흥미 있는 내용이었다. 나는 상담심리 자격과정 강의 요청이 있어서 간곳에서 돈에 대해서 이야기해보자 하고는 돈에 대한 기억에 대해서 이야기하면서 트랜스 상태(최면에서 쓰는 언어로 이완된 상태)를 유도했다. 그래서 돈에 대한 기억들을 떠올려보는 데 나이가 좀 있는 사람들의 눈가에는 눈물이 고여 있었다. 그만큼 돈에 대한 기억은 아픔을 떠올리기도 하고 기쁨을 떠올리기도 한다.

## 04 돈에 대한 나의 상태 점검

돈에 대한 상태가 불안전한 상황에서 나는 우연히 아주 획기적인 간판을 보게 됐다. '한국재무 심리코칭'(현 NPTI 연구소)였다. "혹시 저기를 가면 돈에 대해서 알 수 있을까?" 하는 생각에 나도 모르게 그곳으로 발걸음을 움직였다. 정우식 박사님을 만나서 나온 나의 재무심리 검사결과는 '무념무상 형'으로 돈에 대해 아무 생각이 없는 것이었다. 얼마나 심했으면 원장님 말씀이 나를 고치면 이 세상 모두를 고칠 수 있다고 말할 정도로 아무 생각 없이 살아온 것이다. 처음 'NPTI 검사' 결과를 보고 나의 예전의 상태를 말하려고 한다. 참고로 이 검사는 시계방향이 커지고 균형을 맞추다가 6시 방향부터 12시 방향까지 작아지면 건강한 것으로 나오는 것이다.

다음 표를 보면 아무 생각 없이 꿈도 목표도 없고, 삶의 활력도 떨어지고, 돈 버는 능력도 치밀성도 없으며, 돈에 대한 위험 노출도는 많고, 살면서 일치를 일으키지 못하고 분열을 일으키니 내 머릿속이 어떻게 되겠냐는 말이다. 이것을 보니 머릿속에 뒤죽박죽 하던 돈에 대한 생각들이 분리수거함에 분리하듯 완전히 분리되는 것이 정말 속이 시원해졌다. 지금 현재에 우리세대는 위로 부모가 있고 아래로 자식 있어 낀 세대라는 것, 또 지뢰밭이 있어서 언제 터질지 모르는 지뢰를 갖고 있다는 것, 가난은 대물림 된다는 것 등을 이야기 하는데 아무 생각이 없고 "아! 가난이 대물림 되는 것이구나."하는 마음뿐이었다.

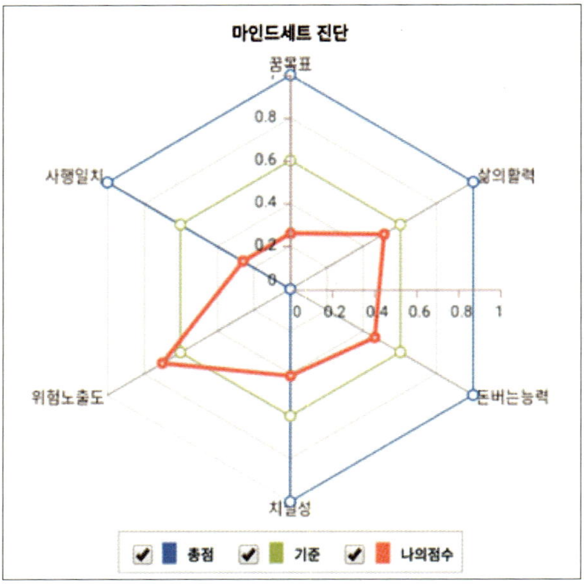


[그림2] 마인드세트 진단(출처-NPTI 연구원, 천은주)

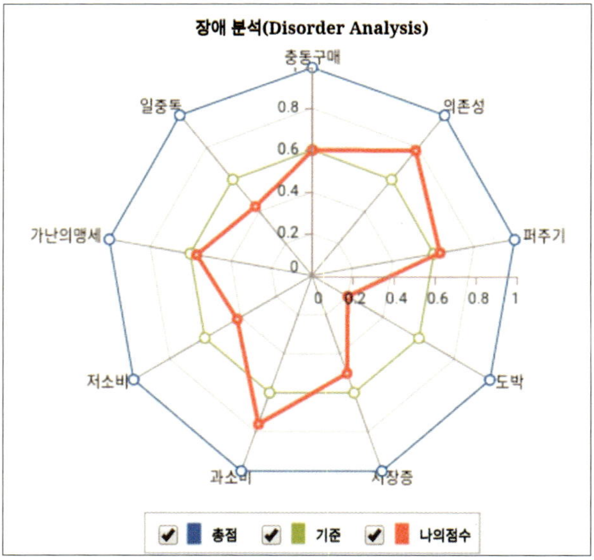


[그림3] 장애분석(출처-NPTI 연구원, 천은주)

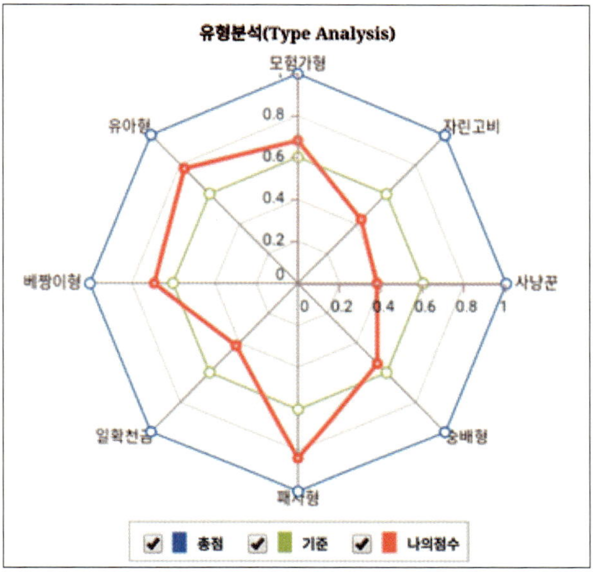


[그림4] 유형분석(출처-NPTI 연구원, 천은주)

그럼 난 가난하게 살거나 아이에게 가난을 물려주고 싶지 않다고 말하면서 내가 어떻게 해야 할지를 생각하다가 나의 의존성과 유아 형이 엄청 올라간 것을 보고는 그럼 내가 첫 번째로 고쳐야 할 것이 의존성임을 깨달았다. 이 의존성을 고치기 위해서 난 어떻게 해야 할까? 내 의존성은 어디서부터 오는 걸까에 집중하면서 처음으로 형제들에게 미안하다는 생각을 했다. 나처럼 돈에 대해 개념 없이 사는 사람 때문에 얼마나 고통을 받았을까? 내 주변인들에게 참 많이 미안한 나의 결과표였다.

결혼해서부터는 동생들이 나에게 필요한 것을 사주기 시작하면서 나는 당연히 받는 것으로 알았고 동생들이 나를 보살피는 식으로 살아오면서도 나에게 무엇이 문제인지 인식하지 못했다. 그저 남을 원망하고 남 탓을 해가면서 나를 더 밑으로 끌어내리는 삶을 살고 있는 게 한눈에 보이면서 동생들에게 미안한 마음을 전했다. 이 표로 인해 나의 돈에 대한 독립은 시작 됐다.

## 05 돈에 대한 나의 독립선언

돈이라는 것에 대해 의존 형이라는 것을 안 순간 나는 그길로 형제들과 주변의 지인들한테 전화를 했다. 이제 나에게 신경을 꺼 주십사하고, 절대 돈 빌려 달라하면 빌려주지 말라고. 돈을 빌릴 때가 없으면 내가 어떻게 해야 할지 두려우면서도 "에효! 죽기 아니면 까무라치기지. 절대로 빌리고 살지 않을 거야." 하고 굳게 맘먹고 살아가기로 하면서 내 인생은 달라졌다.

그렇다고 내가 쩔쩔매면서 살았을까? 신기한 것은 그런대로 살아지더라는 것이다. 도대체 이게 무슨 현상인지는 모르겠는데 살아가는데 돈을 빌리든 안 빌리든 아무 상관없이 시간은 지나가고 날은 바뀌고 하면서 거침없이 살아가고 있다는 것이다. 가난의 맹세, 패자 형, 베짱이 형, 정말 잘 안 고쳐지는 유아 형 등을 고친 이야기를 치료하는 부분은 다시 설명하기로 하자. 1년, 2년이 지나가고 나의 꿈들이 멈춰지면서 살아가는데 의아하게도 잘살아가던 어느 날. 프로이드의가 설명한 의식, 무의식, 에고 등이 생각나면서 내가 나에게 무슨 짓을 하고 살았나 하는 생각에 다시 한 번 무의식을 설명해보고자 한다.

무슨 돈 이야기를 하다가 뜬금없이 프로이드의 정신분석을 이야기 하느냐 하겠지만 모든 심리적인 원인과 답은 다음 그림 하나로 압축돼 있다고 보면 된다. 그 이유는 나에 대한 돈의 의존 증은 어디에서 생겼냐

하면 깊은 무의식속 넓은 바다의 어딘가에 사랑받고 싶은 마음이 작동했다는 것이다. 이런! 나이가 그만큼 먹어서 무슨 소리야, 돈하고 사랑하고가 무슨 관계야 하고 의아해 하겠지만 난 형제들과 주변에 "날 사랑해줘." 하면서 날 돌보게 하는 수단으로 가난을 선택했다는 것이다.

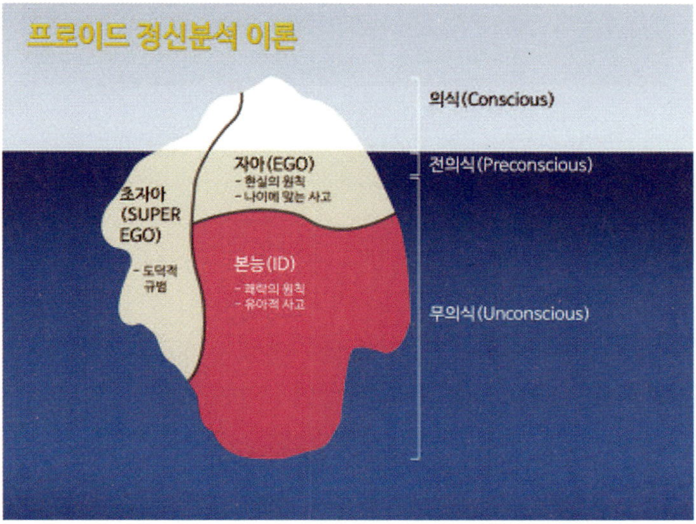


[그림5] 프로이드 정신분석 이론(출처 : 네이버 블로그)

여기에는 무서운 에고의 힘이 작동했다는 것을 알아차리기 까지는 얼마 안 걸렸다. 나를 도와주는 사람한테는 도움을 못주게 하기 위해 다치던가, 관계를 끊던가 라고 하면 에고라는 것을 겉으로만 안 사람들은 "저게 무슨 소리야." 할 것이다. 나의 사랑 받고자 하는 에고는 끈임 없이 돈을 없게 만들어서 다른 이들에게 "나 살아 있어. 그러니 나 책임져."라고 끊임없이 외치고 있으면서 패턴화를 보이고 있었다. 돌보미의 역할을 하느냐 안 하느냐에 따라서 날 사랑하는 강도가 크고 약하다고 느끼면서 가난하게 더 가난하게….

[그림6] 어린 시절의 동전

앞에 어린 시절 담배 장사를 하던 엄마의 서랍 속에 있던 동전은 크도록 날 동전에 묶어놓았다. 아무리 머릿속으로 생각을 해봐도 돈은 동전으로만 남아 있기 때문에 나의 무의식에는 지폐가 없다는 것이다. 우리는 무의식의 경험에 의한 것을 끌어당기는 것이지 한 번도 경험하지 않은 것을 끌어오지는 못한다는 것이다. 강하게 심겨져 있는 것이 동전이지 지폐가 아니라는 것이다.

그럼 숫자에라도 강해서 숫자라도 끌어오면 통장에 찍혀 있는 것을 인지할 텐데 어릴 때부터 산수를 하다하다 안 되니 수학을 포기했던 회피성 성격이 숫자조차 회피하니 돈을 어떻게 끌어올 수 있냐는 것이다. 동전도 라면땅 얼마라는 숫자가 아니라 있는 돈을 내밀고 주인이 집어가는 형태로 지불을 하다 보니 한 개 한 개의 가격을 알 필요가 없었던 것이 크도록 그 습관이 몸에 배어서 돈을 모두 내놓고 물건 값을 계산하는 버릇이 있었던 것이다.

그걸 알아차리고는 동전으로 무조건 바꿔서 버스비가 얼마인지부터 인지하기 시작했다. 해보아야 알 것 같아서 초등학생 때도 안 하던 것을 어른이 돼서 했다. 500원짜리 100원짜리를 바꿔서 버스비부터 인지하는 것을 연습했다. 현금으로 내면 1,300원을 내고 카드로 찍으면 1,200원을 내는 것도 알았다. 100원 차이라고 하지만 100원이 열이면 1,000원이라는 것도 알았다. 대부분 돈이 없다고 하는 사람들을 보면 돈에 대한 계획도 인식도 없다는 것이다. 여기서 나는 알아차리는 것이 중요하다는 말을 하고 싶은 것이다.

그럼 사람들은 이야기 할 것이다. 무슨 그렇게 사는 게 무의식 작동이라고. 설마 하는데 우리는 현재를 살고 있는 것 같지만 의식적으로는 현재에 와 있지 않으며 우리는 과거에 입력시켜 놓았던 무의식적 패턴을 그대로 움직여서 현재를 만든다는 것이다. 그럼 우리는 계속 과거를 소환해서 과거에 살고 있는 격이다. 그렇게 되면 미래 역시 과거가 뭉쳐져서 만들어낸 결과일 수 밖에 없다.

[그림7] 4권의 돈 2,000만원

심리에서는 심리적인 우울, 대인 관계, 공항장애, 통증, 암, 아픈 것 등이 모두 이 작동의 원리라는 것이다. 돈의 사진은 두 가지의 해석이 있다. 첫째는 내 기억속의 돈뭉치이다. 앞에서 언급했던 엄마와 나눠 들고 온 가방 속의 돈뭉치이다. 이 돈은 엄마를 원망하는 것이 됐고 그 돈이 어딘가에는 있을 것이라는 것에 시달렸다. 너무 힘들 때마다 엄마의 돈 가방이 생각나면서 엄마는 그 돈을 다 어쩌고 지금 이렇게 힘들게 살아가는지, 왜 그 돈 관리를 안 하고 그렇게 융통성이 없었는지를 이해할 수가 없어서 엄마와의 관계는 원망으로 치 닿는다는 것이다. 엄마가 하시는 말 중에 제일 듣기 싫었던 말이 "난 속옷하나 제대로 안 사입고 너희들을 위해 살았다."라는 말이었다.

그 말에 반하는 행동으로 난 무조건 내가 필요한 물건을 충동구매로 사는 건강하지 못한 소비를 조장한 계기가 됐다. 우리가 지금 행동하는 것은 과거에 함몰되던 가 배척하는 가에 따라서 만들어지는 것이다. 그래서 균형 잡힌 소비를 위해서는 공부를 해서 돈에 대한 나의 무의식적인 것들을 살펴볼 필요가 있다는 것이다.

두 번째는 도대체 숫자로만 돈을 인지하니 돈뭉치 하나가 얼마인가를 모른다는 것이다. 통장에 들어있는 2,000만원을 현금으로 찾아보았다. 2,000만원 숫자로는 커다란 돈이었는데 5만원 권 4권이라는 데에 살짝 힘이 빠졌다. 그 한 권을 벌려고 한 달을 애를 쓰고 그 한권이 없어서 누구는 삶을 버리고 하지 않는가?

이 돈을 벌려면 내가 필히 만져보아서 머릿속에 저장해야만 했다. 오감을 느끼기 위해 몇날 며칠을 갖고 다니면서 돈을 느껴보았다. 그랬더니 "아 별거 아니네, 이 돈이 무겁지도 않고 무섭지도 않고 나도 만질 수 있는 돈이네."를 수도 없이 말해서 무의식에 심어 놓았다. 이제

내 무의식 속에서 500만원은 5만원 짜리 1권, 1,000만원은 2권, 2,000만원은 4권이라는 것을 알고 있다. 알고 있으니 이제는 나도 가질 수가 있는 것이다.

나는 언젠가부터 나의 돈을 알아차리고 책임지면서 의존증을 멀리하고 나의 현실을 내가 책임지고 끌어가다보니 어느새 성숙해지고 그 성숙도가 돈이랑 연결되면서 그 동안의 나의 행동에 부끄러움을 느끼고 미안하다는 말을 던지면서 서서히 돈과 나는 화해를 하면서 나에 대한 나의 꿈을 꾸는 사람이 되고 나를 책임질 줄 아는 통합을 이루는 쾌감을 맛보았다.

## 06 돈에 집착하지 않는 치료책

### 1) 집착하면 돈이 생길까?

돈에 집착하면 돈은 절대 나에게 오지 않는다. 무의식은 집착을 어떻게 받아 들이냐면 돈이 없다로 받아들인다는 거다. 집착해서 돈이 많이 생길 것 같으면 집착하라고 하겠지만 집착은 돈 속에 빠져서 그 돈 안에 있어서 블랙홀처럼 자꾸 함몰되어 가는 것이다. 돈을 밖에서 지켜봐야 돈을 제대로 볼 수 있다. 하지만 어떻게 집착을 놓느냐 하는 게 관건이다. 생각하지마라, 놓아라, 그러면 이뤄진다는데 도대체 어떻게 놓아야 하냐는 것이다. 필자의 이야기를 하나 하고자 한다.

### 2) 생각 정리하기

어느 날 눈을 도려내고 싶었던 적이 있었다. 조용한 기분으로 학교를 가려고 전철을 타고 가는데, 나는 아무 짓도 안하고 아무것도 안하고 가고 있는데 갑자기 엄청 시끄러운 광장에 나와 있는 것 같은 머릿속을 보고 깜짝 놀랐다. 생각, 머릿속 생각이 보는 대로 판단 분별하는 통에 엄청 시끄러운 경험을 하면서 생각을 멈출 수가 없는 건가, 아니면 죽어야 멈추나, 해탈해야 하나, 도인은 그럼 이 생각이 없어진 사람들인가, 무념무상은 아무 생각 없이 아무상이 없다는 것인가, 이렇게 되면 고통은 사라지는 건가 등 하나의 사건을 겪으면 그 상태에 대한 질문이 수 십 가지도 넘을 때가 있다. 돈도 마찬가지로 생각이라는 것이다.

생각, 도대체 이 생각이라는 것이 뭘까? 난 끈임 없이 질문을 해대는데 나에 대한 이 질문 기법은 날 성장시킨 큰 도구였다. 집착도 결국에는 생각에서 오는 거라고 본다. 돈을 갖고 싶다는 생각에서 말이다. 그러면 생각대로 우리가 다 할 수 있는가? 이 생각은 너무나 시끄럽고 멈추질 않고 현실가능한 일이 하나도 없다 라는 것이다. 그러면 내가 할 수 있는 건 무엇일까? 돈에 대한 생각이 일어나면 갖고 싶다는 생각을 끝까지 일으켜 보는 것이다. 하루 종일 생각 속에 돈을 무지막지하게 생각하면서 대 폭발이 일어날 때까지 끝까지 집중해서 생각을 하게 되면 어느 순간 폭발이 일어나고 소멸되면서 이성적으로 돌아오고 숫자에 불과한 돈에 집착하는 나를 제대로 바라보면서 현실에 머물러서 차근차근 다시 생각하게 된다는 것을 말하고 싶다.

현재 균형을 잡고 있는 상태에서 내게 일어난 하나의 사건을 말한다면 조그마한 가게를 하나 하고 있는데 자금이 모자라서 동업을 하게 됐다. 동업을 하면서 동업자와의 트러블(이것 또한 나의 에고의 장난이었다)로 "이것을 동업자에게 넘겨주고 나가야겠다."라는 생각과 함께 그렇게 하려고 다른 가게를 알아보기 시작했다. 엄청난 열정과 힘이 들어가 있는 자리였고 이제 고생하다가 자리가 잡혀가는데 좀 억울하다는 생각이 들었다. 그 와중에 습관적으로 난 이때껏 사업을 하면서 만들어 놓고 완성을 시키지 못하고 트러블만 있으면 피하고 보는 방식을 선택한다는 것이다.

[그림8] 돈에 대한 생각(출처-네이버 이미지)

그러고 나서 뒷말을 많이 하는 아주 나쁜 습관을 갖고 있다는 것을 알아차렸다. 어떤 것도 끝까지 가지를 못하고 시작은 해놓고 트러블이 있으면 "다 너 가져." 하고는 피하는데 그것은 남편이나 나나 똑같이 그런 에너지를 쓰고 있었다. 순간 나에게 미안해지면서 이번에는 피하지 않기로 했다. 그러면 집착도 하지 말고 자금도 만들어야 하는데 어떻게 해야 하나를 두고 객관적으로 지켜보기 시작했다.

### 3) 집착을 벗어난 바라보기

다음 이야기는 내공이 필요한 이야기인데 그 내공으로 가게를 온전히 인수한 것을 이야기 하고자 한다. 정말 그 동안의 공부한 것을 총동원 했다고 보면 될 것이다. 왓칭, 호오포노포노, 아봐타, 끌어당김, 에고 등 왓칭의 기법으로 날 바라보기 시작해 계속 날 관찰하기 시작해 보니 집착으로 가지려는 그 마음이 사라지고 객관적으로 날 보기 시작하면서 왜 가게를 인수해야 하는지를 적어보기 시작했다. 아래의 힘든 느낌들에 주목하면서 하나하나 차근차근 나를 보았다.

| 감 정 | 이 유 |
|---|---|
| 원망스럽다 | 괜히 남편 말 듣고 와 있었네 |
| 울화가<br>치민다 | 저사람 원래 저러는데 왜 내가 거기에 맞춰서<br>또 춤을 춰 미쳤어 |
| 실망스럽다 | 그래 그냥 또 다 버리고 가자 정말 못 말리는 사람이야 |
| 무기력하다 | 내가 뭘 해 그냥 하자는 대로 해야지<br>아무것도 애쓰고 싶지않아 |

[표1] 나의 감정과 느낌 목록

[표1]처럼 난 모든 책임을 남편한테 지우고 원망하고 탓하기를 하는 내 모습을 끝까지 지켜보다 보니 어느 순간 같은 집착의 패턴을 일으키는 걸 알아차렸다. 그래서 돈 얼마가 필요하다는 말을 던지고 난 내일에 충실했다. 의연하게 대처해야한다는 것을 알아차리는 것 하나만으로도 날 들볶지 않는다는 걸 안 하나의 사건이었다. 의연해 지면 내가 현재 하는 일에 마음을 쏟으면서 가짜 감정에 휘둘리지 않고 결과적으로는 가게를 인수해서 잘 운영하고 있다. 중간에 인수해놓고 문제점도

있었는데 그것 또한 집착에서 왔다는 걸 알고 감정들을 하나하나 올려서 제거함으로써 해결을 보았다.

## 07 현재 변화된 나의 재무(돈)심리 상태

꿈도 없고 삶의 활력도 없던 내가 내면의 들여다보는 작업을 통해서 또 하기 싫은 일을 해서 꿈과 삶의 활력과 돈 버는 능력, 치밀성이 높아지면서 균형 잡힌 마음의 안락함과 안전함이 있어서 그런지 연 2,000만원 벌던 내가 작년 말 결산을 해보니 5,000만원이라는 돈을 벌었다.

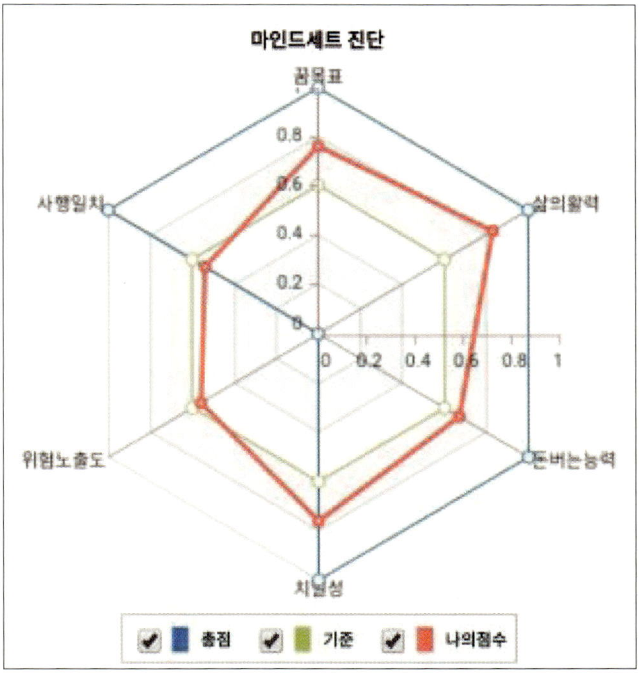


[그림9] 마인드 세트 진단(출처-NPTI 연구원 마스터CFT 천은주)

유형에서 앞서 말했던 유아 형이 많이 고쳐지고 패자 형과 돈을 숭배하는 것이 개선책으로 애처럼 돈을 다루고 무서워서 돈을 숭배하는데서 벗어나서 마인드를 나와 돈을 동등하고 애기처럼 돈에게 젖 달라고 보채는 애가 아니고 언제든 막연하게 있을 것이다 라는 것을 없애고 계획하는 삶을 살다보니 변화된 나의 결과를 보여주는 데이터가 나왔다.

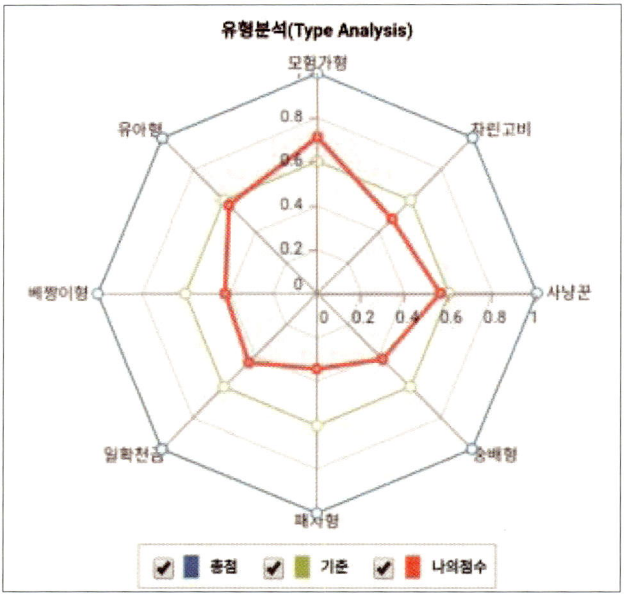


[그림10] 유형분석(출처-NPTI 연구원 마스터CFT 천은주)

장애에서 의존 형을 줄이기 위해서 노력한 것은 앞에서 말했고 착하게 산다는 게 없어도 남을 도와야 된다는 옛말에 "콩 한쪽도 나눠라." 하는 것처럼 그 말을 잘 따라서 퍼주기를 하다가 전철표 살돈이 없을 정도로 균형 없는 퍼주기를 줄였다. 그리고 과소비를 계획으로 바꾸고 가난의 맹세와 충동구매를 없애 소비성향을 바꾸면서 균형 잡힌 소비를 하게 되면서 장애가 개선된 것이다.

결과적으로는 의존을 벗어나겠다는 일념으로 나의 분석표에 의해 하나하나를 바꾸고 의도적으로 행한 일들이 오늘의 나를 만들었다. 충동구매를 줄이기 위해 한 달에 10만원이라는 액수를 정해놓고 그 이상을 사지 않는 한 달 한 달을 해보니 저절로 충동구매가 사라짐을 보았다. 버는 행동, 쓰는 행동, 불리는 행동, 나누는 행동을 균형 있게 함으로써 안정된 생활에 접어들면서 안정적인 심리로 살고 있는 요즘이다.

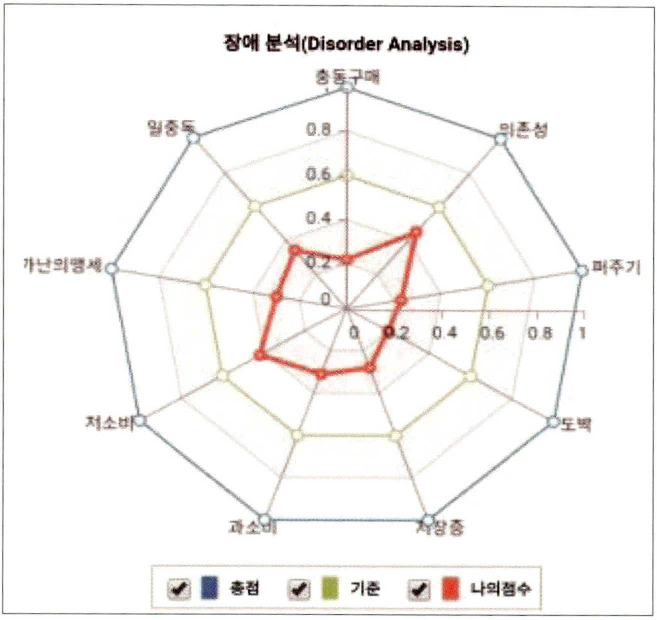


[그림11] 장애 분석(출처-NPTI 연구원 마스터CFT 천은주)

## 08 과거의 돈, 현재의 돈 그리고 미래의 돈

어떤 유명한 학자들의 이야기나 지금 나와 있는 여러 가지 형태의 돈을 이야기하는 것은 내가 이야기하고 인지하는 것에는 맞지 않는 것 같아서 인용 없이 알고 있는 대로 적으려 노력해 본다. 책방이나 네이버, 구글 등에 많이 나와 있는 돈이 아니고 평범한 일반인이 느끼는 돈을 나름 정리해 보고자 한다.

### 1) 과거의 돈

작은 동네에 살던 나에게는 아마 은행이 없었고 우체국만 있어서 누군가에게 돈을 붙이려면 우체국을 통해서 전신환이랑 돈이랑 바꾸던 시대였다고 기억한다. 어릴 때 1원만 가져도 살 것이 있는 세상이고 5원, 10원은 큰돈에 속해 있었다. 지금 1원, 5원은 숫자에 불과하고 존재하지 않는다.

다음 그림에서처럼 돈의 흐름을 보면 보리, 소금이 돈이 되다가 지금의 돈이 됐고 간단하게 갖고 다닐 수 있게 동전과 지폐로 이어져 내려왔다. 그러면서 돈을 만드는 조폐공사와 은행 등으로 내려왔다.

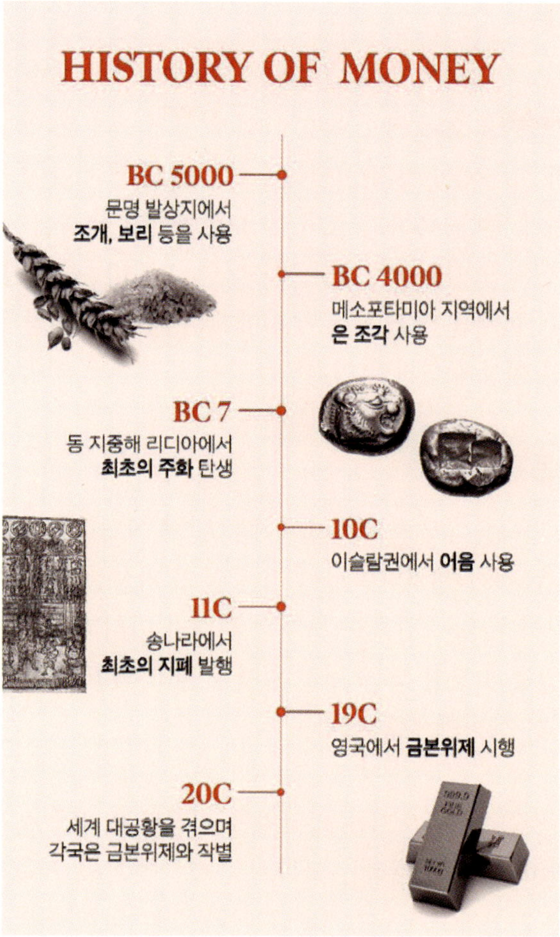


[그림12] 돈의 변천사(출처 : 네이버 블러그 굿리치)

### 2) 현재의 돈

현재의 돈은 아무래도 지폐나 동전 등 은행의 시대는 지나갔다고 본다. 카드의 발달과 블록체인으로 인해 지금은 카드를 갖고 다니면서 결제를 하던 시대에서 점점 발달해 돈 한 푼 없이 지갑에 카드를 갖고 다니던 시대가 됐다. 나아가 스마트 폰의 발달로 은행에 가지 않고 핸드폰에 카드를 집어넣어서 핸드폰 하나면 교통비, 식대, 물건구입 등을 모두 하는 현재를 살고 있는 우리에게는 이제 더 이상 종이나 동전이 돈이 아닌 세상에 숫자만 인지하는 수단으로 돈을 이야기 한다.

### 3) 미래의 돈

더군다나 지금은 4차 산업혁명 시대를 맞아 지역화폐가 등장하고 비트코인이라는 것이 생겨나면서 우리는 돈의 가상현실에서 살고 있다. 손으로 만져서 돈을 오감으로 느끼는 시대가 아니라 핸드폰이나 컴퓨터에 찍혀 있는 숫자를 보고 내가 얼마를 갖고 있고 얼마를 쓰고 있는지를 알아가는 세상에 살고 있다.

미래라는 것은 아직 오지는 않았지만 언제나 미래를 생각하면서 우리는 살아가고 있다. 미래라는 불확실성 때문에 돈을 저축하고 투자하고 안전함을 추구하고자 하는 데 미래에는 화폐라는 개념보다는 코인이라든지 페이라든지 돈을 지갑에 넣고 다니는 시대가 아니라 결제방식의 간편화에 따라서 스마트 폰 하나만 들고 다니면서 결제하는 방식으로 살아갈 것이다. 현재에도 결제를 카카오페이, 네이버페이, 삼성페이, 지역페이 등을 활용하지만 말이다.

# 09 제4차 산업혁명 시대에 발맞춘 재무(돈)관리

## 1) 제4차 산업혁명 시대에서 돈이란?

제4차 산업혁명 시대의 돈이란 미래의 돈에서도 언급했듯이 화폐나 지갑을 갖고 다니는 시대가 아닌 것만은 확실하다. 중국의 거지는 큐알코드를 갖고 다닌다는 말이 있듯이 앞으로의 돈이란 스마트 폰의 확대로(이미 확대됐지만) 인해 신용카드 결제, 간편 결제, 코인 결제 등이 이뤄지고 있는 세상에 살고 있기 때문에 4차 산업혁명 시대의 돈은 가상현실 속에서 이뤄지는 페이 시대, 코인 시대가 아닌가한다.

지난 1990년대 즈음 신용카드는 강제적으로 정부가 나서서 확산시키고 자리매김을 확실히 해놓았는데 지금은 거대 기업들의 페이 전쟁이 시작된 시점이 아닌가 한다. 페이라는 것은 현재 나와 있는 것으로는 네이버페이, 삼성페이, 카카오페이 라는 것이 자리 잡고 있는데 현재 우리나라에서 활발하게 스마트 폰에서 실제로 거래가 이뤄지는 결제수단이고 돈의 결제방식으로 사용된다. 현재 필자는 자주 네이버페이를 사용하는데 책 한권을 사더라도 네이버페이를 선택해서 핸드폰 번호를 입력하면 결제가 완료되면서 책이 내게로 배달되는 방식 때문에 이게 돈이 나가는 건지 돈이 들어오는 건지 잘 감이 안 올 때가 있다.

아날로그 시대를 산 필자는 정말 처음에는 “이게 돈이 결제 된 거야?” 하면서 알송달송하던 시대가 있었다. 아마 필자가 대학을 다니고 있을 때 카드가 처음 나왔을 것이다. 대학을 졸업하고 오빠가 운영하는 골프 숍에서 잠깐 알바를 하는데 오빠가 예전에 카드로 물건을 주고 받는 것을 본 것이 있었던 어느 날. 아무도 없고 나 혼자 가게를 지키고 있는데 사기를 치려고 맘먹고 온 사람이 나한테 카드를 내밀면서 이것이 돈이니까 카드를 받고 골프채를 달라고 하는데 머뭇거리는 나를 무쉽게 몰아붙이면서 "이제 사회에 나와서 모른다, 지금 돈이 이렇게 바뀌어서 카드로 되어 있다."라고 하면서 골프채를 가져간 사건이 있었다. 지금 생각하면 어이없는 사건이었지만 그 사람 말대로 돈이 카드로 바뀐 건 맞는 것 같다. 그게 불과 얼마 전의 일인데 내가 죽을 때쯤이면 얼마나 달라진 모습으로 돈이 바뀔지 기대가 되는 게 사실이다.

다시 페이 이야기로 돌아가면 제4차 산업혁명 시대에는 페이가 자리 잡지 않을까 하는 생각이 들기도 한다. 많은 사람들이 카카오페이로 스마트 폰 하나만 내밀고는 결제를 하는데 지폐라는 돈의 개념은 사라지지 않을까 하는 게 나의 생각이다. 어떤 날은 지갑에 돈 하나 없이 카드만 한 장 달랑 갖고 다니다가 가게에 들어가 물 한 병 500원 짜리를 사려하면 미안해지니까 다른 것도 같이 사면서 소비를 늘리는 경향이 있었다. 현재는 기업의 페이가 생겨 자리를 잡으려고 애쓰고 있고 또 지역페이를 만들기 시작해 서울페이, 경기페이 등을 발행하고 사용하기 시작했다.

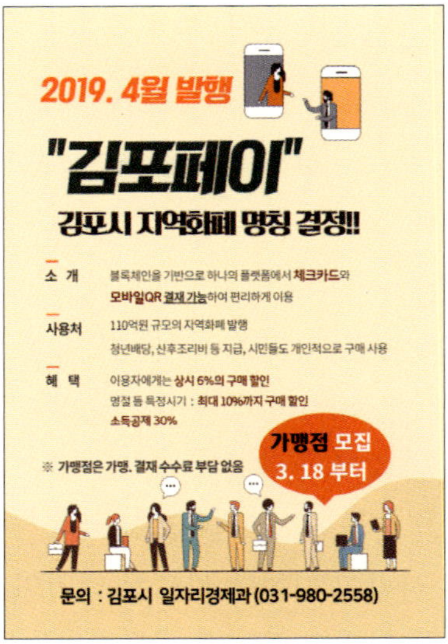

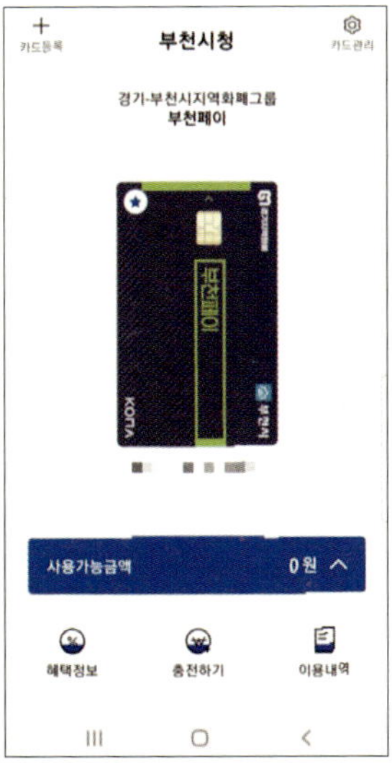


[그림13] 지역화폐 페이(출처-네이버 이미지)

[그림14] 서울화폐인 제로페이사용법(출처-네이버 이미지)

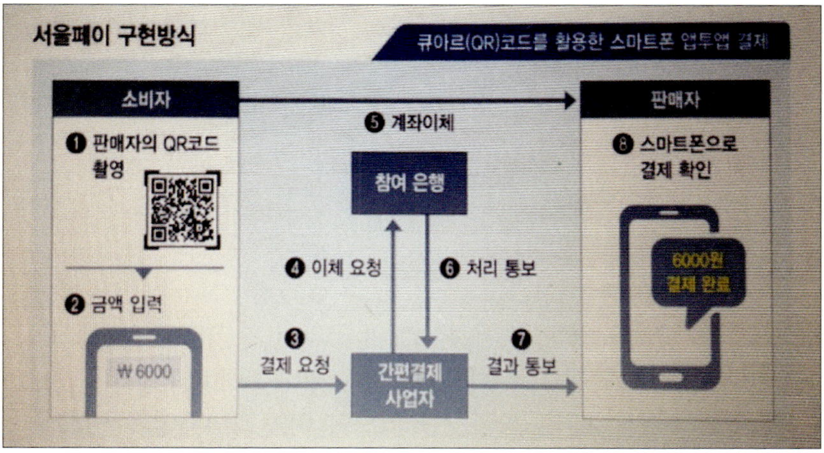


[그림15] 서울페이 구현 방식(출처-네이버 이미지)

현재 은행 기업 지역별로 페이를 개발해 나가고 있으며 지역화폐로 김포, 용인, 부천, 서울 등 발행하고 사용 중이며 은행은 글로벌 페이라고 해외에서 인출되는 하나은행의 해외전용 체크 카드인 글로벌 화폐로 현찰수령과 소지, 재환전 등 불편함을 없앴다.

밑에는 네이버에 나와 있는 라인 페이의 기사를 옮겨 왔다. 이 기사를 보면 이제는 화폐의 대체거래 등 새로운 결제를 하는 시대가 됐다는 것을 보여주는 기사이다.

[데이터넷] 라인페이(사장 고영수)는 비자(Visa)와 전략적 파트너십을 체결하고, 전 세계 수백만 소비자와 가맹점을 대상으로 새로운 금융 서비스 경험을 제공한다고 6일 밝혔다.

라인의 1억8700만 글로벌 월간 활성 사용자들은 라인 앱 내에서 디지털 비자카드를 신청할 수 있다. 향후 사용자들이 기존에 사용하던 모든 비자카드를 앱에 등록할 수 있도록 해 간편한 모바일 결제 서비스도 제공할 계획이다.

또한 사용자들에게 통합 로열티 프로그램, 맞춤형 혜택 및 해외여행 시 사용할 수 있는 새로운 결제 방식 등 더욱 다양하고 향상된 경험을 제공할 예정이다.

라인페이 사용자들은 전 세계 5400만 곳의 비자 가맹점에서 라인페이의 특별 혜택과 서비스를 이용할 수 있다. 라인페이 디지털 월렛을 통해 거래 내역을 확인할 수 있으며, 이는 라인페이가 직접적으로 지원되지 않는 지역에서도 확인이 가능하다.

양사는 가맹점을 대상으로 라인페이 서비스와 라인페이 디지털 월렛을 활용할 수 있는 방안에 대해 협력, 전 세계적으로 상호 운용이 가능한 결제 시스템의 성장을 촉진하며, 양사는 B2B 서비스, 국가

간 결제 및 대안 화폐 거래를 지원하기 위해 블록체인 기반의 서비스도 개발한다.

최근 메시징 앱들은 송금, 온라인 구매, 청구서 결제, 여행 예약, 음식 주문 등 일상 업무를 단일 앱에서 처리하는 것을 선호하는 소비자의 트렌드에 따라 디지털 커머스 분야의 선두 주자로 급성장하고 있다.

이에 라인페이는 이번 비자와의 파트너십을 통해 전 세계 수백만 명의 사용자들에게 끊김 없는 경험을 제공하는 한편, 상호 운용이 가능한 개방형 결제 시스템의 확장을 이끌어 나갈 계획이다.

고영수 라인페이 대표는 "라인페이는 단순한 결제 수단 그 이상의 서비스이다. 라인페이는 최근 캐시리스 사회로의 전환이 확대됨에 따라 전 세계 라인 이용자 및 사업 파트너들에게 더 많은 가치를 제공하는 기업으로 도약하고자 한다."며, "이번 파트너십은 비자의 글로벌 네트워크와 인프라를 바탕으로 라인페이 이용자들이 전 세계적인 네트워크의 혜택을 누릴 수 있는 초석이 될 것으로 예상한다."고 밝혔다.

크리스 클락 (Chris Clark) 비자 아시아퍼시픽 총괄대표는 "라인페이는 사용자들의 더 나은 일상을 위해 라인 메시징 앱을 지속적으로 발전시켜 나가는 기업이다. 비자는 라인의 유통력 및 소비자 충성도에 기반한 잠재력을 바탕으로 글로벌 개방형 결제 생태계의 성장을 이끌어 나갈 수 있게 됐다."며 '이는 비자의 네트워크에 속한 소비자, 가맹점주를 비롯해 구매자 측 및 판매자 측 은행(issuing and acquiring banks)에게 혜택을 부여할 수 있을 것'이라고 말했다.

(2019년 06월 07일 09:26:14 윤현기 기자 y1333@datanet.co.kr)

해외를 나가서도 중국이나 일본에서도 네이버페이나 카카오페이로 결제하고 있다. 또 그들이 우리나라에서 페이를 쓸 수도 있어서 신용카드처럼 활성화하는 날은 멀지 않았다고 생각한다. 지역페이는 이제 시작인데 그럼 왜 이런 페이 전쟁이 제4차 산업혁명 시대에 일어나는 것 일지 의문이 생긴다. 무슨 결투장을 방불케 하는 페이 전쟁은 결제시장에서 부가가치를 창출하려는 돈 버는 수단이랑 맞아떨어져서 페이가 자꾸 생겨나는 것이라고 본다. 그러면 간편 결제시장이 중요한 이유는 제4차 산업혁명기술과 관련이 있다고 본다. 빅 데이터 수집이 중요한 부분을 차지하고 있고, 인공지능 스피커 기계한테 꽃을 주문할 수도 있다. 인공지능 기계가 꽃을 파는 곳에 주문을 하고 결제 또한 인공지능이 하는 시대를 살고 있고 이것이 바로 제4차 산업혁명 시대인 것이다.

## 2) 제4차 산업혁명 시대에 나의 돈 관리 방법

스마트 폰에서 결제가 이뤄진다면 스마트 폰에서 관리해야 하지 않을까 생각한다. 머니튜터라는 영수증을 관리해서 새어나가는 돈을 잡아보려는 직업을 NPTI 연구원에서 자격증 과정을 하면서 아 이거 정말 아날로그 방식이구나 했지만 이것으로도 많은 사람의 돈의 흐름을 파악하고 균형 있게 쓰는 방법을 가르쳐 줄 수 있다면 그것으로 만족하다는 것이다.

한 달간 영수증을 모아서 먹고, 마시고, 놀고, 타고, 꾸미고, 공부하고, 기타 항목으로 나눠서 한 달 쓴 것을 분석하는데 나는 나도 모르게 택시비를 내는 데 비용을 많이 쓰고 있었고 가는 마트만 가고 먹는 것도 매일 먹는 음식만 먹고 융통성 없이 살아가는 나를 발견하는 계기가 됐다. 이것만 보더라도 한 사람의 생활반경을 다 읽어낼 수 있다고 본다. 아마 가끔 수사물에 나오는 생활반응이라는 게 이런 것을 이야기하는가 보다.

그러다가 재무(돈)인성 자격증을 준비하는데 강사님이 가르쳐준 핸드폰에 어플을 깔았더니 별걸 다 분석해주는 어플이 있었다. 요즘 선전하는 가계부 어플들도 많지만 난 비주얼 가계부라는 것으로 나의 수입과 지출을 분석하고 있었다. 스마트 시대를 살면서 지출이나 가계부 작성도 스마트 폰으로 하는 것이 어쩌면 균형이 맞다는 생각이 들기도 한다. 자칫 잘못하다가는 돈을 얼마 쓰는지 관리를 못해 돈 갚을 날에 당황하는 거는 끝난 것 같다. 스마트 폰에서 해결되는 시대이기에 정신 차리고 자주 분석을 통해 내가 필요 없는 것을 지출하는지, 너무 많은 보험을 들고 있는지, 균형 있는 수입과 지출을 하고 있는지를 점검하면서 쓰는 것이 지금 시대의 돈 관리 방법이라고 생각한다.

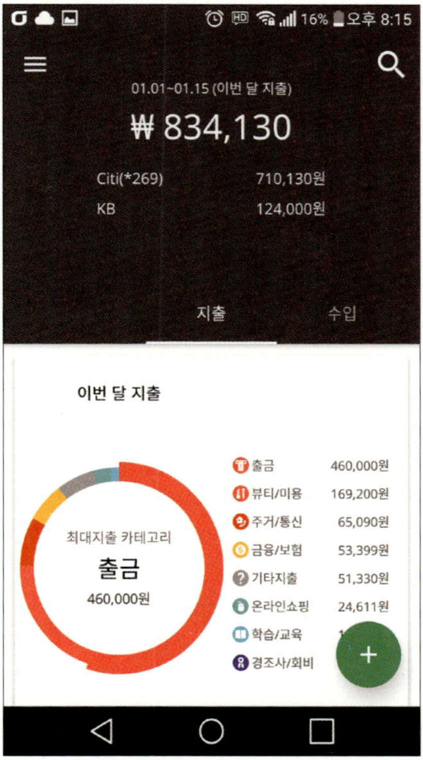


[그림16] 비주얼 가계부 (출처 : 네이버 블러그)

## 10 돈과 관련한 심리치료 사례

### 1) 30대 후반 노래방 도우미

좀 덧붙인다면 돈을 못 모으는 이유가 심리적인 내적기반에 내가 노래방 도우미를 하는 것이 부끄러우니 이 부끄러운 돈을 빨리 버려야겠다는 것이 있었기 때문이었다. 직업에는 귀천이 없으며 본인이 그것이 싫으면 다른 일을 하면 된다고 했더니 그만큼 단시간에 벌수 없다는 것이었다. 그러면 당당히 즐겁게 놀러간다고 생각하면서 생각의 전환을 시켜 주었다. 다른 이들은 노래방에서 돈을 내고 노래 부르지만 본인은 노래도 부르고 돈도 받고 하는 거니까 바꾸지 못할 바에는 놀러 간다라는 생각을 심어주면서 자신이 번 돈이 귀한 돈인 줄 알게 했다.

| 코 칭 전 | 코 칭 후 |
|---|---|
| • 짐을 가져다 놓은 곳의 집세와 몸이 사는 집세를 지불하고 살고 있음.<br>• 위축된 상태로 에너지가 없고 횡설수설 마음을 못 잡고 있는 상태.<br>• 저장증이 있어서 버리지 못하면서 자기가 번 돈으로 자기가 좋아하는 사람한테 명품을 사주고 있으면서도 자기한테는 쓰지 못하는 상태. | • 현재 자신의 일에 당당함이 있고 직업을 바꾸기 위해 자격증을 따고 있는 상태.<br>• 8,000만 원 짜리 전세로 들어가서 갖고 있던 물건을 팔거나 정리한 상태.<br>• 현재는 정신도 맑아지고 자신의 욕구도 알아차리면서 자신의 이야기도 하며 사람들과의 관계 형성을 해 가는 상태. |

[표2] 치료 사례1

### 2) 30대 초반 여(직장인)

처음에 왔을 때는 외로움에 쩌들어 있으면서 외롭지 않으려고 사람들을 만나고 그 외로움을 자꾸 회피하는 심리적 요인을 제거함으로써 쓸쓸해서 쓰는 비용인 쓸쓸 비용을 줄여서 지금은 심리적으로나 경제적으로나 독립적인 상태이다.

| 코 칭 전 | 코 칭 후 |
|---|---|
| • 먹고, 마시고, 놀고, 타고, 꾸미고, 공부하고, 기타에 한 달 치 영수증을 입력해보니 택시비가 편중되게 많이 쓰고 있었다. 이유는 밤늦게 술을 마시고 택시를 타고 서울에서 부천까지 간다는 것이다.<br>• 혼자 있는 것이 외롭고 소외당하는 느낌이라는 것이다.<br>• 여자이기에 상당히 위험한 상태. | • 술 마시고 택시 타는 것이 무섭다는 것을 인지하고 술 마시는 것을 줄이기도 했고 마셔도 차가 끊어질 때까지 마시지 않음.<br>• 택시비를 절약해 통장을 만들어 모아놓음.<br>• 모두 다 외로운 사람들이다. 본인만 외로운 게 아니라는 것을 인식함. |

[표3] 치료 사례2

### 3) 30대 초반 남 네트워크

들떠 있으면서 사람을 만나면 물건을 팔려는 욕심에 매출은 잘 안 오르고 힘은 힘대로 들었었는데 지금은 코칭을 받고 있는 중이지만 여유를 갖고 자신을 지켜보는 마음이 생겼다. 그리고 그동안에 자신을 밀어냈던 사람들이 자신이 여유를 갖고 대하니 그들도 여유를 갖고 본인을 대하면서 차근차근 매출이 오르는 것이라는 것을 알았다. 따라서 일확천금이라는 것을 조금 내려놓은 상태이며 마음은 평정심을 유지하면서 관계형성을 먼저 하고 있는 상태이다.

| 코 칭 전 | 코 칭 중 |
|---|---|
| • 마음이 요동치고 도전의 연속이었고 감정에 휩싸이고 압도당했다는 것이다.<br>• 얼굴은 항상 붉어 있는 상태. | • 코칭을 통해서 에고의 존재를 지켜보고 객관적으로 바라보고 통제력이 항상 됐다. 붉은 얼굴도 최면을 통해서 치료한 후 맑아진 상태.<br>• 호흡을 하면서 마음을 가라앉히고 당당하게 자신이 하는 일을 즐기면서 사람들의 비난에 압도당하지 않고 있다. |

[표4] 치료 사례 3

## Epilogue

글을 처음으로 쓰는 사람으로서 부족한 부분도 많고 잘 쓰지는 못했지만 “나는 왜 하는 것마다 안 돼? 나는 왜 돈이 없어? 나는 왜 돈이 있어도 행복하지 않아?” 하는 여러 형태의 불행들에는 물리적인 원인도 있지만 생각에 기인한 심리적인 요인이 가장 큰 영향을 미친다는 것을 강조하고 싶어서 이글을 쓰기로 용기를 내었다.

에고가 작동하는 원리로 불행한 삶을 사는 모든 이들이 내가 선택한 삶을 살고 있다고 한다면 어리둥절하겠지만 정확히 말한다면 지금 현재를 만든 것은 나라는 것을 인식하는 순간, 이 어렵고 힘든 상황을 해결 할 수 있다는 것을 꼭 말하고 싶다.

돈이든 어떤 모양으로든 힘들면 잠깐이라도 자신을 바라보기를 권해본다. 내가 귀를 막고 나의 신념에 사로잡혀서 고집을 부리고 있지 않나를 생각해 보면서 가까이에 있는 주변 분들께 본인에 대해서 말해보라고 하고 그중에서 날 평가하는 말 중에 제일 많이 나온 말과 나를 조합시켜보면서 나를 알아가는 시간과 나와 대화하는 시간을 갖기를 치료책으로 내놔본다.

더구나 4차 산업혁명 시대, 인공지능시대다 하면서도 과연 우리는 엄청 변화하는 4차 산업혁명 시대에 맞는 생각을 하고 있는지 4차 산업혁명 시대에 맞는 소비와 버는 행동을 잘하고 있는지를 살펴볼 일이다. 4차 산업혁명 시대에 나의 돈 버는 행동(+), 돈 쓰는 행동(−), 돈 불리는 행동(×), 돈 나누는 행동(÷)을 잘하고 있는지 알아볼 필요가 있다.

4차 산업혁명 시대에 없어지는 일자리 때문에 전전긍긍하며 미래를 불안하게 볼 것이 아니라 나에게 맞는 제2·제3의 직업을 찾아서 전문가가 돼야 한다. 또 비트코인, 주식 등에 맞는 투자를 하면서 한쪽으로는 안전한 수도꼭지를 하나 만들어 놓고 내가 하고 싶어 하는 일, 내가 즐거워하고 하고나서 보람이 있는 일을 선택하자. 거기에 자격증에 대비하고 빠르게 변화하는 이 시대를 준비하는 것으로 나의 에너지를 써야 할 것이다. 또한 돈에 대한 균형을 이루기 위해서는 버는데 적게 버는 것인지 너무 많이 쓰는 것인지 적게 쓰는 것인지 벌지도 못하면서 나누는 것만 잘하는지 불리는데 혈안이 되어 있어서 균형 없는 삶을 살아가는지를 잘 점검해 보기를 바란다.

우선 나를 알지 못하면서 자꾸 밖으로 눈을 돌리면 지금에 현실에 만족할 수 없으며 더 이상 앞으로 나갈 수 없고 두려움이나 집착에서 벗어날 수 없다. 현재의 어려움을 탈출하고 싶으면 자신을 알아보는 게 제일 중요한 일이라고 본다. 우리 모두 아름다운 부자로 기복하지 않고 살려면 재무(돈)에 대한 심리를 잘 살펴보기를 바라면서 이 글을 마치려고 한다.

[참고 문헌]
평생 돈에 구애받지 않는 법. 고꼬로야 진노스께, 유노북스
재무심리에 답이 있다(Financial Therapy). 정우식, 트러스트북스
99%는 왜 돈 걱정에 잠못드는가. 정우식, 인사이트북스

# 4차 산업혁명 IoT에 날개를 더한 5G

7

# 4차 산업혁명 IoT에 날개를 더한 5G

## 한 승 훈

필자는 재단법인 한국종합경제연구원 이사 및 ISO 9001 / 14001 심사원으로 활동과 경영지도사 경기북부 지회장을 역임하고 현재 디케이컨설팅 대표로 중소벤처기업부에 등록된 경영지도사이며, 중소벤처기업부 비지니스지원단 클리닉위원으로 활동 중이며 기업체와 소상공업인 대상으로 컨설팅 수행과 여러 대학과 기관 등에서 강의 및 컨설팅 수행 중이다.

## Prologue

지난 4월 3일 수요일 오후11시. 대한민국은 일반 가입자를 대상으로 스마트 폰을 활용한 5G(세대)이동통신 상용서비스를 미국보다 이틀을 앞서 세계최초로 시작했다. 현재를 사는 우리는 과거 어느 누구도 경험을 못한 초 연결 사회(Hyper-connected Society)를 향해 전진하고 있으며 궁극적으로는 이세상의 모든 것이 연결되는 시대를 마주하고 있다.

5G는 LTE(Long Term Evolution:4G)보다 20배나 빠르고 데이터 전송 지연을 최소화하며 다양한 새로운 서비스를 제공할 수 있다. 한국은 이미 이동통신 강국이다. 선진국이 닦아 놓은 길을 열심히 따라가기만 하면 성공할 수 있던 시절에는 세계최초 5G 상용화에 따른 문제들은 애초에 고민거리가 아니었다. 이제야 비로소 세계 최정상에 서서 어느 누구도 해결하지 못한 문제를 맞닥뜨리며 해결하지 못한 문제를 '세계 최초'로 스스로 고민하며 풀어나가야 하는 것이다.

사물인터넷, 빅 데이터, 클라우드, 블록체인, 인공지능 기술을 활용한 4차 산업혁명은 기존 기계와 시스템의 자동화 범위를 넘어서 고도화하는 동시에 자율적으로 판단과 결정을 할 수 있는 지능화 단계까지 혁신의 한계를 넘어서고 있다. 시스템과 기계의 지능화로 기업은 지속적인 발전과 성장을 하게 될 것이다. 이를 통해 경영효율이 높아지고 더불어 수익도 늘어나게 된다.

그러나 문제는 기업이 성장할수록 고용이 늘지 않는데 있다. 공장이 스마트 화 되다보니 직원을 고용할 일이 없어지며 무인시스템으로 운영돼 결국 사람이 필요 없게 된다. 이제는 전통적인 교육방식으로 학습되고 배출되는 기존의 직업에 대한 개념부터 바꿔야 한다. 제4차 산업혁명 시대에는 로봇으로 대체되지 않고 로봇이 할 수 없는 역량과 창의적인 사고의 전환이 절실히 필요하다.

오늘날 스마트 폰은 물을 마신다거나 숨을 쉴 수 있는 것처럼 인간이 당연히 누려야 하는 기본적인 권리수준까지 오지 않았나할 정도이다. 스마트워커의 일상을 보면 기상 알람부터 교통서비스와 일기예보 미세먼지 알림, 거래처 만남 일정검색, 맛집 검색, 심지어 화장실에 갈 때도 휴대를 하고 볼일을 본다. 귀가 후 집안에서 공부방의 아들에게 조용히 문자를 날리기도 하며 잠자리에 들 때도 알람을 설정하고 충전기에 꼽고서 잠을 청한다. 이렇듯이 스마트 폰은 갈수록 우리의 신체 일부가 돼가고 있으며 미래에는 우리 몸 안에 초소형으로 이식될 날도 다가올 것이다.

스마트 폰 결제는 금융권과 연결된 다양한 형태의 앱이 개발되고 사용되고 있다. 중국의 경우 길거리의 걸인이 자신의 계좌로 연결된 QR코드 프린트 물을 목에 걸고 현금이 없는(?) 행인들에게 스마트 폰 기기로 스캔해 일정액을 적선할 것을 요청하는 장면도 등장했다. 단거리 고주파 무선통신인 근거리 무선통신(NFC, Near Field Communication)덕분에 스마트 폰은 휴대지갑의 기능까지 갖췄다.

그로인해 송금이나 기부도 손쉽게 할 수 있게 됐다. 개발도상국 입장에서는 이것이 경제의 주요한 부분 중 하나가 될 수 있을 것이다.

가까운 미래에는 브레인게이트(Brain Gate)라는 인터페이스에 사용된 극소 전극이 다양한 마비증상으로 고통을 받는 환자들의 뇌 표면에 이식될 것이다. 전극을 사용해 어떤 기계 장치라도 정확하게 다룰 수 있게 될 것이다. 응용분야는 커서를 움직이는 것에서부터 성능이 좋은 인공 의수족을 사용해 무거운 물건을 들어 올리고 휠체어의 방향을 지시하는 것에 이르기까지 다양하다. 생각만으로 전자기기를 제어하게 되면 뇌성마비, 알츠하이머 또는 기타 운동신경질환 등으로 신체가 불편한 환자들에게 매우 큰 도움을 줄 것이다.

뇌-컴퓨터 인터페이스 기술의 궁극적인 목표는 피질에서 신호를 전송해 손상된 척추신경을 가로질러 마비된 팔다리를 회복시키는 것이다. 시스코는 오는 2020년이면 인터넷에 연결된 사물 수가 500억 개에 달할 것으로 예상하고 있다. 현재 100억 개 조금 넘는 인터넷 연결 사물 수가 5배 가까이 늘어나는 것이다. 오는 2020년이면 1인당 약 10개에 가까운 사물이 연결된다. 또 오는 2030~2040년쯤 되면 1인당 200개에 이르는 사물이 인터넷에 연결될 것이라는 전망이다. 가트너 등 IT 관련 시장 전망 기관들도 저마다 수치는 조금씩 다르지만 오는 2020년까지 인터넷 연결 사물 수가 10배 이상 늘어나는 등 빠르게 사물인터넷 시대에 접어들 것이라는 전망을 내놓고 있다.

"모든 사물에 컴퓨터가 있어 우리 도움 없이 스스로 알아가고 판단한다면 유통시기, 고장, 교체 등에 대해 고민하지 않아도 될 것이다. 바로 이런 사물인터넷(Internet of Things)은 과거 인터넷이 했던 것 그 이상으로 세상을 바꿀 것이다." - 캐빈 애쉬튼 -

5G(Generation, 세대) 시대를 맞아 사물의 많은 부분이 연결돼 가는 작금에 사물인터넷(Internet of Things, IoT) 시대의 핵심(Core)으로 급격히 이동 중이다. 우리를 주변의 다양한 상황과 환경 그와 연결된 기술의 융합과 적용을 보며 변모해가는 현재와 미래의 모습을 예측해보고 우리의 삶이 어떻게 변화되고 미래를 대비를 해야 하는지도 살펴보도록 하자.

## 01 사물인터넷(Internet of Things, IoT)의 개념

사물인터넷(Internet of Things, IoT) 용어는 인터넷을 기반으로 각종 사물에 센서와 통신 기능을 내장하고 인터넷에 연결하는 기술 즉, 무선 통신을 통해 각종 사물을 연결하는 기술을 의미한다. 사물인터넷의 초기단계인 사물통신(M2M)에서 유비쿼터스(Ubiquitous), NFC 등의 기존의 기술 개념에 뿌리를 내리고 보다 새롭게 발전한 기술이 바로 사물인터넷이다. 참고로 비슷한 개념의 만물 인터넷(IoE:Internet of Everything)과 같은 또 다른 개념도 있지만 최근에는 사물인터넷 혹은 IoT로 부른다.

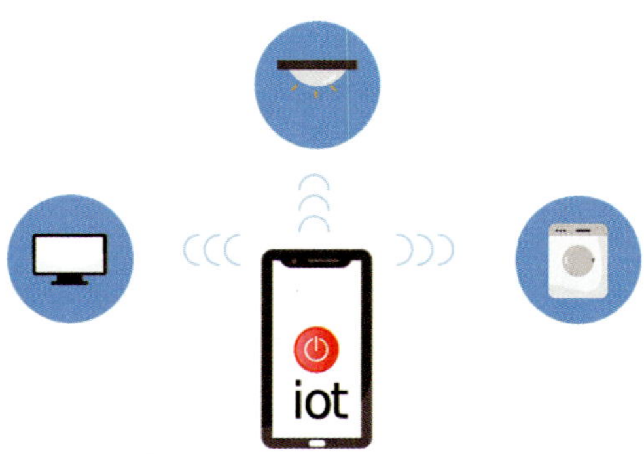


[그림1] 사물인터넷의 개념도 1 (출처: 픽사베이)

지난 1999년 MIT Auto-ID 센터 장이었던 케빈 애쉬튼(Kevin Ashton)은 'IoT'라는 용어를 최초로 제안했다. 지금부터 약 20년 전 일이기도 하다. 당시 케빈 애쉬튼은 IoT 세상이 얼마나 빨리 다가오게 될 것이라고 예견했을까? 그는 "휴대폰이나 무선 인터넷처럼 어떤 것들은 눈앞에 와 있지만 센서(Sensor)들이 (여러 사물에) 광범위하게 퍼지는 것 등은 여전히 뒤처져 있다."라며 "하지만 전반적으로 진보는 놀랍고 흥미롭다."라고 했다. "IoT는 기술의 진보처럼 보이지만 결국 인간의 삶을 풍요롭게 하고 살찌우는 도구가 돼야 한다."라며 "IoT가 삶을 바꿔나가고 있는 현실을 이미 우리도 보고 있다."라고 강조했다.

제4차 산업혁명이란 말은 지난 2011년 독일에서 제조업에 정보통신기술(ICT)을 융합해 키운다는 개념으로 처음 사용됐다. 지난 2016년 10월 18일 세계경제포럼의 창시자 클라우스 슈밥(Klaus Schwab) 회장은 대한민국 국회에서 열린 '국회 제4차 산업혁명포럼 퓨처스아카데미'에 참석을 했다. 그는 '4차 산업혁명은 쓰나미와 같다. 1~3차 산업혁명과는 달리 변화 속도가 어마어마하게 빠르기 때문이다. 4차 산업혁명은 이미 실생활에 스며들고 있는데 이러한 기술 변화 속도를 따라잡지 못하는 국가와 기업은 도태할 것'이라고 말했다. 4차 산업혁명은 기업들이 제조업과 ICT(정보통신기술)를 융합해 작업 경쟁력을 높이는 차세대 산업혁명을 가리키는 말이다.

지난 2019년 4월 27일에 막을 내린 서울 강남구 삼성동 코엑스에서 열린 '월드 IT쇼 2019'는 'Smart Innovation'이라는 주제로 과학기술정보통신부 주최로 18개국, 402개 기업이 참가해 신기술과 제품을 뽐냈으며 전시부스는 1,028개였다. 월드 IT쇼는 글로벌 ICT 업체의 기술 트렌드와 연구개발 발전 방향을 볼 수 있고 제4차 산업혁명에 해당되는 5G통신과 이를 활용한 VR(가상현실) 및 AR(증강현실) 서비스, 국내외 각 기업이 앞 다퉈 투자를 확대하고 있는 AI, 사물인터넷 IoT 등의 신기술 트렌드를 선보이기도 했었다.

IoT는 인터넷 시대, 모바일 시대와는 개념이 전혀 다른 새로운 시대라고 할 수 있다. 인터넷과 모바일 시대는 1차 디지털 혁명이며 5G시대를 맞이한 현재는 초 연결시대라고 할 수 있다. 빠르게 변하는 시대에 우리가 피부로 느끼는 가장 중요한 변화는 서비스 방식이다. 인터넷이든 스마트 폰이든 우리는 정보가 필요할 때마다 쉽게 서칭하는 것에 만족했다. 초고속 인터넷으로 빠르게 찾고, 모바일로 언제 어디서든 검색할 수 있는 것이 우리의 만족도를 높였다. 서비스의 포커스는 당연히 얼마나 빠르게, 얼마나 쉽게 원하는 것을 찾느냐에 모아졌다. 과거에는 필요한 정보를 찾았다면 이제는 주변의 사물과 여러 장치들이 나에게 홍보하고 평판을 알려주며 추천하는 것이 매우 자연스러워진다는 중요한 포인트이다. 정보에 대한 패러다임이 바뀌는 것이다. 주변의 연결된 사물들이 점차 인공지능과 연결된다고 할 수 있다.

지난 1999년 처음 등장한 IoT 용어, 세계경제포럼 클라우스 슈밥 회장의 제4차 산업의 쓰나미 같은 변화속도와 대응을 못하면 도태될 것이라고 경고를 했던 2016년. 그로부터 3년 후 2019년 대한민국은 세계최초로 5G 상용서비스를 시작했다. 우리는 관심을 갖고 IoT 생태계를 바라보며 보다나은 미래를 위해 성장 동력을 가로막는 각종규제들을 철폐하며 이와 더불어 과감한 투자로 선두그룹 대열을 리드해야 할 것이다.

사물인터넷은 아날로그 유선통신인 제1세대 기반을 거쳐서 제2세대 인터넷보다 더욱 발전하고 진화된 단계이다. 인간의 개입 없이 정보를 알아서 처리한다. 유비쿼터스와 비슷하지만 통신장비와 사람과의 '통신'을 주목적으로 하는 유비쿼터스에서 인터넷으로 확장해 사물은 물론 가상세계와도 상호작용을 하는 개념이다.

여기서 '사물'이란 모바일 장비, 가전제품, 웨어러블 디바이스 등 무선통신을 통해서 각종 사물을 연결하는 기술을 말한다. 사물통신은 지능(Intelligence)을 더하고 각각의 사물망을 인터넷과 같은 거대한 망에 연결해 하나의 틀로 묶어 제공하는 서비스에 대한 기술 통칭이다.

주변사물들이 유무선 네트워크로 연결돼 유기적으로 정보를 수집 및 공유를 하면서 상호작용하는 지능형 네트워킹 기술 및 환경을 의미한다. IoT 기술력은 인터넷 망에 M2M(Machine to Machine) 통신 서비스를 접목시켜 모든 정보와 서로 연결해 상호작용하는 개념으로 진화한다. 사물인터넷(IoT)의 기본 개념과 개념적 변화과정은 M2M의 개념이 IoT에 흡수돼 차세대 지능통신으로 발전하게 될 것으로 예상된다.

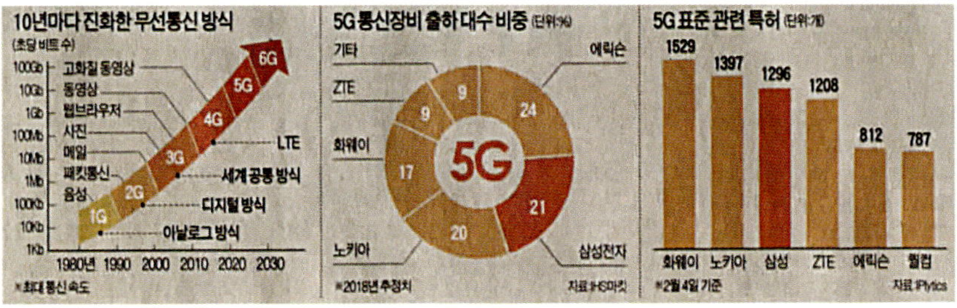

[그림2] 무선통신방식과 5G통신장비 출하대수비중 및 5G표준관련 특허
(출처: IPlytics)

제4차 산업혁명 주도의 상징성과도 연관된 5G 상용화를 위한 노력은 향후 미래기술의 패권 향방이 결정되기 때문이다. 세계최초 5G-한국과 미국에 이어 중국은 차이나모바일 등 2019년 주요 도시에서 테스

트와 오는 2020년 상용화 예정이며 일본의 경우 2019년 주파수 선정과 2020년 도쿄올림픽에 맞춰서 상용화할 예정이다. 특히 미래기술 패권전쟁으로 여겨지는 미·중간 통상전쟁에서도 핵심 사안이다. 미 정부는 서방국가들이 화웨이 5G 시스템을 도입할 경우 안보위협을 초래할 우려가 있다고 주장하고 있다. 미국과 호주는 국가안보를 이유로 화웨이의 자국 내 5G 사업 참여를 금지했다. 일본도 조만간 뒤를 따를 것이라는 전망도 나온다.

5G(Generation, 세대)기반의 IoT 적용분야는 스마트 홈, 스마트 팩토리, 스마트 팜, 스마트시티, 웨어러블 등으로 나뉠 수 있다. 즉 가정, 빌딩, 농업, 공장, 도시, 환경, 물류, 빌딩, 자동차, 드론, 3D 프린터 등 사람이 있는 다양한 환경과 공간, 산업영역에서 사물인터넷 기술이 적극적으로 활용될 것이다.

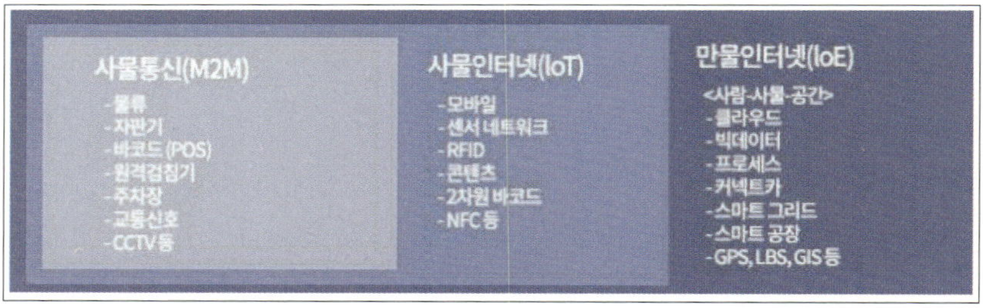


[그림3] IoT 포괄개념 비교(출처: K-ICT스펙트럼Map)

### 1) 사물인터넷과 사물통신(M2M)의 차이점

IoT 구성요소의 연결고리에는 '사람, 사물, 서비스' 3가지 종류가 존재하며 이들 3가지가 다 같이 수평적으로 연결돼 있다. IoT에서 '사람'은 인터넷과 연결된 기기를 사용하는 모든 사람을 대상으로 하기 때문에 사실상 전 세계의 모든 사람이 그 대상이다. 그러나 M2M에서 '사람'은 특정 권한이 있는 사람을 지칭한다. 예를 들면 공장의 시스템 관리자, 쇼핑몰에 설치된 키오스크를 사용하는 사람이다. M2M에서는 사람(관리자)은 사물보다 높은 위치에 존재해 사물들의 생성한 정보를 이용하거나 사물들을 제어하기 위한 명령을 지시한다. IoT에서는 사람 사물, 서비스 등 모든 구성요소가 수평적으로 데이터를 생성하는 주체가 되기도 하고 또 동시에 데이터를 이용하는 주체가 되기도 한다는 점이 차이점이라고 할 수 있다.

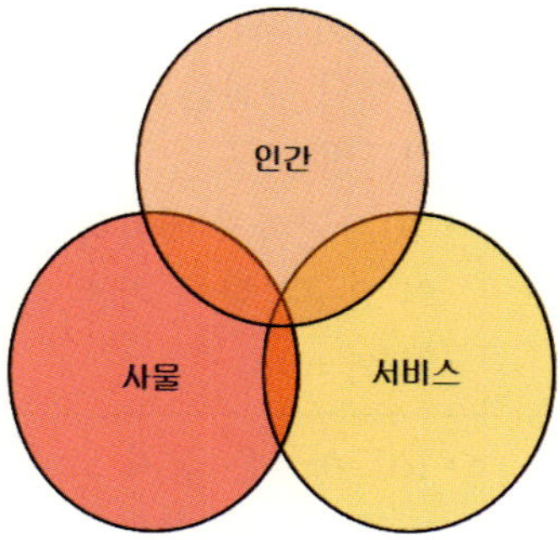


IoT의 3대 주요 구성요소

[그림4] IoT의 3대 주요 구성요소(출처: K-ICT스펙트럼Map)

## 2) 사물인터넷(IoT) 관련 10대 기술

사물인터넷 관련 지난 2017년과 2018년의 상위 10대 기술을 가트너에서는 [표1]과 같이 발표했다.

| 번호 | 기술 | 개요 |
|---|---|---|
| 1 | IoT 보안<br>(IoT Security) | • IoT 보안 기술은 IoT 장치와 플랫폼을 정보 침입과 물리적 침해로부터 보호하고 통신을 암호화하며 배터리를 소모시키는 공격과 같은 새로운 문제를 해결하는 것임. 정교한 보안 접근법을 지원하지 않는 단순한 프로세서와 운영 체제를 사용하는 것이 문제임.<br>• 기기의 수명이 다할 때까지 보안을 업데이트 할 수 있는 하드웨어와 소프트웨어가 필요함. |
| 2 | IoT 분석<br>(IoT Analytics) | • IoT 비즈니스 모델은 여러 가지 방법으로 사물에서 수집한 정보를 사용하며 새로운 분석 접근법 요구.<br>• 2021년까지 데이터 양이 늘어남에 따라 IoT의 요구사항이 기존 분석과 크게 달라질 수 있음. |
| 3 | IoT 장치 관리<br>(IoT Device Management) | • IoT 사물은 장치 모니터링, 펌웨어 및 소프트웨어 업데이트, 진단, 충돌 분석 및 보고, 물리적 관리 및 보안 관리와 같은 관리와 모니터링이 필요, IoT는 관리 작업에 새로운 규모의 문제를 야기.<br>• IoT 장치 관리 도구는 곧 수천 개, 심지어 수백만 개의 장치를 관리하고 모니터링 할 수 있어야 함. |

| | | |
|---|---|---|
| 4 | 저전력, 단거리 IoT 네트워크 (Low-Power, Short_Area Networks) | • IoT 디바이스용 무선 네트워크를 선택하는 것은 범위, 배터리 수명, 대역폭 및 운영비용과 같은 많은 요구 사항의 균형을 맞춰야 함<br>• 저전력, 단거리 네트워크는 오는 2025년까지 무선 IoT 연결을 압도할 것이며 광대역 IoT 네트워크를 사용하는 연결을 훨씬 능가할 것임. |
| 5 | 저전력, 광역 네트워크 (Low-Power, Wide_Area Networks) | • 전통적인 셀룰러 네트워크는 IoT 애플리케이션에 적합하지 않음, 광역 IoT 네트워크의 장기적인 목표는 전국적인 범위, 최대 10년의 배터리 수명, 앤드포인트 (end-to-end)를 사용한 빠른 전송속도와 저렴한 하드웨어 비용이며 기지국이나 그에 상응하는 장치에 연결된 수십만 대의 장치를 지원하는 것임.<br>• NB-IoT와 같은 신흥 표준이 이 영역을 장악하게 될 것임. |
| 6 | IoT 프로세서 (IoT Processor) | • IoT 장치가 사용하는 프로세서 및 아키텍처는 강력한 보안 및 암호화 기능, 전원 소비, 소프트웨어의 정교함의 정도, 펌웨어의 특성과 같은 많은 기능을 결정지음.<br>• 모든 하드웨어 설계와 마찬가지로 기능, 하드웨어 비용, 소프트웨어 비용, 소프트웨어 업그레이드 가능성 등과 같은 요소 간에는 복잡한 절충안이 있어 중요한 분야임. |
| 7 | IoT 운영 체제 (IoT Operating Systems) | • Windows 및 iOS와 같은 기존 운영 체제(OS)는 IoT 응용 프로그램용으로 설계되지 않았으며 소형 장치의 경우 메모리 공간이 크며 개발자가 사용하는 칩을 지원하지 않을 수 있음.<br>• 다양한 IoT 전용 운영 체제가 다양한 하드웨어 기능 요구 사항에 맞게 개발됐음. |

| 8 | 이벤트 스트림 처리 (Event Stream Processing) | • 일부 IoT 애플리케이션은 실시간으로 분석해야하는 데이터를 매우 높은 속도로 생성함. 초당 수만 건의 이벤트를 생성하는 시스템이 일반적이며 일부 통신 및 원격측정 상화에서는 초당 수백만 건의 이벤트가 발생할 수 있음.<br>• 데이터 처리 요구 사항을 해결하기 위해 분산 형 스트림 컴퓨팅 플랫폼 (DSCP)이 등장했음. 이들은 일반적으로 병렬구조를 사용해 초고속 데이터 스트림을 처리함. |
|---|---|---|
| 9 | IoT 플랫폼 (IoT Platforms) | • IoT 플랫폼이 제공하는 서비스는 크게 세 가지 범주로 나눌 수 있음.<br>(1) 통신, 장치 모니터링 및 관리, 보안 및 펌웨어 업데이트와 같은 하위 수준 장치 제어 및 작업<br>(2) 데이터 수집, 변환 및 관리<br>(3) 이벤트 기반 논리, 응용 프로그램 프로그래밍, 시각화, 분석 및 어댑터를 포함해 엔터프라이즈 시스템에 연결하는 IoT 응용 프로그램 개발<br>• 플랫폼은 IoT 시스템의 많은 인프라 구성 요소를 통일함. |
| 10 | IoT 표준 및 생태계 (IoT Standards and Ecosystems) | • 많은 IoT 비즈니스 모델은 여러 장치와 조직 간에 데이터를 공유하는 데 의존하므로 표준 및 관련 API가 필수.<br>• 향후 많은 IoT 생태계가 나타날 것이며 이러한 생태계 사이의 상업적 및 기술적 전쟁이 스마트 기술 영역을 지배할 것임.<br>• 제품을 만드는 조직은 여러 표준 또는 생태계를 지원하도록 개발해야하며 표준이 발전하고 새로운 표준 및 관련 API가 등장할 것이므로 제품을 계속 업데이트 할 수 있어야 함. |

[표1] 사물인터넷(IoT)관련 상위 10대 기술(출처 : Top 10 Internet of Things Technologies for 2017 and 2018)

최근 구글과 퀄컴이 연합하면서 단말기시장에서도 급격한 변화가 있다. 퀄컴의 5G용 반도체와 구글의 기본 소프트웨어를 적용한 단말기 개발이 진행 중이며 애플스마트 폰에 대결하는 형태이다. 5월에 구글폰이 나올 것이라는 전망도 있다. 통신 기업과 제조업체간 협업도 진행되고 있다. KT는 현대중공업 선박제조 과정에 5G 기술을 활용하고 있다. 인력을 줄이고 제조 공정의 효율화를 꾀하는 스마트 팩토리 실현의 첫걸음이다.

두산인프라코어은 지난 4월 8일(현지시간) 독일 뮌헨에서 개막한 건설기계 전시회인 '바우마(BAUMA)2019'에 5G통신기반 건설기계 원격제어 기술을 출품했다고 발표했다. 바우마 전시회는 세계 최대 규모의 건설기계 박람회로 꼽히는데 이날 D사는 행사장에 설치한 5G 원격제어 관제센터에서 약 8,500km 떨어져 있는 대한민국 인천의 굴착기를 원격으로 조정하는데 성공했다. 관제센터에 모니터와 스피커 등을 장착한 운전석을 설치하고 인천에 있는 굴착기의 카메라와 마이크가 수집한 정보를 전달받아서 운전사가 마치 현장에 있는 것처럼 실시간으로 조정했다.

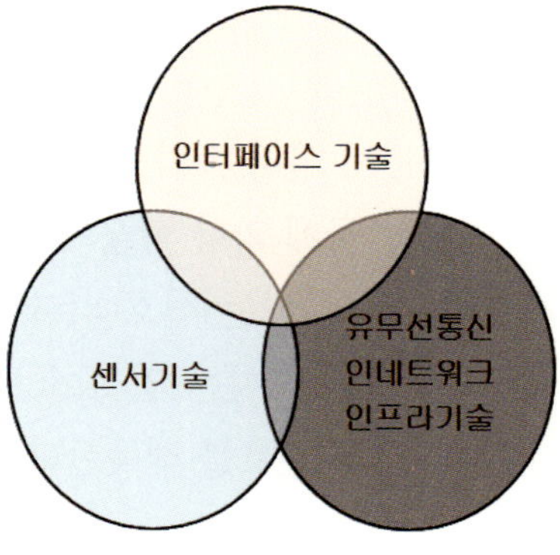


[그림5] IoT의 기술요소(출처: K-ICT스펙트럼Map)

IoT의 3대 주요기술로는 인터페이스 기술, 센싱 기술, 유무선 통신/네트워킹 인프라기술 IoT 서비스 인터페이스 기술이 있다.

정부는 지난 2018년 말부터 오는 2022년까지 3만 개 중소기업에 스마트 팩토리를 구축하기 위한 '중소기업 스마트 제조혁신 전략'을 내놨다. 근로자 10인 이상의 제조기업 6만 7,000여 개 중 절반가량의 공장 혁신을 지원하기로 했다. 스마트 팩토리는 신체로 말하자면 두뇌를 대체하는 것으로 설명한다. 정보통신기술(ICT)과 빅 데이터 등 4차 산업혁명 기술을 활용해 최적의 생산시스템을 구축하는 것을 말한다. 중소벤처기업부는 '데이터에 기반 해 제품생산 과정을 컨트롤하고 개선해 나가는 지능형 공장'이라고 정의했다. 스마트 팩토리가 구축되면 근로자는 각종 소모품이 언제쯤 마모되거나 부족한 것을 알게 돼 교체나 교환해야 하는지 실시간으로 알 수 있다. 완성품이 이동하는 경로와 도착시간도 한눈에 파악가능하다.

## 02 사물인터넷과 미래

미국 샌프란시스코 캘리포니아 대학(UCSP) 연구팀이 사람의 뇌와 컴퓨터를 연결하는 뇌-컴퓨터 인터페이스(Brain-Computer Interface-BCI) 기술을 활용해 머리 속의 생각을 읽고서 말로 바꾸는 장치를 개발했다. 연구결과는 국제 과학 학술지 네이처 지난 4월 24일자에 실렸다. 사람이 말을 할 때 뇌는 신호(뇌파)를 보내 발성기관이 움직이도록 조종한다. 인공지능 장치는 입 밖으로 소리를 내지 않고 문장을 떠올렸을 때 나타나는 뇌 신호를 해독한다.

연구팀은 인공지능(AI)장치를 활용해 말을 하지 않고도 마음속으로 생각한 말을 인공 음성으로 출력하는데 성공했다. 연구팀은 기술을 더 발전시키면 뇌손상 등으로 말하는 능력을 잃은 사람들에게 도움을 줄 것으로 기대한다고 했다.

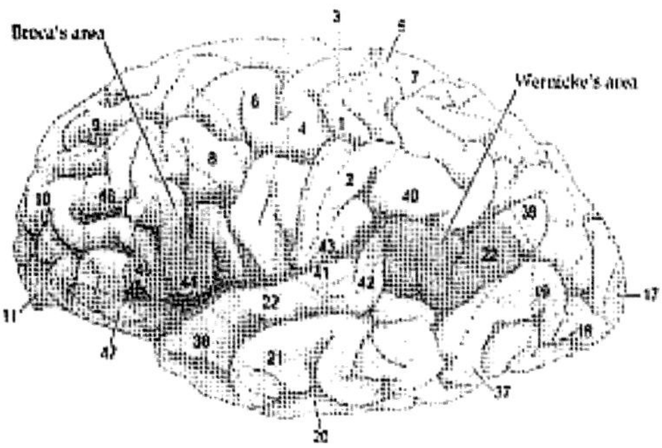


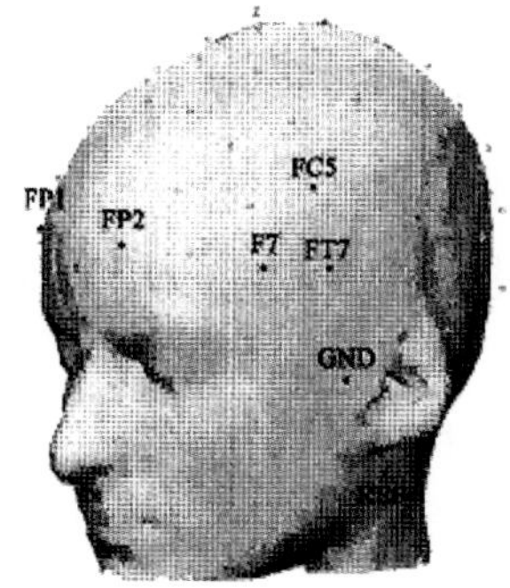


[그림6] 언어와 관련된 뇌 영역　　　　　[그림7] 뇌파 측정 영역

(출처: 한국지능시스템학회 논문지. 2009. Vol.19.No1. pp.122-127. 염흥기, 장인훈, 심귀보)

### 1) 인공지능 AI

이세돌 9단과 알파고와의 대국에 대해 구글은 이렇게 평했다. "인공지능이 인간에 승리하면서 바둑이 쇠락의 길을 걷지 않을까 하는 우려의 목소리도 있었지만, 알파고의 승리는 오히려 인간 기사들이 더욱 강력하고 창의적인 전략을 개발하는 계기가 됐다. 프로와 아마추어 기사들이 알파고의 혁신적인 수들을 하나하나 자세히 살펴보고 이를 통해 역사상 가장 많은 연구가 이뤄진 게임으로 알려진 바둑에 대한 새로운 지식과 전략을 배우고 있는 것이다."

구글의 평가처럼 기계와 경쟁이 아닌 서로 발전하고 공존하는 모습도 그릴 수 있다. IBM은 사람의 일을 똑똑한 기계가 대체하는 현상에서 인공지능을 증강지능으로 새롭게 정의하고 있다. 인공지능이 사람을 대체하는 것이 아니라 사람의 능력을 확장시키고 있다고 말한다. IBM의 인공지능 왓슨을 종양 학에 활용하면 암 전문의는 환자 기록을 실시간으로 받을 수 있다. 현재까지 왓슨은 약 2,600만 건의 의학과 과학 논문들을 완전히 습득했다. 의대에서 전문의가 되기 위해서는 방대한 양의 학습을 해야 한다. 새로운 치료 사례를 분석해서 활용하는 일에 인공지능은 의사를 대체하는 것이 아니라 의사 능력을 발전시키는데 도움을 주는 기계인 것이다.

### 2) 빅 데이터

빅 데이터의 시대가 시작되면서 기술 트렌드와 이슈를 넘어 빅 데이터가 경제사회의 해결 수단으로 부상한다. 이는 기업들에게 '큰 기회'이기도 하다. 기업 리더들은 사실들에 근거한 보다 나은 의사결정을 내리게 해주는 빅 데이터의 역할에 대해 이미 그 중요성을 인정하기 시작했다.

MIT슬로언 경영저널에 의하면 데이터는 더 이상 단순한 트랜드 분석 보고서 작성을 위한 부차적 지원 차원이 아니라 미래 기업 역량의 핵심이 된다. 즉 빅 데이터의 가치가 경제성장의 도구로 부각되며 기술적 이슈에서 벗어나 경영, 경제, 안보 등 다양한 이슈로 확산될 것이다.

핀란드 정부의 적극적인 빅 데이터 개방 등은 관련 산업을 비약적으로 성장시키고 있다. 디지털 헬스 케어 중심인 병원은 고급 연구 인력과 글로벌 자금이 몰리는 바이오 벤처 요람으로 떠오르고 있다. 세계 최초 3차원(3D) 영상 판독기술 개발, 유전학 연구 급성장 등이 이어지면서 관련 분야 수출액도 급증하고 있다. 최근 10년 동안 연 평균 8%씩 증가해 지난 2017년에는 22억 2,000만 유로(약 2조 8,917억원)에 달했다.

[그림8] 신용카드, 스마트 폰으로 흡수돼가는 중이나
비주얼과 간편성의 강점은 있음

국내 S카드는 고객 1,017만 명을 분석 후 서울·경기 '소비지도'를 구축하고 트레이더스의 이용 가능성 높은 소비자를 대상으로 타깃 마케팅을 펼치며 개인별 주소지와 주요 소비지역, 소비성향 등을 빅 데이터로 분석해 집중 공략하는 새로운 마케팅 기법을 썼다. 불특정 다수에게 똑같은 내용의 광고를 내보내는 기존방식은 효과가 없다고 판단한 것이다. 다른 카드 사들도 빅 데이터를 통한 사업 확장에 나서고 있다.

카드 사들의 무기는 '결제정보'이다. 한국은행에 따르면 지난해 신용카드 하루 평균 결제건수는 3,675만 건이다. 매년 130억 건의 결제정보가 카드 사에 쌓인다. 다만 아직 개인정보 활용에 걸림돌이 있어서 사업 확장엔 한계가 있다. 현행법은 신용정보 측정 등 수집목적과 개인정보 활용과 데이터 거래를 막고 있다.

### 3) 자율주행 차

전기 차와 수소 차 그리고 자율주행 차(무인차)에 이어서 가까운 장래에 우리 눈앞에 비행기 형태의 날개를 접었다 펴며 도로를 주행하고 활주로처럼 사용하는 플라잉 카 혹은 드론으로 만들어진 1인 비행물체도 곧 등장할 것이다. 이 시기에는 차량은 더 이상 소유의 개념이 아니라 본격적인 공유의 시대가 될 것이다. 자율주행 차 개발은 기존 자동차회사보다 ICT 기업 쪽에서 더 활발하다. 차의 심장으로 불리는 엔진 기술보다 위치를 파악해서 방향을 잡는 센서와 통신 기술이 더 중요하기 때문이다.

[그림9] 독일 벤츠와 현대 모비스 컨셉트 차
(출처 : Kintex 2019 서울모터쇼 2019. 4.)

| 기술 초점 | 현 황 | 2030년의 가능성 | 이 슈 | 영 향 |
|---|---|---|---|---|
| 로봇 공학 | 로봇공학은 이미 방위 및 제조업에서 널리 사용되고 있다. | 로봇공학은 몇몇 활용 영역에서 인간의 노동을 제거할 것이다. 산업용 로봇과 서비스 로봇 간의 경계가 모호해지는 일이 발생할 것이다. | 연구자들은 로봇의 가격을 낮추고 지능을 향상시켜야 한다. 활용 분야가 넓어짐에 따라 로봇은 전례 없는 여론의 시험대에 오르게 될 것이다. | 완전 자동화는 막대한 노동력을 사용하거나 개발도상국에 아웃소싱 하는 것보다 비용 면에서 훨씬 효율적인 선택이 될지 모른다. |
| 원격 및 자율 주행 차량 | 원격 및 자율주행 차량은 방위, 광업, 탐사 분야에서 사용되고 있다. | 무인항공기(UAV)는 국내 및 국가 간 분쟁을 일상적으로 모니터 하고 비행 금지 구역을 지정하고 국경을 점검할 것이다. | 자율 주행 차량이 인구가 많은 지역에서도 안전하게 정확히 작동하도록 하는 것이 중요할 것이다. | 테러리스트들의 무인항공기 사용으로 혼란이 증대될 가능성이 있다. |
| 첨삭 가공 /3D 프린팅 | 참삭가공은 모형 제작과 자동차 및 항공우주 산업에서의 쾌속 조형(rapid prototyping)에 사용되고 있다. | 첨삭가공은 일부 종래의 대량 생산 제품, 특히 고부가가치 제품을 대체하기 시작하고 있다. | 제작물의 품질과 비용은 업계의 첨삭가공 기술 수용을 제한하는 요인이다. | 선진국과 개발도상국 모두 첨삭가공의 유연성, 속도, 맞춤 생산 방식으로 이익을 얻을 것이다. |

[표2] 자동차 및 제조기술

(출처: 글로벌 트렌트 2030. 미국국가정보위원회(NIC) 미래예측보고서 2013.1)

자율주행은 4단계로 구분된다. 1단계는 크루즈 컨트롤, 2단계는 주차보조 및 차선이탈 방지, 3단계는 고속도로 자율주행, 4단계는 완전 자율주행이다. 관련업계의 관계자들은 오는 2020년이면 고속도로 등 제한된 환경에서 자율주행이 가능한 3단계의 시대를 일상으로 만드는 것이 목표라고 한다. 오는 2025년 이후에야 어디서나 자율주행이 가능한 4단계의 시대가 될 것이다.

자율주행 차 시대는 기존 자동차 업체에 큰 위협이 될 것으로 보인다. 자율주행 차의 핵심은 얼마나 주변 상황을 잘 파악하고 이를 분석해 빠르고 정확하게 대응할 수 있느냐에 달려 있다. 이를 위해서는 빅데이터와 데이터 분석 기술이 절대적으로 필요하다. 자동차의 안전성이 달려 있는 문제이기 때문에 관련 기술력을 확보하지 못한 완성차 업체는 소비자로부터 외면 당할 것이다. 소비자의 선택을 받지 못한 업체는 결국 자동차 하드웨어를 제조한 뒤 소프트웨어 업체에 납품하는 하청업체로 전락할 수도 있다.

### 4) 스마트 시티

스마트 시티의 개념은 각국 경제수준 및 발전수준, 도시 상황과 여건에 따라 스마트시티는 매우 다양하게 정의 활용되며 접근 전략에도 차이가 있다. 일반적으로 '도시에 ICT·빅 데이터 등 신기술을 접목해 각종 도시문제를 해결하고 삶의 질을 개선할 수 있는 도시 모델'로 정의한다. 최근에는 다양한 혁신기술을 도시 인프라와 결합해 구현하고 융·복합할 수 있는 공간이라는 의미의 '도시 플랫폼'으로도 활용하고 있다.

스마트 시티의 내용을 보면 도시 안에 센서와 CCTV로 빅 데이터를 수집한 후 이 빅 데이터를 토대로 교통, 환경, 전력, 수도, 의료, 교육 문제를 해결함으로써 도시 안에 최적 자원 배분 시스템을 만드는 도시인 것이다. 도시와 스마트를 연결 지으면 가장 먼저 연상되는 것이 교통과 동선을 편안하게 해주는 등의 디자인이다. 우리의 주요도시들은 지방자치 단체 중심으로 도시 경쟁력 향상을 위한 많은 노력과 예산을 투입하기 시작했다. 특히 교통문제를 해결하려는 노력들이 우선 눈에 띈다. 오늘날 뉴욕, 도쿄, 서울, 상하이 등 거대 도시들은 수많은 교통 데이터를 생산한다. 사람과 자동차, 대형 이벤트와 급작스런 교통사고 등 복합적이며 그 외 다른 변수들도 생길 수 있다.

예를 들어 스마트 폰으로 보일러 등 가전제품을 원격 조종하는 게 IoT의 모습이라면 차량 내비게이션에 '집으로'라는 명령만 내리면 차량과 연결된 가전제품이 도착 시간에 맞춰 자동으로 작동되는 게 IoE의 모습이다.

시스코는 여러 정보통신기술(ICT)업체 가운데 사물인터넷을 가장 적극적으로 추진하는 곳 중 하나다. 사물인터넷은 IoT라는 용어로 많이 알려져 있지만 시스코는 특이하게 IoE(Internet of Everything)라는 용어를 사용한다. 사물(Thing)을 넘어서 만물(Everything)로 진화하고 있다는 것이 시스코의 판단이다.

사물인터넷 전략은 도시의 변화다. 지난 2013년 스페인 바르셀로나와 시스코는 도시 전체에 사물인터넷을 적용해 인간 삶의 질을 높이겠다는 계획을 세웠다. 목표는 시 전체에 500Km의 네트워크를 깔고 500개의 무선인터넷 핫스팟을 제공해 도시 전체가 연결된 공간으로 만들겠다는 것이다. 현재 시범적으로 바르셀로나 도심 한복판인 본(Born) 지구에서 사업이 진행 중이다. 핵심 사업은 스마트 파킹과 스마트 가로등, 스마트 쓰레기통 등이었다. 결국 수백만 명의 관광객이 찾고 1차로가 많아 비좁은 도로의 쓰레기통을 스마트하게 센서로 해결을 하면서 많은 시간과 비용을 절감했다. 특정 공간이나 거대도시에서 광범위하게 일어나고 있는 도시의 복잡한 움직임을 한눈에 파악할 수 있는 수단이 CCTV와 센서 그리고 빅 데이터 활용 등이다.

예를 들면 경기도 고양시의 경우 스마트시티 지원센터를 설치해 사물인터넷(IoT) 융·복합 시범단지 조성사업을 지원하고 첨단산업분야 스타트 업을 발굴 육성하고 있다.

[그림10] 지능형 도시 관리(출처 : 국토교통부 사이트 스마트 시티)

IoT 기술을 접목한 실증서비스에 대한 모니터링 역할과 축적된 공공데이터 등 빅 데이터를 기업들에게 공급하고 IoT 관련 예비창업자 및 스타트 업 기업의 입주 공간을 제공한다. 경기도 고양시의 경우 스마트도시 환경 분야에서 호수공원 및 어린이집 주변에 초미세먼지 측정, 자외선, 강우 유무 등을 공공 데이터로 제공한다.

IoT 기술 기반의 쓰레기 수거차량 관리서비스 및 쓰레기통의 적재량 모니터링과 적재량 예측을 통한 수거시기를 분석해 깨끗한 도시환경

조성에 기여한다. 자유로, 킨텍스 주변 등 불법 주정차 현황을 보며 호수공원 주변 노래하는 분수대의 조명 및 수질검사를 통해 분석결과를 알려준다. 스마트 시티 생활환경서비스 범주에는 생태환경 서비스, 공원 환경 서비스, 안심 주차서비스, 복합 환경 가로등, 환경자전거 공유 서비스, 스마트 방역 서비스 등이 있다.

### 5) 무인매장

지난 1999년 미국 소매업(리테일) 업계 전체 매출이 사상 처음으로 3조 달러(약 3,421조원)을 넘었다. 소비시장은 매년 몸집을 불렸다. 그러나 10년 후 소매업의 위기는 전 세계에서 동시 다발적으로 발생했다. 미국 영국 뿐 아니라 독일, 프랑스 등 유럽 주요국과 한국에서도 문 닫는 매장이 급속이 늘었다.

[그림11] 무인계산대 - 국내 모 대형마트에 등장한 셀프계산대와 결제기기

미국 내 4,600개 매장이 있는 월마트는 올해 최소 300개 매장에 선반을 검색해 모자라는 재고를 찾아내는 로봇을 도입하기로 했다고 월스트리트저널(WSJ)은 지난 4월 9일(현지시간) 기사화했다. 최저임금 인상을 '자동화'로 대응한 사례이다. 미국 최대 오프라인 유통업체인 월마트는 로봇에게 물품 하역부터 청소, 재고관리까지 맡기는 셈이다. 한국에서와 마찬가지로 미국도 최저임금 때문에 일자리가 사라진다는 분석이 나오고 있다. 월마트는 직원들의 반발을 고려해 기존 매장 직원을 훈련해 전자상거래 등 신규 사업 분야에 배치하겠다는 계획도 밝혔다. 4만명은 온라인 주문을 처리하는 작업에 배치한다.

| 분 야 | 내 용 | 주요제품 |
|---|---|---|
| 헬스 케어 | 건강보조도구, 혈당량측정, 건강정보송신, 원격진료, 스마트폰헬스케어애플리케이션 등 | 핏빗플렉스(핏빗), 픽스(코벤티스), S헬스서비스(삼성전자), 2net(퀄컴), 헬리어스(프로테우스바이오메디칼), 트윗피(하기스) |
| 홈케어 | 문/조명등제어, 지능주택관리, LBS방범, 외출보안시스템, 냉난방환기자동조절, 스마트홈서비스, 취약계층원격케어 등 | 스마트싱스(Smarthings), 스마트홈, 스마트라이프(SKT) |
| 자동차 | 텔레매틱스, 무인자동차, 스마트카, 커넥티드카, 차량원격관리 등 | Onstar(GM), Sync(포드), 블루링크(현대차), 무인자동차(구글), 스마트오토모티브(SKT), 실시간차량관제(LG유플러스) |
| 산업 | 시설물관리, 공장자동화, 유통망검색, 오/폐수자동관리, 결제/과금서비스, 스마트융합가전, 물류시설관리 등 | NFC단말, 공장자동화센서, POS모바일소액결제 |
| 교 통 | 교통안전, 국도모니터링, 배기가스 실시간 감지, 택시무선결제, 디지털운행기록관리 등 | 지능형 교통서비스, 지능형 주차서비스 SFPark(샌프란시스코) |

| | | |
|---|---|---|
| 건 설 | 건물/교량 원격관리서비스, 시설물관리, 스마트시티 등 | 가로등밝기자동조절, 건물에너지효율화시스템, 송도스마트시티(시스코), 원격조명관리시스템 |
| 농 업 | 실시간작물상태모니터링, 온도/습도감지및조정, 농작물수확량재고관리 | 스마트팜(SKT), 지능형 파종 서비스, 지능형 젖소관리 서비스 |
| 환 경 | 날씨/온도측정센서, 야생동물위치확인, 서식지보존, 방사능등위험물질위치파악, 지능형쓰레기수거시스템 | 네탓모쓰레기통, 불법벌목방지, 온도/물관리시스템, 스마트에셋트래킹(SKT), 스마트클린시스템(LGU+) |
| 엔터테인먼트/오락 | 재미, 오락 | 버블리노스마트워치(소니), 구글글라스, 스마트기어(삼성전자), 퓨얼밴드(나이키), 조본업(조본) |
| 에너지 | 중앙전원통제, 고압전력원격검침, 전력신청및공급, 에너지하베스팅, 분산전원 | 위모, 스마트미터, 스마트그리드 |
| 안전 | 재난예측, 재해 조기감지, 실시간화재 및 침입경보서비스 | 스마트원격관제서비스(SKT), 안심마을서비스(LGU+) |
| 경로추적 | 애완동물/자동차 추적 | 트랙티브랫트래커 |
| 식품/급식 | 초밥감지서비스, 지능형 식기도구, 단체급식 위생관리 | 회전초밥감지(스시로), 하피포크(하피랩스), 스마트프레시(LGU+) |

[표3] IoT 적용 분야(출처: ETRI)

## 6) 스마트 글라스

'지능형 모바일 컴퓨터'가 대세로 떠오르고 있다. 우리는 이미 스마트 폰 활용 증강현실 포켓 몬 열풍을 봐왔으며 헤드 셋을 통해서 온몸으로 느끼는 가상현실도 체험해봤다. 제품수명주기 이론에 대입하자면 스마트 글라스는 도입기 끝자락에서 성장기로 넘어가는 중이다.

스마트글라스는 지금까지 컴퓨터와 휴대전화로만 가능했던 데이터와 인터넷 접속을 사용자의 시각으로 이동시킨다. 일반적으로 스마트 글라스는 카메라와 디스플레이, 터치패드, 와이파이, 밧테리, 마이크로폰 등이 모두 하나의 글라스에 압축돼 이식된 것이다. 스마트 글라스의 혁신적인 기능은 주목을 받겠지만 상대가 알아채지 못할 정도로 촬영되기 때문에 라커룸이나 수영장, 헬스클럽 등이나 카지노에서는 사생활 침해나 영업방해 문제가 발생될 수 있다.

그래도 외과 의사들이 수술을 진행하면서 환자의 의료기록이나 엑스레이를 볼 수 있고 복잡한 수술과정에 대한 지시나 참조를 얻을 수 있다. 경영진이나 컨설턴트들은 프리젠테이션을 메모할 필요가 없어질 것이다.

구글글라스에 이어 마이크로소프트에서 지난 2015년 1월에 공개한 홀로렌즈(HoloLens). 외형은 VR 헤드 셋처럼 보이고 느껴지지만 시야는 좀 좁은 편이고 개선될 여지는 있는 듯하다. 현재까지 만들어진 기기들 중 우리가 상상하는 증강현실이라는 개념에 가장 근접한 기기로 볼 수 있다. 현재까지 공개된 정보를 보면 홀로 그래픽을 구현하기 위한 앱은 다른 윈도우즈10 기기에서도 사용 가능한 유니버설 앱이다. 자신이 현재 위치한 공간을 3차원 스캔, 무선 구동 가능, 스마트 폰이나 PC와 연결할 필요 없이 단독 구동이 가능한 그 자체가 컴퓨터인 기기이다.

제스처 또는 음성명령을 적극적으로 활용하며 눈과 렌즈 간 공간이 넓어서 안경 착용자도 사용 가능하다. 소비자용은 현재 5,000달러에 판매되고 있으며 2019년 하반기 이후에 홀로렌즈 3세대가 출시될 예정이다.

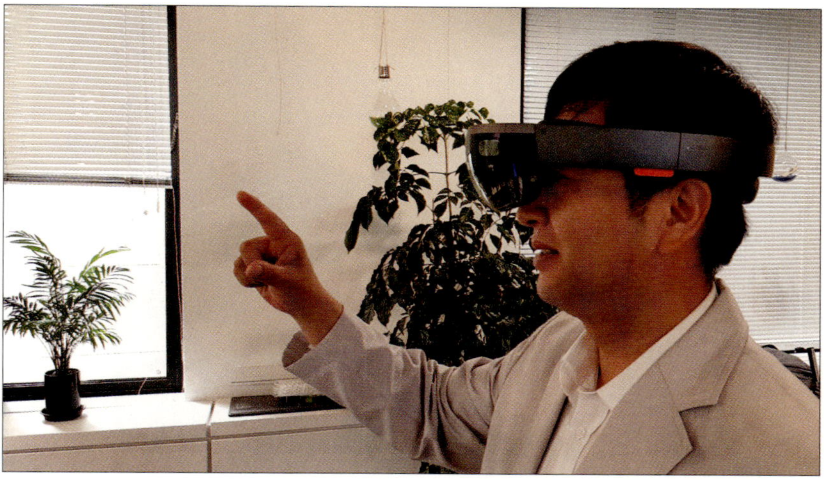

[그림12] 마이크로소프트 홀로렌즈를 착용해 체스처로 착용기기에
명령을 내리는 필자

## 7) 드 론

세계 1위의 드론 제조사 디제이아이(DJI)는 지난 2006년 중국 선전에서 설립됐다. 기업가치는 100억 달러(2016년 9월 기준)이다. 창업 10년 만에 세계시장 점유율 70% 달성, 최근 2년 매출액 증가율 200%, 지난 2016년까지 4년 만에 총매출액은 57배, 기업가치는 222배, 종사자 인원은 24배로 급증했다. 지난 2006년 중국 남부 광동성 선전의 한 잡지사 창고에서 왕타오 최고 경영자를 포함한 20대 청년 4명이 세운 세계 1위 드론 제작업체 디제이아이의 이야기다.

지난 2016년 바지 주머니에 들어갈 만큼 작고 가벼운 휴대용 드론 빅프로를 출시했다. 첫 접이식 드론으로 1,200만 화소 카메라가 장착되고 27분 동안 최고 시속 65킬로미터로 비행이 가능하며 기존의 시리즈와 달리 초보자들도 누구나 쉽게 조종할 수 있다는 점이 특징이다. 또한 생생한 비행 영상을 즐길 수 있도록 디제이아이 고글을 출시할 예정이다.

[그림13] 수중 드론을 들고 있는 필자(Kintex: Sea Farm Show 2018. 6.)

레드오션이 된 드론 시장에 새로운 타개책으로 수중 드론을 내놓는 스타드 업들이 급증하고 있다. 대표적인 수중 드론은 프랑스의 스타트업 노필로 플러스가 지난 2018년 10월에 4,499 달러의 가격으로 출시한 아이버블이라는 제품이다. 이 제품은 소나를 이용해 다이버의 위치를 감지하며 다이버와 어느 정도 거리를 유지한 채 뒤따라 다니면서 다이버의 주변을 동영상으로 촬영한다. 수중 드론 중에는 수심 150미터, 배터리를 통해 4시간 구동이 가능한 제품도 있다. 자율운전 외에 다이버가 손목시계 형 컨트롤러를 착용해 원격 조정하는 것도 가능한데 컨트롤러와 기기의 통신수단은 음파 즉 음성신호이며 케이블을 연결하면 유선으로 조정할 수 있다.

### 8) 로보트

미래의 로보트는 산업용, 공공목적용, 서비스용, 의료용, 군사용 로봇 등 다양한 형태와 활용목적에 따라 여러 형태로 우리 앞에 등장할 것이다. 가정에서는 청소나 조리 그리고 공부 등을 돕는 학습도우미 또는 친구나 안전요원 같은 역할도 할 것이다. 최근에 인공지능 스피커가 가정에 보급이 되고 있지만 가까운 장래에는 로봇으로 대체될 것이다. 인간의 형상과 유사하거나 필요성에 의해 전혀 다른 기계적인 모양으로 만들며 효율성을 중시하기도 할 것이다.

일본의 경우는 실버를 돕는 로봇이 보급중이며 요식업 현장에서 서빙을 하는 로봇의 활약상을 TV 방송을 통해 종종 보아왔다. 고령화 사회로 가면서 독거노인의 증가와 대화의 상대가 없어 외로움을 타는 어르신들이 로봇과 대화를 하면서 잠시나마 외로움을 잊고 즐거움을 갖는 것이다.

로봇은 기본적으로 프레임, 모터, 제어보드, 배터리로 구성돼 있다. 여기에 부수적으로 여러 기기들을 부착하거나 기능을 더하면 더 많은 작업이나 입력한 오더의 업무를 수행할 수 있다. 각종 센서나 카메라를 부착하면 마치 사람처럼 물체를 파악하고 회전하거나 움직이며 여러 센서를 통해서 압력조절과 공간파악을 할 수 있다. 미래에는 로봇과 인간이 공생하는 시대가 될 것이며 세계적으로 로봇과 인간이 결혼식을 올리는 해프닝도 종종 목격될 것이다.

[그림14] 중국 심양시 신송로봇산업단지 방문: 2개국 기업인들과 컨설턴트들 (2017. 11.)

## 9) 3D 프린팅

지난 2013년 버락 오바마 미국 대통령이 연두 국정연설에서 "거의 모든 제품의 제작 방식을 혁신할 잠재력을 가졌다."라며 3D 프린터에 대해 극찬을 했었다. 당시에는 1~2억 원의 고가여서 대중적이지 못하고 산업계에서 주로 사용을 하였는데 몇 해 전부터는 중저가의 제품이 꽤 출시되면서 3D 프린터의 르네상스 시대가 도래했다.

3D 프린트 원리는 2D 프린터에서 활자를 인쇄하는 것과 유사하다. 우리의 프린트는 컴퓨터에서 '인쇄하기' 버튼을 누르면 디지털 화된 파일이 잉크젯 프린터로 전송되고 프린터는 잉크를 종이의 표면에 분사해 2D이미지를 인쇄한다. 3D 프린터는 입력된 설계도를 바탕으로 잉크젯프린터에서 특수 고분자 물질이나 금속 가루를 뿜어내 그 재료를 층층이 쌓은 후 자외선이나 레이저를 쏘아 재료를 굳혀 완제품을 만들어 낸다. 즉 2D 프린터의 '잉크'가 3D프린터에서는 '원료'인 셈이다. 그 원료에는 플라스틱, 금속, 파우더와 같은 소재들이 있으며 최근에는 식품원료를 사용해 팬케이크나 피자 등을 만드는 경우도 있다.

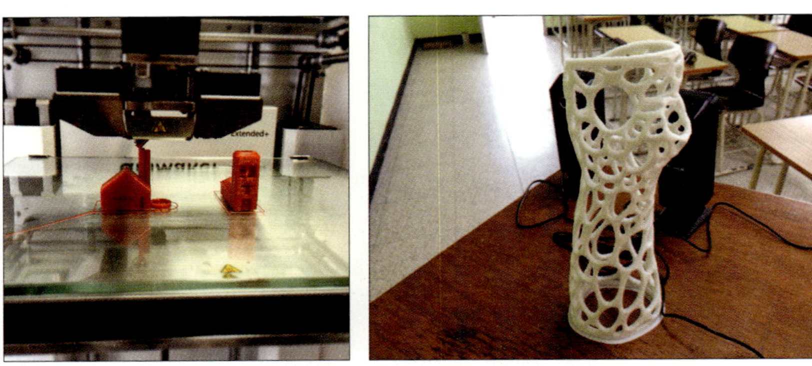

[그림15] 3D프린터 및 3D 프린터를 통해 만든 사용자 맞춤형 가벼운 깁스 형태의 결과물

특히 3D 프린팅은 의료분야에서 각광을 받고 있다. 기술의 발전으로 더욱 정밀하게 가공이 돼서 우리 신체에도 이식되는 경우도 있다. 인공 턱, 관절, 치아, 심장 보철물 등이며 임플란트의 경우 기존에는 제작에 며칠씩 걸리는 것에 비해 3D 프린터는 단 몇 시간 만에 만들 수 있다.

미래의 3D 프린터는 빠르고 조용하며 플라스틱, 펄프, 식자재에 이르는 다양한 원료를 사용할 수 있게 될 것이다. 그래서 누구나 자신만의 개성이 담긴 물건을 만들거나 제품을 생산하는 중소기업에서도 부품 금형비의 부담을 3D 프린팅을 이용해 부품을 개발하며 금형 설계에 드는 비용이 절감될 것이다.

## 10) 코 딩

제4차 산업혁명의 열풍으로 IT 산업이 미래의 유망직종이 됐다. 세계적으로 봐도 세계 10대 기업 중의 절반 이상이 IT 관련업종이다. 미국은 몇 해 전부터 코딩교육 열풍이 불었으며 한국의 경우는 올해부터 SW 교육이 의무화 되면서 초등학교 코딩교육을 지도하는 전문가에 대한 니즈가 점차 증가하고 있는 추세로 코딩교육은 미래를 위한 공부이기도 하다.

「손에 잡히는 아두이노」라는 책에 따르면 아두이노는 지난 2005년 이탈리아에서 활동한 2명의 인터랙션 디자이너로부터 시작됐다, AVR8비트 CPU를 이용해 만든 아두이노 보드는 쉽게 말해서 작고 간단한 컴퓨터이다. 키보드나 모니터가 달려 있지 않은 대신 전자부품들을 직접 연결하기 좋게 돼 있어 컴퓨터에 대한 전문지식이 없는 예술가나 일반인들이 쉽게 활용할 수 있도록 회로도, 개발 툴 등을 오픈소스로 공개했다.

아두이노의 센서 종류는 '위치, 차원센서, 메카니컬, 다이나믹 센서, 압력, 밀도, 부피센서, 플로우&레벨센서, 화학&환경센서, 전기&자기센서, 온/습도, 날씨센서, 비젼,이미지, 식별센서, 신체&사람, 메디컬센서, 광&방사선센서, 바이오센서, 음향&초음파 센서'등이 있다. 예를 들어 박수소리에 켜지는 전등을 만들고 싶을 때 아두이노에서는 간단한 회로와 코드 몇 줄이면 충분하다.

[그림16] 아두이노 제어보드(2018 .8.)

실제로 2018년 8월에 필자는 소상공인시장진흥공단의 '아두이노를 활용한 웨어러블 개발 창업' 교육과정에 참여를 해 보기도 했었다. 전기·전자 관계자나 전공자들은 쉽게 배우며 진도가 빨랐으나 인문계를 나온 사람들은 이해하는데 시간이 좀 필요했지만 그리 어려운 부분은 아니었다. 전문적인 지식이 부족하여도 이 보드로 소프트웨어를 직접 만들수 있어서 취미로 작업하는 사람이 증가하고 있다. 마지막 과정중에 안드로이드 기반 앱 개발 프로그램인 '앱인벤터2'를 이용하여 코딩없이 스마트 폰 앱을 제작을 하는 것도 놀라운 경험이었다.

[그림16] 아두이노 보드는 각각의 입출력 단자 및 센서를 보유하여 DIY 전자제품 제작에 다양하게 응용할 수가 있다.

## Epilogue

세계최초로 5G(Generation, 세대)를 시작을 한 한국은 초 연결 사회(Hyper-connected Society)를 향해 전진중이며 향후 10년~20년 후 도래하게 될 6G, 7G 시대를 대비하고 있다.

다가올 6G, 7G 시대는 우주공간에서의 로밍이 가능하며 달나라 기지나 우주공간에 수학여행 혹은 우주여행 중 무중력 우주공간에서 지구 내 가족 간의 실시간 홀로그램 영상통화를 하며 수많은 정보도 실감 있게 전송할 수 있을 것이다. 7G 시대에는 스마트 폰은 이미 신체의 일부가 되거나 부분적으로 이식돼서 많은 신체의 장기와 기관을 모니터링하며 건강 150세 시대를 향해 나아갈 것이다.

은하계 시대에 우주어가 된 영어는 개발도상국이나 후진국에서 공용어 채택이 폭증하지만 오피니언리더 국가들 중 비록 영어권이 아니더라도 스마트 폰이나 신체에 이식된 기기로 인해 언어소통에 불편을 느끼지 않고 외국인들과 비즈니스를 하며 사업의 기회와 영역을 넓혀갈 것이다. 나이를 떠나서 배우고자 하는 동기와 의욕만 있으면 세계 명문 사이버대학교의 석·박사 과정을 시간과 장소에 구애 받지 않고 수강하며 다양한 국가의 동문들이 만들어 질 것이다.

상용화 될 자율주행 차나 플라잉 카에 탑재된 AI는 향후 양자컴퓨터 연결로 인해 기존 컴퓨터의 정보처리에 많은 시간이 소요되던 것을 찰나에 계산을 해 최적의 결과를 도출하도록 진화돼 간다. 즉 옛 버전 자율주행 차의 경우 급작스런 행인 두 명의 출현 시 정지를 못할 상황에서 양자택일(alternative)일 때는 두 사람 중 어느 한 사람을 살릴 경우에 상대적으로 연령이 적은 사람을 살리도록 된 것이, 양자컴퓨터와 빅 데이터 등이 알고리즘 분석을 통해 사회 기여도, 공헌도, 가치 등 다양하게 고안된 프로그램에 따라 최적의 결과를 선택 할 것이다.

예를 들자면 같은 나이 대, 같은 성별이라고 해도 사회에서 인정받는 사람과 사기전과 30범인 사람이라면 자율주행 차는 두 사람 중에 사기전과 30범에게로 핸들을 돌릴 것이다. 150세 시대에는 나이 적용은 무의미하며 나이는 단지 숫자인 셈이다. 선량하고 사회 공헌도가 많은 사람들이 우대받는 세상, 안전과 질서와 청결하며 예측 가능한 IoT의 스마트 시티는 전 세계로 확장된다.

필자는 1년 전 모기업체 평가를 나갔었는데 비즈니스 모델이 AR(증강현실)과 결합된 교육교구를 개발 및 제작하는 신규 사업체였다. 다른 업종의 방문처들은 매출이 평균수준이거나 경기침체의 영향으로 하락하거나, 현상유지를 하는데 등도 있었다, 물론 승승장구하며 매출을 급격히 올리는 곳은 몇 손가락에 꼽힐 정도였다. 아무튼 AR 교육교구 사업체 젊은 여성 사업자(엄밀히 말해 대학 졸업 예정자)에게는 전반적으로 사업성이 높게 평가돼 기관과 개인 투자자들이 줄을 선 것을 보았었다.

그 외 기존의 패러다임을 깨며 새로운 시장을 개척하는 젊은 CEO들을 다수 만나보며 한국의 발전가능성을 느꼈다. 현재 많은 대학에서는 산학협력단을 통해 교양과목으로 기업가정신, 창업실무 등을 가르치며 취업에 어려움을 느끼거나 혹은 도전정신을 가진 청년들에게 창업의 노하우를 가르치고 있다. 본 필자 역시 예전에 시간강사로 틈틈이 2

년간 캠퍼스를 오가며 기업가정신과 창업실무를 대학생에게 강의했던 시절도 있었다.

앞으로 대학들도 모집정원에 모집인원이 턱없이 부족하여 대학 간 통폐합과 폐교가 많아질 것이다. 150세 시대를 맞이하는 우리가 알아야 할 것은 지식에도 유효기간이 있으며 20세 때 배웠던 지식을 갖고서는 초급변하는 시대 속에서 생존이 어렵다는 것이다. 이제는 평생교육 시대(Era)이다. 직업, 취업, 창업 등등 선택의 기로에서 자신이 혹은 AI에게 선택을 맡길지 결정적 순간이 곧 온다.

기억하라! 신(神)은 우리 인간에게 '자유의지'를 주었다는 사실을.

[참고 문헌]

- 김태중. 한국전자통신연구원 미래이동통신연구본부장. 세계최고5G, 세계최초 노하우 다져야. 한국경제신문. 2019.4.20.
- 매일경제 세계지식포럼 사무국. 윤영걸 담당PD 조은미. 세계경제의 균열. 매경출판(주). 2011.4.10.
- 트랜즈Trends지 특별취재팀. 권춘오. 10년 후 시장의 미래. Neonet Korea. 2014
- 매일경제 IoT혁명 프로젝트팀. 성철환. 담담PD 권병규. 사물인터넷. 매결출판(주). 2014.5.10.
- K-ICT스펙트럼Map

- 오춘호 공학박사. 기계 100만대 동시 접속하는 M2M이 5G성패 가른다. 한국경제신문. 2019.4.10.
- 김진수 중소기업부 차장. 스마트공장 구축의 오해와 편견. 한국경제신문. 2019.4.4.
- 오춘호 디지털 프런티어. 가상 오피스 시대가 온다. 한국경제신문. 2019.5.10.
- 최진기. 한권으로 정리하는 4차산업혁명. 이지퍼블리싱. 2018.5.11.
- 안무정. 4차산업혁명을 주도할 6가지 코드. 디자인빅웨이브. 2018.5.24.
- 허제. 3D프린터의 모든 것. 도서출란 동아시아. 2013.7.19.
- 송민정. 빅 데이터가 만드는 비즈니스 미래지도. 한스미디어(주). 2012.8.23.
- 김현석 뉴욕특파원. 미국에서도 최저임금 인상압박 월마트 로봇직원 대거 늘렸다. 한국경제신문. 2019.4.11.
- 황지영. 리테일의 미래. 기술은 어떻게 소비를 바꾸는가. 인플루엔셜. 2019.4.12.
- 미국국가정보위원회. 옮긴이 이미숙외. 글로벌 트렌드 2030: 대안적 세계. (주)도서출란 예문. 2013.1.24.
- 한국지능시스템학회 논문지. 염흥기, 장인훈, 심귀보. 2009. Vol,19, No. 1, pp.122-127.
- 정지은.김대훈. 어떻게 알았지? 그 뒤엔 빅 데이터의 힘. 한국경제신문. 2019.4.27.
- 한국경제tv산업팀. 4차산업혁명 세상을 바꾸는 14가지 미래기술. (주)지식노마드. 2016.4.5.
- 정보통신기획평가원. 산업분석팀. 최신 ICT 이슈. 레드오션이 된 드론시장, 2019.
- 유효상. 4차 산업혁명 시대의 벼락부자들. 클라우드 나인. 2017.6.20.
- 허제. 3D 프린터의 모든 것. 도서출판 동아시아. 2013.7.19.

# 4차 산업혁명 시대 사회보장체계의 블록체인에 대비한 시스템도입

8

# 4차 산업혁명 시대 사회보장체계의 블록체인에 대비한 시스템도입

**홍 승 현**

필자는 현재 서정대학교 사회복지행정과 겸임교수(사회복지학 박사)로 출강하고 있으며 대림대학교 사회복지학과 교수를 역임하였고 참사랑 재가복지센터장, 꿈이찬어린이집 원장을 거쳐 한국민주시민 인성교육센터 이사와 인성성격분석 코칭 지도자, 청소년 진로 코칭 및 학부모 교육 강사 등으로 활동하고 있다.

# Prologue

세상이 하루가 멀다 하고 급속히 변화하고 있다. 밀레니엄 시대가 왔다며 새로운 2000년의 시작을 알리는 축포가 울리던 때가 엊그제였는데 지난 20년의 기간은 정보화 사회를 넘어 창의와 무한의 아이디어가 자원이 되는 세상으로 탈바꿈 했다. 그 당시를 되돌아보면 노동생산성 위주의 산업기반은 정보화를 이용한 대량생산과 글로벌 물류기반의 비즈니스가 확대돼가던 시점이었다.

새로운 패러다임의 변화는 무형의 자산으로 무장한 인터넷 비즈니스 기반의 기업들이 발 빠르게 움직여 전형적인 산업기반의 기업들을 앞지르기 시작하는 이변이 일어났다. 현재의 산업은 1인 기업이나 보이지 않는 무형의 자산으로 부가가치를 창출하고 공유하는 세상으로 한 걸음 더 나아가고 있다. 끊임없는 변화를 통해 제4차 산업혁명 시대라는 새로운 패러다임의 변화를 창출하고 있다.

제4차 산업혁명은 기술혁신과 에너지 변화, 사회·경제구조 그리고 새로운 패러다임을 제시하는 혁신과 같은 것이다. 인류는 원시도구와 기계도구를 사용하는 농경사회를 시작으로 석탄을 이용한 증기기관의 동력 화를 통해 이룬 제1차 산업혁명과 전기와 석유에너지를 이용한 2

차 산업혁명, 컴퓨터와 인터넷 등을 이용해 공장 자동화를 이룬 3차 산업혁명을 거쳐 이제는 인공지능(Artificial Intelligence)과 로봇, 빅 데이터(Big Data), 사물인터넷(Internet of Things)로 대변되는 제4차 산업혁명 시대를 맞이하고 있다.

인류의 역사를 보면 9000년 전 농업혁명을 지나 14세기에서 15세기에 걸친 르네상스 시대와 16세기의 과학혁명과 1770년대의 산업혁명을 걸쳐 인류는 세기마다 커다란 변화의 패러다임을 만들어냈다. 과거 5천년 동안 만들어낸 정보가 지난 100년 동안 만들어지고 지난 100년의 정보는 지난 10년, 지난 10년의 정보는 지난 1년, 지난 1년의 정보는 이제 단 하루 만에 만들어지고 유통되는 제4차 산업혁명의 시대를 맞이하고 있다. 따라서 4차 산업혁명은 이전 단계의 산업혁명과 비교할 수 없을 정도로 경제와 산업 그리고 사회 전반에 대단히 큰 충격을 주며 다가오고 있다.

금융 산업의 예를 들어보더라도 4차 산업혁명의 도래에 있어 예외일 수 없다. 2000년대 초에는 증권사의 창구가 상장사들의 주가표시판으로 벽면전체를 도배하다시피하고 고객은 업장 방문을 통해 투자사의 시황을 확인하며 사고팔던 시대였다. 현재도 주식을 거래하려면 바뀐 것은 인터넷 환경으로 변경된 것을 제외하고는 주식거래에 있어 결과가 바로 승인되지 않고 거래한 증권사와 한국거래소, 한국예탁결제원, 한국증권금융 등 주식 거래 사이에 여러 기관들이 각기 다른 장부를 갖고 있기 때문에 최소한 3일이 소요되고 있다.

그러나 4차 산업혁명의 핵심이라 할 수 있는 블록체인을 적용할 경우 관련기관이 모두 같은 장부를 공유하고 있기 때문에 당일 정산이 가능하게 되며 실제로 오스트레일리아 증권거래소(ASX)는 당일정산이 가능한 주식거래 시스템을 구축해 실제 거래에 적용하겠다고 지난 2017년 발표했다.

금융권 창구도 예외는 아니다. 고객이 일일이 은행직원과 직접 거래를 진행하던 시대가 엊그제였는데 모바일 뱅킹을 화두로 고객이 은행원의 역할을 대신하고 있는 데도 더 편하고 더 빠르고 더 쉽고 나아가 창구를 찾아가는 수고까지 일시에 해결하는 시대가 이미 우리 삶에 깊숙이 자리 잡게 됐다. 그런가하면 많은 기관의 합의가 필요한 자동차 사고에 따른 보험 계약을 또 예로 들어보자. 피보험자가 보험사에 보험을 청구하려면 사고를 증명해줄 경찰서 등의 기관과 피보험자의 사고에 따른 건강상태를 증명해줄 의료기관의 합의가 이뤄져야 비로소 보험사는 기관들이 제출한 서류와 보험계약 조건이 맞는지를 비교해 보험금을 지급하게 된다.

하지만 보험사가 블록체인을 도입해 계약내용을 코드화해 블록체인에 저장했다고 가정한다면 의료기관은 환자의 진단서를 블록체인 네트워크에 올리고 사고를 접수한 경찰서 등도 같은 방식으로 확인사항을 네트워크에 올려 실시간으로 공유하면 보험사는 자동으로 피보험자에게 보험금을 지급할 조건이 맞는지를 판단해 보험금을 지급하고 그 결과를 블록체인에 저장해 동종의 사고에 즉각 대응할 수 있는 것이다.

제4차 산업혁명 시대의 도래는 개개인의 커스터마이징(Customizing)을 통해 개개인의 취향이나 사용용도, 기호에 맞춰 소프트웨어나 하드웨어를 만들어 대응하는 변화를 경험하게 한다. 기업에서는 기업 특성에 맞춰 필요한 항목만 발췌해 전산시스템 체계를 구축하고 생태계를 구축해 기업경영에 접목하게 됐다. 그러나 데이터 활용이 늘어나면서 자연스럽게 개인정보보호 등으로 대표되는 인권문제가 제기될 수도 있고 이는 개인정보의 남용으로 이어져 프라이버시 침해 가능성을 높일 수 있으며 대규모 개인정보 유출 사태의 위험을 늘 안게 되는 부작용도 동시에 실제로 일어나고 있다.

하지만 정보화 기술의 점진적인 발전으로 금융 분야 제4차 산업혁명의 불안요인인 보안 문제도 해결의 실마리가 나오고 있다. 바로 블록체인의 활용 가능성이 높아지고 있기 때문이다. 블록체인은 여러 분야에서 활용되고 있으며 이를 통한 정보기술의 혁신적 발전은 제조업이나 서비스업을 망라해 경영환경과 개인과 기업, 국가의 경쟁력에 많은 변화를 만들어내고 있다.

세상이 이렇게 급박하게 돌아가고 있는 제4차 산업혁명의 상황을 사회복지에 접목해 정리해보면 정보화 사회를 필두로 한 제4차 산업혁명의 시대는 사회복지 체계에 있어서도 커다란 변화를 예고하고 있다. 고령화 사회를 지나 초 고령화 사회로 접어들면서 노인복지의 범주에 있는 클라이언트 일부가 사회복지의 사각지대에 놓여 수급불균형의 사회적 문제가 발생하고 있다.

역설적이지만 세상은 제4차 산업혁명 시대의 태동 이후 커다란 변화의 흐름 속에 깊숙이 들어와 있다. 그러나 사회복지 수혜의 사각지대가 사회문제로 이슈화 되는 것은 지역과 지자체, 정부의 지원체계가 제각기 이원화되고 혼재돼 있다는 것이다. 따라서 아는 만큼 수혜를 받고 모르는 만큼 불합리한 처지에 놓이는 상황이 되는 사례를 보이면서 제4차 산업혁명 시대에 걸 맞는 체계구축이 시급한 상황이라 판단돼 필자는 그 방향을 제시해보고자 한다.

## 01 블록체인(Block Chain)의 이해

### 1) 블록체인(Block Chain)의 정의 및 특성

블록체인에 대한 정의를 찾아보면 두 장의 링크 판 사이에 블록을 끼우고 이들을 핀으로 연결해 만든 전동용 체인이라고 정의돼 있다. 즉 여러 다양한 거래 정보나 데이터가 담겨있는 블록(Genesis Block)을 연쇄적으로 링크 처리를 한 후 다음 단계 블록을 통해 전달된다는 뜻이다. 이런 블록이 체인처럼 연결돼 전체 블록체인을 형성한다.

이중 지불(Double Spending)을 막기 위해 종전 중개사를 통한 제3자 중개의 개입이 필요했다면 블록체인 기술은 참여자 개개인이 컴퓨터 간을 동등하고 수평적으로 연결하는 분산병렬 형 네트워크를 구축한 인터넷을 통해 이용자들이 연결망을 구성한다. 따라서 정보나 자원을 나누는 체계라 할 수 있는 P2P 검증만을 통해 개인 간 거래를 가능하게 하는 혁신적인 기술이다. 블록체인은 분산 데이터베이스처럼 데이터를 저장하는 참여자들 스스로가 참여해 개개인의 정보나 데이터를 저장하고 상호검증이 가능하게 돼 보안성을 높이고 결점을 최소화하는 안정적인 분산데이터 구조이다.

[그림1] P2P(Peer to Peer의 미래)

블록체인 기술은 암호학과 분산시스템에 기반을 두고 있다. 특정한 제 3자가 거래를 보증하지 않아도 각 거래 당사자끼리 부인할 수 없는 방법으로 데이터를 전달할 수 있는 네트워크 기술이다. 다시 말해 분산 네트워크 환경에서 정보가 안전하게 관리되기 때문에 블록체인은 '분산 형 장부'라고도 표현하기도 한다. 현재까지 사용되고 있는 정보 처리 방식은 데이터베이스를 중앙에 두고 집중적으로 관리하는 구조로 돼 있었다. 그러나 블록체인 기술은 개인 간 정보 거래를 개방된 네트워크 환경에서 빠르고 저렴하게 실행할 수 있게 됐다. 고가의 비용이 요구되는 전통적인 중앙 집중적인 시스템 구조와 가치사슬이 수평적이고 분산된 환경으로 바뀌게 된 것이다.

블록체인이라는 단어는 데이터를 블록(Block) 단위로 나눠 네트워크상에 분산시켜 저장한 후 연결(Chain)하는 방식 때문에 붙여진 이름이다. 개개인이 오픈된 공간에서 블록을 쌓다가 중간에 한 개의 블록을 바꾸고자할 때 이미 쌓여진 블록을 다 내려놓은 후 해당 블록을 바꾼다고 가정하면 블록체인도 마찬가지다. 쌓여진 블록체인의 중간에 있는 블록을 바꾸려면 이미 쌓여진 블록을 허물어야 하는 것이 문제인 것처럼 금융거래를 예를 든다면 특정 거래 내역을 해킹하려면 해킹하고자 하는 블록부터 지금까지 쌓여 있던 모든 블록을 모두 바꿔야한다. 그러나 이미 분산돼 저장된 블록들을 동시에 모두 변경하는 것은 사실상 불가능하기 때문에 보안성이 높다는 것이다. 그래서 블록체인은 하나의 거래나 정보가 하나의 블록으로 형성돼 거래나 정보가 추가되거나 진행될 때마다 블록이 하나씩 쌓여있고 그 블록은 기존의 중앙 서버에 저장되던 방식에서 분산돼 다수의 참여자들에게 저장되는 방식으로 바뀌기 때문에 해킹은 근본적으로 불가능한 구조를 갖고 있다.

이처럼 이미 진행된 블록체인 데이터는 수정할 수 없기 때문에 기록 보존과 감시 목적에 적합하며 특히 비트코인처럼 특허가 없기 때문에 오픈소스로 그 활용가치가 매우 높다할 수 있겠다. 또한 데이터베이스 유지 보수와 보안이 필요하지 않아 비용도 줄일 수 있어 다양한 산업 분야에 활용이 가능하다. 금융권뿐만 아니라 유통, 물류, 정부기관 등 다양한 산업 분야에서 블록체인이 점점 더 많이 활용되고 있고 경쟁력의 원천이 되고 있다.

실제로 미국 월마트 사는 식음료 운송·판매 과정을 추적하기 위해 블록체인 기술을 적용하고 있고 덴마크의 해운회사 머스크라인은 물류 계약, 선적, 운반 등 전 과정에 블록체인을 도입해 계약에 적용하고 있다. UAE 정부는 오는 2020년까지 모든 정부 문서를 블록체인으로 관리하는 프로젝트를, 인도 재계 10위권의 마힌드라 사는 IBM과 협력해 인도 전체 금융 공급 망을 재편하기 위한 블록체인 솔루션을 개발하고 있다.

블록체인에선 신뢰를 기반으로 최소의 비용으로 최대의 효과를 내는 것이 가능하다. 거래가 성립되는 즉시 거래 내역이 안전한 방법으로 생성돼 네트워크에 공유되므로 거래과정에서 공증 등의 다른 절차를 거치지 않는 비트코인의 경우처럼 P2P 네트워크를 활성화시킬 수 있다. 예를 들어 각 소유자는 이전 거래의 해시(Hash)와 다음 소유자의 공개키를 디지털로 서명하고 동전 끝에 추가하는 방식으로 동전을 다음 사람에게 이전한다. 따라서 거래 상대방은 신뢰성 문제를 해결하고 부가 구축비용을 절감 할 수 있게 됐다.

한편 블록체인 기술은 작업증명(Proof-of-Work)을 통해 체인에 연결돼 계속적인 기록을 생성하게 되는 연속의 과정으로 인해 만약에 외부 침입자가 데이터를 수정하려면 기존의 작업증명 과정을 되풀이 해야하기 때문에 수정하기가 매우 어렵거나 불가능하다. 즉 블록체인이 생성되는 과정에서 네트워크 접속 오류나 비 연결 시간에 따라 블록체인의 길이가 일치하지 않는 경우가 발생할 수 있는데 이럴 경우 긴 체인 블록을 채택하므로 안정성을 강구할 수 있다.

따라서 블록체인 정의의 공통점은 P2P 네트워크 안에 분산원리를 통해 거래를 진행해 제3자 없이 안정하게 거래비용 절감과 효율성 있는 거래 방식으로 기록된 모든 정보를 원장에 각자 분산 보관할 수 있다. 또한 Proof-of-Work 원리를 통해 노드(Node)가 연결돼 데이터 위변조 등의 문제를 해결할 수 있는 안정한 기술이라 할 수 있다.

블록체인은 여러 가지 분야에 적용할 수 있으며 활용분야와 사용의도에 따라 다양하게 정의 할 수 있다. 즉 블록체인은 P2P 네트워크 분산원리를 통해 거래가 진행되며 탈 중심화로 이어지는 일련의 과정을 통한다. 그러기 때문에 서비스 요청 자에게 일부작업을 요구함으로써 (일반적으로 컴퓨터를 통해 요구되는 정보를 처리하는 시간) 서비스 거부공격과 네트워크상의 스팸 등 서비스 악용사례를 예방할 수 있는 경제적인 관리수단인 Proof-of-Work 원리를 프로젝트에 활용해 효율성을 높이고 있다. 다음은 주요 기관의 블록체인 정의이다.

| 출 처 | 개념 및 정의 |
|---|---|
| 한국은행 (2016) | 블록체인은 분산원장(Distributed Ledger)기술이라 칭하며, 거래 정보를 기록한 원장을 특정 기관의 중앙 서버가 아닌 P2P 네트워크에 분산해 참가자가 공동으로 기록하고 관리하는 기술을 사용한다. |
| 시사 상식 사전 (2015) | 블록체인을 공공 거래 장부라고도 부르며, 가상 화폐로 거래할 때 발생할 수 있는 해킹을 막는 기술이다. 거래에 참여하는 모든 사용자에게 거래 내역을 공유하며 거래 때마다 이를 대조해 데이터 위조를 막는 방식을 사용한다. |

| | |
|---|---|
| 한경 경제 용어 사전 (2016) | 온라인 금융 거래에서 해킹을 막는 기술. 기존 금융 회사들은 중앙 집중 형 서버에 거래 기록을 보관하는 반면, 블록체인은 누적된 거래 내역 정보가 특정 금융 회사의 서버에 집중되지 않고 온라인 네트워크 참여자의 컴퓨터에 똑같이 저장된다. |
| 매일 경제 용어 사전 (2016) | 블록체인이란 데이터를 거래할 때 중앙 집중 형 서버에 기록을 보관하는 기존의 방식과 달리 거래 참가자 모두에게 내용을 공개하는 개방형 거래 방식을 말한다. |
| 한국 정보 통신 기술 협회 (2016) | 온라인 금융 거래 정보를 블록으로 연결해 P2P 네트워크 분산 환경에서 중앙 관리 서버가 아닌 참여자들의 개인 디지털 장비에 분산 저장시켜 공동으로 관리하는 방식이다. |
| Oxford Dictionaries (2016) | 비트 코인 또는 다른 암호화폐의 거래가 순차적이고 공개적으로 기록되는 디지털 장부를 말한다. |
| Collins (2012) | 블록체인은 비트 코인 암호화 화폐를 사용하고 참여한 컴퓨터들 (노드)에 연결된 트랜잭션 데이터베이스이다. |
| ETRI 미래전략연구소 (2016) | 블록체인은 거래 정보를 기록한 원장 (ledger)을 모든 구성원 (node)이 각자 분산 보관하고 새로운 거래가 발생할 때 암호 방식으로 장부를 똑같이 업데이트해 개념적으로는 익명성과 보안성이 강력한 디지털 공공 장부 또는 분산 원장이다. |

[표1] 주요 기관의 블록체인 정의(출처: 임명화(2016), "블록체인 기술의 활용과 전망." ETRI 한국전자통신연구원 미래전략 연구)

이러한 블록체인은 초분산형 데이터베이스의 형태로 네트워크 참여자 간 데이터 공유검증저장이 이뤄져 위·변조, 조작이 어렵고, 네트워크 참여자 간의 합의를 통해 거래가 성사되기 때문에 거래안정성은 물론 비용절감, 투명성, 신뢰성 등 다양한 장점을 보유하고 있다. 최근 암호화 화폐 시스템의 기반으로 비트코인, 이더리움과 같이 트랜잭션이 순차적이고 공개적으로 기록되는 것이 디지털 장부이며 블록체인은 [표2] Biock Chain Primer에서 설명한 4가지 특성이 있다.

| 특성 | 내 용 |
|---|---|
| 보완성 | 불법해킹, 정보유출 또는 데이터 위·변조 등의 불법적인 행위로 얻는 이득보다 불법적 행위 실행비용이 더 많이 발생되기 때문에 높은 보안성을 유지한다. |
| 투명성 | 공유된 디지털 장부는 모든 참여자들이 갖고 있기 때문에 트랜잭션 기록이 공개 되므로 투명하게 관리된다. |
| 안정성 | 블록체인은 일부 시스템의 데이터 손실이 있더라도 분산구조상 복구가 가능하다. |
| 효율성 | 블록체인의 개별 트랜잭션에 프로그램화 할 수 있으므로 시간 순으로 기록·관리 할 수 있으며 복잡한 트랜잭션의 추적이 가능하다. |

[표2] 블록체인 특성

## 2) 블록체인의 유형

블록체인은 네트워크 참여자의 수용용도, 권리, 개인요구에 따라 여러 가지 형태로 존재한다. 블록체인의 종류를 비교해 보면 흔히 알려진 공개 블록체인 형태 외에도 개인 블록체인, 컨소시엄 블록체인 세 가지로 나뉜다.

| 구 분 | 공개 블록체인 (Public Block chain) | 개인 블록체인 (Private Blockchain) | 컨소시엄 블록체인 (Consortium Blockchain) |
|---|---|---|---|
| 거버넌스 | 한번 정해진 법칙을 바꾸기 매우 어려움 | 중앙기관의 의사결정에 따라 변경 가능 | 컨소시엄 참여자들의 합의에 따라 변경 가능 |
| 데이터 접근 | 누구나 접근 가능 | 허가받은 사용자만 접근가능 | 허가된 사용자만 접근가능 |
| 거리증명 | 알고리즘으로 동작 (PoW,PoS). 익명의 거래 증명자 | 중앙기관에 의해 거래증명이 이뤄짐 | 사전에 합의된 규칙에 따라 거래검증. 인증된 거래 증명자 존재 |
| 암호화폐 | 필요 | 불필요 | 불필요 |
| 장 점 | 안정성, 신뢰성, 익명성.<br>투명성 보장 | 높은 효율성과 확장성<br>처리속도 빠름<br>기업별 특징에 특화 가능 | 높은 효율성과 확장성<br>처리속도 빠름<br>민감 정보를 처리하는 역할 부여 가능 |
| 단 점 | 확장성이 낮음<br>거래 속도 느림 | 보안성이 낮음 | 개입이 필요할 수 있음<br>투명성과 보안성이 낮음 |
| 활용 예 | 비트코인,<br>이더리움 | 나스닥Ling | R3 CEV,<br>하이퍼레저 |

[표3] 블록체인 유형 비교(출처: 금융보안원, 금융위원회, coindesk.)

[표3]에서 '공개 블록체인' 형은 데이터에 누구나 접근할 수 있다. 즉, 공개 블록체인의 장점은 개인과 컨소시엄 블록체인보다 더 자유롭고 누구나 다 자유로운 참여와 거래가 가능하지만 반면에 단점으로는 검증되지 않은 사용자가 다수 참여하므로 고도화된 암호검증이 필요하며 네트워크 확장성이 낮고 거래 속도도 느리다. 또한 공개 블록체인은 익명의 거래로 인해 탈 중심화 특성이 필요한 금융 서비스에 적합하지 않다.

공개 블록체인은 어느 분야에 적용하느냐에 따라 다르다. 의료보건, 개인 프라이버시 분야에서는 안정성, 신뢰성, 익명성의 특징이 존재해 이를 적용하는 것이 가능하지만 익명성과 비용절감은 금융권이나 주도권 때문에 어느 정도 제한성이 있다. 게다가 데이터 접근은 누구나 가능하기 때문에 시스템 확장성이 낮고 거래 속도가 느려 금융 분야에 적용하려면 개인 블록체인과 컨소시엄 블록체인이 보다 더 활용도가 높다고 할 것이다.

최근 금융관련 기업들의 블록체인 관심분야는 '개인 블록체인' 분야이다. 개인 블록체인은 익명성보다 식별기능이 있고 허가받은 사용자만 접근 가능하기 때문에 시스템의 높은 작업 효율성과 정체 네트워크 확장성이 용이하다. 또한 중앙기관의 의사결정에 따라 적합한 거버넌스를 설치할 수 있다. 따라서 많은 금융회사, 기업들이 개인과 컨소시엄 블록체인에 관심이 많다고 할 수 있다.

'컨소시엄 블록체인'은 분산구조를 유지하면서 제한된 참여를 통해 높은 효율성과 네트워크 확장성의 문제를 해소시켜 주고 공개 블록체인이 속도가 느린 점에 비해 데이터 속도가 빠르고 게다가 민감 정보를 처리하는 역할부여도 가능하기 때문에 최근에 주목을 받고 있다. 투명성과 보안성이 개인 블록체인과 다름없지만 거래증명은 사전 협의된 규칙에 따라 거래 검증을 받고 어느 정도 신뢰성과 안정성을 갖고 있다고 할 수 있다.

### 3) 블록체인(Block Chain)의 생성배경

블록체인은 지난 2008년 사토시 나카모토에 의해 발명된 '비트코인(Bitcoin)'의 등장으로 인해 처음 세상에 소개됐다. 비트코인은 지난 2008년 10월 암호화기술 커뮤니티 메인(Gmane)에 기재된 'Bitcoin: A peer-to-peer electronic cash system'라는 논문을 통해 소개됐고(Satoshi Nakamoto.) 이 논문에서 제시한 점은 개인과 개인 간에 거래되는(P2P) 디지털 코인이 중앙은행을 거치지 않고 온라인을 통한 지불이 가능하다는 점이었다.

블록체인은 지난 2016년 세계경제포럼(WEF)에서 제4차 산업혁명 시대를 이끌 핵심기술 중 하나로 선정된바 있다. 블록체인 기반 플랫폼은 오는 2025년 전 세계 GDP의 약 10%를 차지할 것으로 전망하며 지난 2018년 다보스포럼에서도 블록체인과 암호화폐에 대한 논의가 폭넓게 이뤄졌다. 시장조사기관 가트너(Gartner)도 지난 2017년 블록체인 및 분산원장 기술이 디지털 비즈니스 생태계의 파괴적 혁신을 유발해 막대한 경제적 효과를 창출할 것으로 전망했다.

### 4) 블록체인이 바꾸는 패러다임의 변화

이제 품질과 가격경쟁력이 최우선 가치였던 시대는 더 이상 존립할 수 없는 세상이 왔다. 소비자의 요구를 미리 예견하고 앞서 파악해 즉각 생산제나 결과물을 반영하는 기업이 시장을 리드하고 이익을 창출해 지속가능한 경영을 할 수 있다. 그렇게 되기 위해서는 방대한 데이터를 수집·분류하고 사업에 접목해 결과물을 만들어 제품시장을 선도

하는 기업만이 살아남을 것이며 단순히 제품을 생산하는 회사는 더 이상의 발전을 기대할 수 없는 변화의 시대가 현실로 다가오고 있다. 이는 생산제가 제품이 아닌 IT Service인 경우가 현실에 나타나고 있다.

공장도 없고 기계설비는 더더욱 없는 기업이 컴퓨터와 무형의 아이디어를 이용해 재화를 창출하고 대기업 군으로 진입하는 현실이 나타나고 있다. 우리는 '카톡'으로 대변하는 인터넷서비스 기업이 통신시장에 이어 금융시장까지 진출하며 대기업과 어깨를 나란히 하고 있음을 보고 있다. 제4차 산업혁명은 이렇듯 종전의 아날로그적 사고의 혁명과는 비교가 되지 않는 새로운 가치를 창출하고 있다.

뒤에서도 언급하겠지만 산업혁명의 시기마다 경쟁력 있는 국가가 탄생했는데 제1차 산업혁명의 시기에는 증기기관의 발명으로 대변되는 '해가지지 않는 나라 영국'이 있었다. 제 2·3차 산업혁명의 시기에는 기술력과 물류력으로 무장한 '세계최강의 패권국가' 미국이 세계의 경제를 움켜질 수 있었다. 그러나 제4차 산업혁명의 시대에는 어떤 나라가 부각될 것인지 아무도 장담할 수 없다. 하지만 한 가지 확실한 것은 마케팅력으로 무장한 제조업을 움직이는 정보통신 인프라를 갖춘 나라가 주도할 것이 분명하다고 할 수 있다.

그렇다면 한국의 제4차 산업혁명의 현실은 어떠한가? 제4차 산업의 핵심적인 요소이자 근간이라고 할 수 있는 사물인터넷, 빅 데이터 등의 수준은 세계 25위 수준이라고 스위스 금융그룹(UBS)은 진단하고 있다. 또한 다보스포럼에서 공개된 '일자리의 미래' 보고서에 따르면 로봇과 인공지능(AI) 활용의 확산으로 세계고용의 65%를 차지하는 주요 15개국의 오는 2020년까지 5년 간 새로운 일자리는 200만개가 창출되는 반면 기존의 일자리는 710만개가 줄어든다고 예측하고 있다.

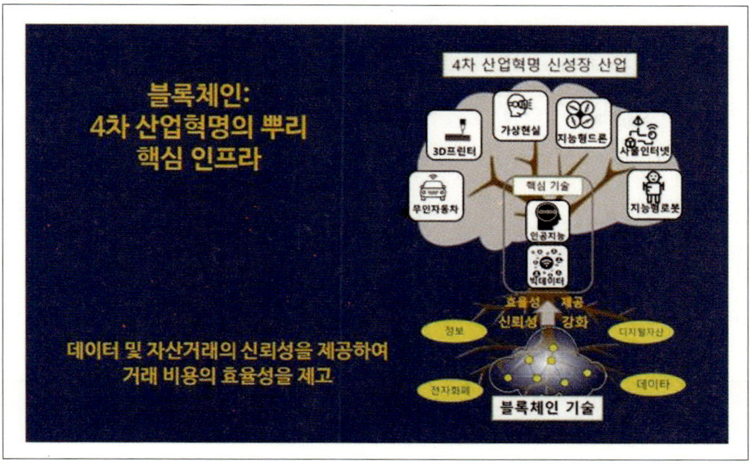


[그림2] 산업혁명의 뿌리 '블록체인'
(출처 : 박창기(2017) 블록체인이 바꾸는 세상)

## 02 선진국의 블록체인 활용성

블록체인을 치열하게 응용하고 있는 각국의 기술은 국가별 고유정책 방향과 태도를 따르고 있다. 가상화폐 화된 블록체인의 경우 기술의 투기와 사기 위험으로 부터의 피해를 막기 위해 어느 특정 국가에서는 블록체인 기술을 활용해 이를 근절하고자 하는 반면 또 다른 특정 국가의 경우는 이를 금지하고 제재하고 있다. 한편 블록체인 기술의 발전에 요소와 흐름에 따라 블록체인에 대한 국가의 수요의도가 바뀌기도 한다.

어느 특정 국가의 경우 블록체인 기술도입이 원천 봉쇄되고 제4차 산업혁명 시대 기술을 따라가지 못하는 반면, 미국의 경우 정부 정책을 적극적으로 오픈하고 블록체인에 대한 응용시험과 법제도를 최대한 수용 가능한 최대 범위까지 염두에 두어 블록체인 기술 분야에서 이를 잘 받아들이고 있다.

중국의 경우에는 정부가 법제적으로 블록체인 가상화폐를 규제하지만 실제는 블록체인에 대한 태도는 오픈하고 있다. 유럽, 일본, 호주 등도 블록체인 기술에 대한 기술을 받아들이고 적극적으로 기술을 활용하도록 사전에 시도를 많이 진행하고 있는 것으로 보아 시대에 흐름을 역행하지 않으려면 과감한 법제도의 완화와 시장을 선도하는 제도, 규칙과 법규를 시대적 흐름에 맞춰 개선 발전시켜 나가는 것이 관건이라 할 수 있다.

| 주요국 | 주요정책방안 |
|---|---|
| 미 국 | 연방정부는 제4차 개방형 정부를 위한 국가 실행전략(4th U.S.National Plan for Open Government)에 블록체인 기술기반, 보고(reporting) 시스템을 명시함.<br>미국 총무청(General Services Admini stration)은 조달 시스템에 블록체인의 적용을 실험하고 있으며), 연방 블록체인 커뮤니티(Federal Blockchain Commu nity) 및 아틀라스 포털(U.S. Emerging Citizen Technology Atlas)을 운영 중임.<br>〈2018 Joint Economic Report〉안에서 '안정한 블록체인 생태계를 구축하자' 관한 기화와 문제점 이슈 검토하고 있다. |
| 중 국 | 2016년 핵심기술 개발 및 시범사업, 플랫폼 구축 계획을 제시하였고, 같은 해 12월 국무원은 '국가 정보화를 위한 제13차 5개년 계획'에서 블록체인을 언급했다.<br>10월 공업신식화부는 '중국 블록체인 기술 및 응용프로그램 개발 백서'를 발표해 양자통신, 인공지능, 가상현실, 무인차량, 유전자편집 등과 함께 블록체인을 전략 육성 핵심 기술로 선정. 2018년 항저우시는 블록체인 산업파크(Blockchain Industrial Park)를 조성해 입주 기업에 세제 혜택 및 인력 등을 지원하고 있으며, 귀주성의 첨단산업특구 귀안신구는 비트SE(BitSE)와의 협력을 통해 블록체인 타운을 조성하고 있다. |

| | |
|---|---|
| 유 럽 | 2018년 4월 유럽 연합 집행위원회 (European Commission)는 영국, 프랑스, 독일, 노르웨이, 스페인, 네덜란드 등 22개 유럽 국가들이 유럽 블록체인 협력 설립을 발표하는 성명서에 서명. '(European Blockchain Partnership)' 새로운 조직을 만듦.<br>스위스는 현재 유럽 블록체인 산업의 중심으로, 중부의 소도시 추크(Zug)에 조성된 크립토밸리(Crypto Valley)는 블록체인 계의 실리콘밸리로 각광을 받고 있다. 크립토밸리에는 비트코인스위스, 모네타스, 이더리움 재단, 아이콘 재단 등 수많은 블록체인 기업이 입주해 있다. 영국 조폐국(Royal Mint)은 암호화폐의 가치 저장 기능을 활용해 정부가 실제로 보유한 금과 연동되는 암호화폐(Royal Mint Gold 1코인은 금 1그램에 해당)를 발행할 계획을 밝혔다.<br>에스토니아는 세계에서 블록체인을 정부에 가장 먼저 도입한 국가로, 주민등록에 블록체인을 도입해 세계 최초로 e-레지던시(e-Residency) 서비스를 시작했다. |
| 일 본 | 2017년 4월 암호화폐법을 제정해 거래소 인가제 및 암호화폐 회계기준에 대한 가이드 라인을 제공하였으며 일본블록체인추진협회는 엔화와 1:1로 교환 가능한 암호화폐 젠(Zen)을 개발해 시험 중이다.<br>2016년 5월 일본은 처음으로 디지털통화 감독법(Digital Currency Super vision Act)을 승인하고 그것을 자산으로 정의하였고, 일본은 Block chain Alliance(BCCC)라고 불리는 최초의 블록체인 산업 조직을 설립했다. |
| 호 주 | 2016년 3월, 오스트레일리아포스트는 신분인식에서 블록체인 기술적용을 연구하기 시작. 호주포스트는 선거투표를 위해 블록체인기술을 사용할 계획이다. |

[표4] 각 나라별 블록체인 정책동향(출처: 블록체인-유거송·김경훈(2018), 기술동향브리프, KISTEP 2018-01호 재작성.)

## 03 선진국의 블록체인 세계협력사항

글로벌 비 금융권 기업들은 자체 플랫폼을 블록체인 기술과 연결시켜서 새로운 차원의 생태계를 조성하고 하고 있다. 최근 가장 영향력 있는 조직으로 R3CEV 그룹을 예로 들 수 있다. R3CEV는 골드만삭스, 씨티은행, 뉴욕 멜론은행, 도이체 방크, 프랑스 산업은행 바클레이스, JP모건 등 전 세계 49여개의 은행 등과 더불어 금융사들이 함께 블록체인의 분산원장 거래 활성화를 위한 단체이다. 한국은 5개 은행(국민은행, 신한은행, 하나은행, 기업은행, 우리은행) 국내 금융기업들이 참여하고 있다. 한편 글로벌화 R3CEW 그룹 뒤에 많은 동맹협력 커뮤니티 그룹이 존재하는 점이 나타났다.

R3CEW를 비롯한 같은 블록체인 연합체인 '차이나 레저 얼라이스'(China ledger Alliance) 그룹이 금융사를 구성하고 Wanxiang Holdings, Letv Finance, Shanghai Mozhen 등(총칭 : Chinaledger) 서로 유기적인 관계 하에 금융전반에 대한 지원을 하고 있다. 또한 Wanxiang Holdings는 지난 2015년 9월에 Wanxiang Blockchain Lab을 설립해 블록체인 산업연구, 오픈 소스 프로젝트 후원 및 기타 활동을 수행하고 있으며 중국 최초의 블록체인 클라우드 플랫폼 Wan cloud를 설립했다. 또한 블록체인에 중점을 둔 벤처 캐피탈 펀드가 설립돼 30백만 달러 이상의 누적투자로 전 세계 30개 블록체인 창업기업에 투자하기도 했다.

또 하나 유명한 블록체인 연합체는 바로 'Hyperledger 프로젝트'이다. 지난 2015년 12월, Linux Foundation은 Hyper ledger프로젝트를 발표했다. Hyper ledger프로젝트는 리눅스(Linux)재단 산하의 오픈소스 프로젝트이다. Ripple, IBM, JP 모건 체이스, 시스코, Digital Asset Holdings, Blocks tream 등 다양한 글로벌 회사들이 참여하고 있다. 이 프로젝트는 블록체인 모든 거래내역을 암호화를 통해 보호하고 있다. 게다가 모든 참여자에게 공개되는 방식으로 다양한 오픈소스 소프트웨어를 연구하고 있다.

일본 SBI 핀테크 컨소시엄은 일본 SBI그룹 주도로 만들고 리플, 코인플로 등 기업들이 참여하고 있다.

IBM 글로벌 기업은 'Hyper ledger 프로젝트'에 적극적으로 참여할 뿐만 아니라 세계 유수의 글로벌 기업들과 사물인터넷(IoT) 적용을 위한 ADEPT 플랫폼을 개발하고 있다. IBM은 블록체인 기술을 이용해 사물인터넷 플랫폼 'ADEPT'를 개발했는데 이 플랫폼을 응용해 우리 생활에 밀접한 가전제품에 적용하는 사례를 살펴보자.

사물인터넷(IoT) 기술을 접목해 신 개념 가전을 접목한 가정의 필수품이라 할 수 있는 냉장고의 예를 들어보면 한층 진화된 AI 기반 음성인식기술을 적용해 내용물에 대한 재고관리 및 유효기간 관리 등 다양한 기능을 강화할 수 있다. 한걸음 더 나아가 AI 기술을 활용하면 개인 맞춤형 서비스는 물론 가족 구성원의 식단 추천, 음성인식 서비스 등과 가족들의 음식 선호도는 물론 보관 중인 식재료의 유통기한까지 고려해 최적화된 식단과 요리 조리법을 사용자에게 추천해주는 지능형 비서 역할을 수행할 수 있다.

또한 사용자의 편리성을 고려해 음성으로 간편하게 식재료를 등록하고 유통기한을 자동으로 기록하며 불필요한 식품의 구매나 유통기한이 지나 버리는 일을 방지할 수 있어 식재료를 효율적이고 용이하게 관리 할 수 있게 됐다. 이러한 기술에 더해 '음성인식(Voice ID)' 기술을 통해 가족 구성원들의 목소리를 구분하고 일정, 메모, 뉴스, 날씨 등의 개인별 맞춤형 정보를 제공하며 애플리케이션을 통해 연결된 세탁기,

무선청소기 등 가전제품뿐만 아니라 도어센서, 온도조절장치, 실내조명, 전동커튼 등 스마트 기기 회사들의 제품과 연동해 집안의 IoT 기기를 제어할 수 있다.

나아가 홈 엔터테인먼트 기능을 스마트 폰 애플리케이션과 연계하면 가정 내 전자제품을 손쉽게 제어할 수 있는 '홈 IoT' 기능으로 까지 확대 할 수 있는 기술이 실현되고 있다.

더 나아가 식품을 제조하는 회사와의 블록체인을 연결하면 제조사의 생산을 적절히 조절할 수 있고 예측생산이 가능해져 결국은 원가가 및 불필요한 제조비용을 절감해 소비자의 이익으로 돌아가게 되는 것이다. 그러므로 블록체인은 주방이나 생활공간이 더 이상 가사를 위한 공간이 아니라 개인 작업이나 쉼이 가능한 활동의 영역으로 변해가는 트렌드를 만들고 있다.

[그림3] 비금융 업계도 주목하는 블록체인(출처 : 모바일경제연구소)

이처럼 블록체인은 금융 분야는 물론 비 금융 분야인 제조업과 에너지, 의료, 유통 등의 다양한 분야에서 활발하게 전개되고 있다. 일례로 에너지 분야의 경우 전력회사가 신재생 에너지의 생산제어와 최적화를 위해 블록체인에 연동해 가정에서 생산한 에너지를 사용하거나 축전지에 저장하고 남는 전기를 전력회사에 되파는데 여기서 필요한 송전 용량을 전력회사의 수급에 맞춰 전체를 최적화하는 것이 핵심이다. 이를 위해서 전력거래 데이터 관리에 블록체인 기술이 활용되며 의료분야에서도 진료 데이터를 안전하게 기록하고 보관하는 체제를 구축해 질병치료 데이터를 모으고 향후 유사질병 치료에 적용하는데 블록체인 기술을 활용하는 등 빅 데이터를 바탕으로 다양한 분야에서 4차 산업혁명의 새로운 시장이 열리고 있다.

## 04 4차 산업혁명 시대의 사회보장제도

### 1) 4차 산업혁명 시대의 정의 및 역사

최근 들어 이른바 '제4차 산업혁명'에 대한 관심과 열기가 매우 뜨겁게 일고 있다. 지난 2016년 1월 스위스 다보스(Davos)에서 개최된 세계경제포럼(WEF)에서 클라우스 슈밥(Klaus Sch wab)은 향후 직면할 화두로 '제4차 산업혁명(The 4th Industrial Revolution)'을 공식적으로 언급한 이후 이 개념이 전 세계적으로 주목을 받기 시작하면서 오늘날 학계뿐 아니라 정치권, 언론계, 기업 분야에 이르기까지 일종의 유행어가 되다시피 했다.

이러한 추세에 부응해 문재인 정부는 대통령 직속 '4차산업혁명위원회'를 창설했으며(2017년 9월), 국회에서도 '4차산업혁명특별위원회'가 설치됐고(2017년 12월), 지방자치단체들도 앞 다퉈 '4차산업혁명특별시'로 선포하거나 4차 산업혁명 관련 추진위원회 및 특별보좌관 제도 등을 신설하고 있다.

역사적으로 볼 때 지난 1~3차 산업혁명의 시기 및 특성에 대해서는 대체로 의견이 일치하는 반면 4차 산업혁명에 대해서는 사실상 확립된 개념도, 이론도, 실체도 아직까지는 없다(네이버 지식백과, 2016. 10. 20). 다만 '인공지능, 빅 데이터 등 디지털 기술로 촉발되는 초연결기반의 지능화 혁명'(4차산업혁명위원회 홈페이지 https://www.4th-ir.go.kr) 정도로만 인식되고 있는 상황이다.

| 구 분 | 디지털기술 | 물리적 기술 | 생물학적 기술 |
|---|---|---|---|
| 핵심 역량 | • 블록체인 | • 3D 프린팅의 적용 | • 유전자 분석 기술 |
| 전개 방법 | • 서로 모르는 상태에서 공동으로 시스템 운영 | • 기존의 깍고 자르는 생산에서 적층 기술로 제작 | • 생체세포의 임의적 변화로 유전자 해독 |
| 장점 요소 | • 특정사용자의 통제 불가로 보안성 극대화 | • 다품종 소량생산으로 다양한 소비 욕구에 대응 | • 불치병 정복의 길이 열림 |
| 적용 대상 | • 금융거래, 의료기록 정부 지원체계 통합 | • 의료, 자동차, 항공 산업 적용에 적합<br>• 제작비용의 획기적 절감 | • 질병 환자 |

[표5] 4차 산업혁명의 기술적용 분류

또한 '4차 산업혁명'으로 언급되는 최근의 '초 연결 지능정보화' 물결이 과연 이전의 1~3차 산업혁명과 궤를 같이 하는 진정한 산업혁명이냐에 대해서도 의견이 분분하다. 더구나 4차 산업혁명이 전개될 미래에 기존의 경제패러다임이 어떻게 전환될지에 대해서도 공감대가 제대로 형성돼 있지 않은 실정이다.

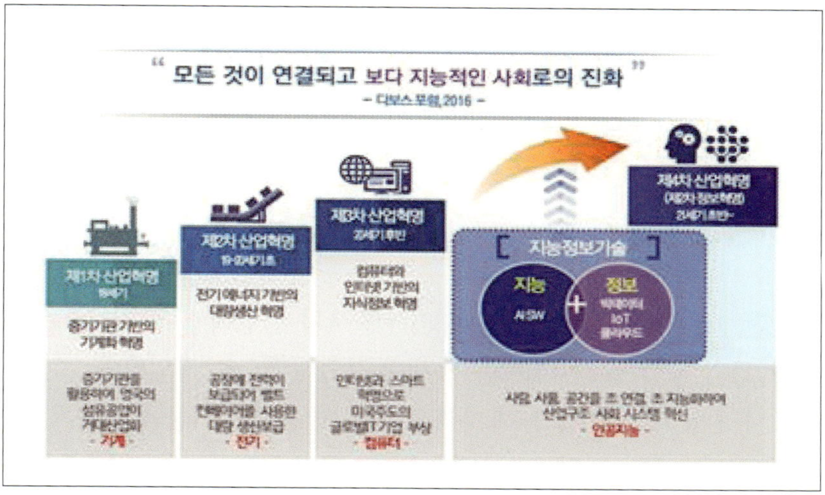


[그림4] 단계별 산업혁명의 진화(출처 : 다보스포럼, 2016)

Schwab(2016)이 표현했듯이 '혁명(Revolution)'은 급진적이고 근본적인 변화를 수반한다. 역사 속 산업혁명은 신기술과 새로운 세계관이 경제체제와 사회구조를 완전히 변화시킬 때 발생했다. '산업혁명'은 새로운 기술이 등장해 새로운 산업 생태계를 만들고 그것이 인간이 삶을 영위하는 방식을 획기적으로 변화시킬 때 붙일 수 있는 개념이다. 산업 분야의 변화에 그치지 않고 정치, 사회, 문화에도 혁명적인 변화를 이끌어 낸다. 인간의 한계(여기에는 물리적인 힘과 정신적인 능력이 포함된다)를 극복하고 그것이 인간의 삶과 사회에 변화를 주었다고 한다면 1~3차 산업혁명은 '산업혁명' 역할을 톡톡히 해냈다고 판단된다(네이버 지식백과, 2016).

과거 수렵생활을 하던 인류는 약 1만 년 전 농경생활이라는 첫 번째 큰 변화를 맞았으며(농업혁명), 18세기 중반부터 일련의 산업혁명이 발생함으로써 경제패러다임과 인간사회에 엄청난 변화가 일어났다. 지난 1760~1840년경에 걸쳐 발생한 산업혁명의 일반적 특징을 철도건설과 증기기관의 발발시기를 기준으로 살펴보면 1차 (1784년) : 증기, 기계 생산 / 2차 (1879년) : 전기, 노동 분업, 대량생산 / 3차 (1969년) : 전자, 정보기술, 자동생산 등으로 분류하고 있다(Schwab, 2016).

한편, 네이버 시사상식사전에 의하면 '4차 산업혁명'은 정보통신기술(ICT)의 융합으로 이뤄지는 차세대 산업혁명으로 정의된다. 즉, 로봇이나 인공지능(AI)을 통해 실제와 가상이 통합돼 사물을 자동적, 지능적으로 제어할 수 있는 가상 물리 시스템의 구축이 기대되는 산업상의 변화를 일컫는다. 발명의 바탕에는 기계에 의한 단순 생산에서 19세기말~20세기 초까지 이어진 2차 산업혁명에는 전기와 생산조립라인의 출현으로 대량생산을 가능하게 했다. 지난 1960년대에 시작된 3차 산업혁명은 반도체와 메인프레임 컴퓨팅(1960년대), PC(1970~80년대), 인터넷(1990년대)이 산업혁명을 주도했다.

지난 1700년대 중반 1차 산업혁명 당시 증기기관의 발명과 그 후의 기술진보는 인간의 미약한 물리적인 힘의 한계를 넘어서게 했다. 인간은 생명까지 위협하는 육체노동의 굴레에서 벗어날 수 있었고 사회 전체의 생산량은 크게 늘어났다. 철도와 선박 등 이동수단의 발달로 세계의 물리적 거리가 급격히 좁혀지는 놀라운 경험을 할 수 있었다. 지난 1800년대 중반 전기의 발명으로 인간은 다시 한 번 시간과 공간의 한계를 넘어설 수 있었다. 대량생산 방식이 가능해져서 상품과 서비스가 대중화되면서 물질적으로 풍요로운 시대를 맞게 됐다.

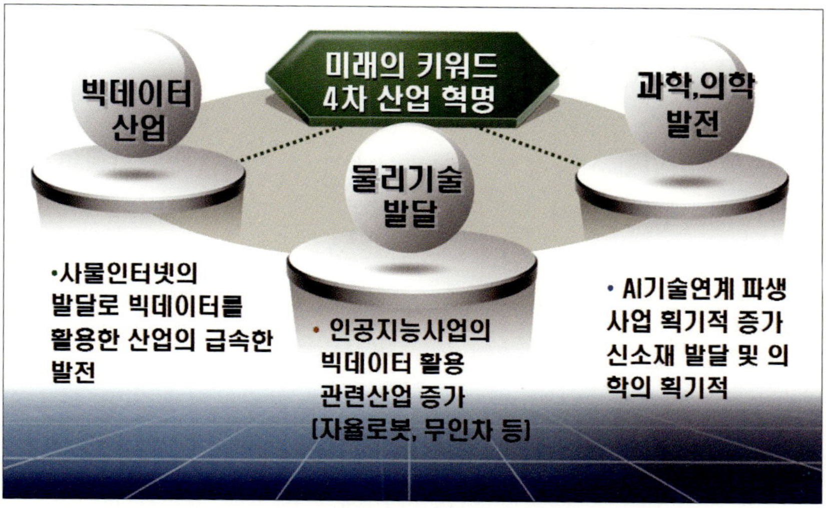


[그림5] 4차 산업혁명에서의 산업변화 전망

중산층이 증가하고 교육이 대중화되며 인간의 발명품이 풍요로움을 더하면서 탈 이념화와 함께 누구나 즐길 수 있는 상황을 바탕으로 민주주의가 발전하는 계기가 마련됐다. 이를 2차 산업혁명으로 부르는 데 부족함이 없다. 지난 1970년대 이후 전자를 기반으로 한 새로운 테크놀로지는 자동화를 가능하게 하고 제조업과 산업의 시장 판도를 뒤흔들어 놓았다. 이 즈음해서 인터넷의 등장은 급속한 변화를 가능케 해 시간과 공간과 거리의 제약을 벗어나게 할 수 있었고 이를 바탕으로 실시간으로 전 세계가 하나로 묶어지는 통합을 이루는데 극적으로 기여했다.

소통 방식이 달라짐에 따라 지구촌은 실시간으로 연결되고 경제 행위는 국가 간의 장벽을 허물고 시장의 판도를 크게 바꿔 놓았다. 여기서 인간 사회는 정보화라는 새로운 프레임으로 변모하게 된다. 따라서 이러한 변화를 3차 산업혁명으로 명명하게 됐으나 여기서 놀라운 것은 1차 산업혁명부터 3차 산업혁명까지 전개되는 시간의 간격이 급격히 짧아지고 있었다는 점이다.

1차 산업혁명이 시작된 이후 불과 200여 년 만에 3차 산업혁명까지 이뤄짐으로써 이전까지 7만 년 동안 변화해온 정보와 지식과 모든 경제, 사회적인 요소들이 일거에 변화하는 인간 역사의 급격한 변화를 겪게 된 것이다. 이는 100조원 이상의 재산을 보유한 세계 최고의 갑부, 세계에서 가장 존경받는 리더, 디지털 제국의 제왕, 컴퓨터 천재, IT 혁명의 기수로 대표되는 마이크로소프트의 빌게이츠 회장을 빼놓을 수 가 없다. 그는 20년 전인 지난 1999년에 「빌게이츠@생각의 속도」라는 책에서 이미 미래를 간파하고 미래의 세상을 예견하고 있었다.

빌게이츠는 이 책에서 새로운 시대의 경제 패러다임을 바꿔 놓을 인터넷 혁명을 화두로 '생각의 속도로 움직이는 비즈니스'에 대해 인터넷 확산으로 시작되는 디지털 기술문명 시대의 혁명적 변화들을 예견하며 정보화 사회의 변화양상과 그것이 경제, 사회에 끼치는 영향을 내다보며 4차 산업혁명의 방법론적 방향을 제시했다고 할 수 있다. 특히 빌 게이츠는 이 책을 쓴 이유를 '기술이 모든 것을 바꿔 놓고 있기 때문'이라 밝히며, 인터넷은 우리의 생활양식을 또 다른 차원으로 변화시키고 있기 때문에 전기생활양식과는 다른 '웹 생활양식'이 급속한 혁신을 토대로 변화되어지는 특징을 갖게 될 것이라 예견했다. 또한 인프라스트럭처가 임계량에 도달해 사람들의 생활을 바꿔 놓으면 새로운 소프트웨어와 하드웨어가 끊임없이 등장하기 시작할 것이라고도 예견했다.

20년 전에 이 책을 기술할 때의 상황은 대부분 책상 앞에 앉아 물리적 전선을 통해 인터넷에 접속하고 정보를 찾았었지만 미래는 주로 휴대폰 디지털 기기를 통해 다른 시스템이나 사람들과 상시적인 접촉을 유지하게 될 것이다. 수도나 전기계량기, 경보장치, 자동차 등과 같은 일상적인 기계들도 컴퓨터로 연결돼 그 사용량이나 작동상태 등을 보다 쉽게 파악할 수 있을 것이다. 디지털 정보에 대한 응용프로그램들은 우리의 생활양식과 업무환경에도 급격한 변화를 불러와 컴퓨터로 대체되는 직업군과 그래도 남아 있을 직업군의 변화가 예견된다. 이런 것을 유추해 보면 앞으로 펼쳐질 4차 산업혁명의 미래를 어느 정도 가늠할 수 있을 것이다.

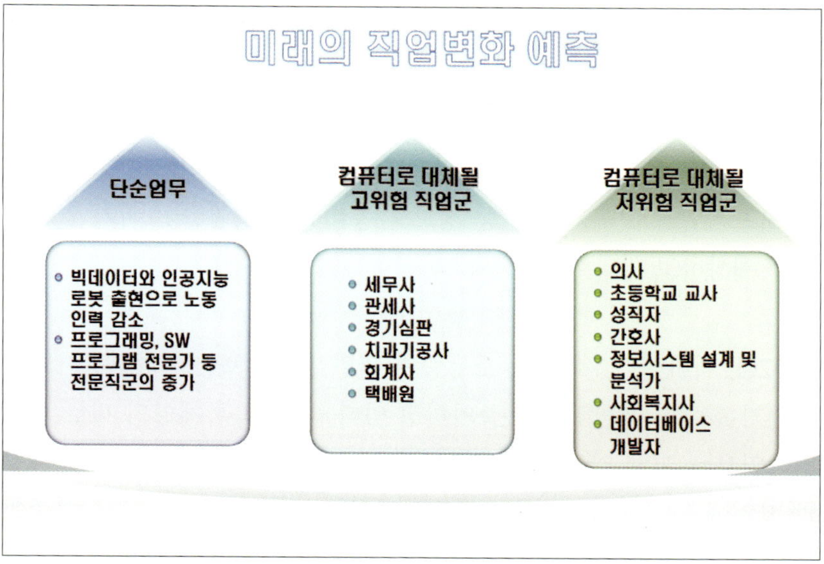


[그림6] 미래의 직업 변화 예측(출처 : 소프트웨어 정책연구소/ SERI 내용 참조)

그렇다면 그 후로 20년이 지난 세상은 어떻게 변화됐고 앞으로 어떤 모습으로 변화될 것인가? 우리 일상에 깊숙이 뿌리내린 모바일 세상이 그것이며 손안에서 세상의 모든 것이 해결 가능한 세상이 펼쳐지고 있다. 그리고 이에 더해 세계경제포럼(WEF) 보고서는 10년 후 미래사회를 변화시키는 터닝 포인트로 로봇 서비스, 사물인터넷 ICT, 인공지능 의사결정, 공유경제 등 21개 분야를 선정하고 있다.

빌게이츠의 미래를 보는 안목이 세상의 변화를 예견했던 것처럼 블록체인 분야가 2개나 포함된 미래의 변화모습을 예측할 수 있는 것이다. 실제로 국가들은 오는 2023년에 블록체인으로 세금을 받기 시작할 것이고 금융 중심의 현재 블록체인 생태계에 사물인터넷, Online to Offline으로 불리는 O2O를 손꼽았다. 이를 통해 전 세계를 통틀어 2019년 기준 56억명으로 예측하고 있는 스마트 폰 사용자들이 온라인과 오프라인의 경계선을 넘나들며 모바일 폰을 이용한 시장을 창출할 것이다. 따라서 언제 어디서나 인터넷을 사용해 온라인으로 고객 모으고 오프라인으로 옮겨가는 등 정보 유통비용이 저렴한 소비가 일어날 것을 예상하고 있다.

O2O, 디바이스, 저작권, 소유증명 관련 분야 등의 영역들이 사회적 분위기를 틈타 폭발적으로 증가하고 있다. 한편 블록체인의 새로운 패러다임으로 인해 각국의 정부와 기업들은 블록체인에 대한 많은 단점과 장점에 직면해 있다. 일부사람들은 블록체인 기술을 활용해 기술의 눈부신 발전을 이뤄내는 반면 일부는 이를 악용해 기술 역행의 길을 만들기도 했다.

현재 서서히 직면하고 있는 4차 산업혁명은 블록체인에서 기술의 혁신과 함께 기득권층의 포기를 요구하고 있다. 새로운 환경이 구축됨에 따라 이미 시장을 형성하고 있던 기득권층이나 비즈니스는 거센 저항에 부딪히게 되므로 블록체인이 새로운 시장경제의 중심으로 자리 잡기 위해서는 정부의 정책, 세금 체계, 법규의 새로운 트렌드 리딩 등 정부 역할이 중요한 성공요소로 대두되고 있다. 그리고 기업은 상호 기술협력과 확장이 끊임없이 필요하며 지속적인 학습과 첨단기술의 융합을 통해 블록체인 생태계를 구축해 나가야 할 것이다.

김성준(2016)은 블록체인 생태계를 구축하기 위한 방안 중 첫 번째 방안으로 국가 블록체인 플랫폼 인프라를 활용해 블록체인 시범사업을 확대 추진하고 국내 스타트업과 기술전문기업의 구축, 레퍼런스 확대 지원 등 산업 활성화 지원 체계를 구축할 필요성이 있다고 주장 했다. 두 번째 글로벌 선진국들과의 지속적인 연구협력, 기술교류, 공동 콘퍼런스 개최 등 연계 강화방안 마련이 필요하다. 세 번째로 블록체인은 금융 산업뿐만 아니라 블록체인 생태계를 만들기 위해서 기술적·제도적 대응방안을 마련해야 한다. 네 번째로는 국내외 블록체인 관련 기관들은 핀테크 기업 및 IT기업들과의 협력체계 구축, 투자 등의 다양한 방식으로 플랫폼을 개발해 블록체인 확산 및 상용화를 위한 정부의 지원과 기업의 투자가 확대돼야 한다고 주장하고 있다. 마지막으로 정부는 블록체인기술 개발활성화 및 안정적인 확산이 이뤄질 수 있도록 전문인력 양성체계 구축이 시급이 필요한 상황이며 블록체인 지원센터 설립 등 국가 지원체계 구축에 대한 면밀한 검토가 필요 할 것이다.

## 2) 블록체인 도입에 대한 세계적 트렌드

전 세계적으로 블록체인 도입 프로젝트는 거의 대부분 금융거래 및 자산관리 프로젝트에 집중돼 있다. 그러나 최근 정부는 공공 행정서비스에 도입하려는 프로젝트를 적극적으로 추진하고 있다. 지난 2017년 IBM 가치연구소의 설문조사에 따르면 세계 각국 정부는 공공정부시스템의 블록체인 적용의사가 높은 것으로 나타나고 있다. 또한 블록체인산업 진흥 및 블록체인 기반 국가 시스템 구축을 위한 중장기 계획을 수립하는 등 적극적인 정책을 추진하고 있는 것으로 나타나고 있다.

영국을 비롯한 전 세계 40여 개국은 정부주도로 현재 100여개 이상의 다양한 공공서비스 프로젝트를 진행하고 있다. 공공서비스 분야는 디지털ID를 통한 신원조회 및 개인정보관리, 부동산 및 토지 등 자산관리, 세금납부 및 복지수당 지급 시스템 자동화, 개인인증을 통한 전자투표 등이 있다.

### (1) 에스토니아

에스토니아는 한국 절반 크기의 영토에 전체 인구는 130만 명의 작은 국가로 지정학적 특성상 외세의 침입이 잦았다. 심지어 지난 1991년 구 소련에서 독립했을 당시는 성장률이 -14%를 기록할 만큼 변변한 경제 인프라를 갖추지 못했다. 지속적인 사이버 테러와 해킹 사건으로 사회적으로도 불안했지만 세계에서 블록체인을 정부에 가장 먼저 도입한 국가이다.

에스토니아 정부는 지난 2012년부터 국가 행정서비스 전반에 블록체인 기술을 적용하고 데이터베이스 플랫폼을 전 국가적으로 적용했다. 에스토니아 국민은 태어나자마자 디지털 칩이 내장된 전자신분증을 발급받아 신분증 카드를 컴퓨터에 꼽고 본인 인증만 하면 온라인으로 납세, 투표, 교육, 주민관리, 건강기록, 금융기록, 전자 선거서비스 등을 제공받고 있다.

대표적으로 '전자영주권(e-residency)' 서비스도 실시하고 있다. 블록체인 기반 전자서명을 활용한 '전자영주권(e-residency)'을 발급받은 사람은 누구나 국적에 관계없이 에스토니아의 디지털 서비스를 받을 수 있는 등 2,600가지 전체 정부행정서비스의 99%를 온라인에서 해결할 수 있다. 쉽게 말해 연말이 되면 직장인들은 연말정산에 많은 시간을 허비하지만 에스토니아에서는 단 3분이면 처리가 되고 창업신고도 서류구비나 관련기관의 방문 없이도 온라인으로 30분이면 허가를 받을 수 있다. 이처럼 획기적인 행정서비스가 제공돼 결국은 그것이 국가경쟁력으로 연결되고 독립당시 2,000달러였던 1인당 국내총생산(GDP)이 지난 2017년 2만 달러를 육박하는 등 북유럽의 강소국으로 급부상하고 있다.

에스토니아가 행하고 있는 블록체인을 이용한 정부혁신에는 클라우드와 오픈소스가 있다. 에스토니아 정부는 e-법무부, 시민 포털 사이트의 전자조달 및 송장 SW도 공공-민간이 협업해 개발하고 중앙 재정을 통해 개발된 코드나 IT시스템도 가능한 오픈소스를 기반으로 구축했다.

또한 에스토니아는 MicroSoft사와 손잡고 국가정보 교환 플렛폼인 클라우드 기반의 엑스로드(X-raod)에 블록체인 기술을 도입·구축해 주요 기관과 민간 그리고 시민들이 데이터를 안전하면서도 자유롭게 유통·공유·저장·관리 등을 손쉽게 할 수 있도록 했다. 즉 에스토니아는 데이터의 개방과 공유라는 국가철학을 바탕으로 Digital Society, Digital Europe을 만들기 위해 총력을 기울이고 있는 것이다.

### (2) 아랍에미리트 두바이

두바이는 지난 2016년 10월 'Dubai Blockchain Stratagy'를 발표하면서 오는 2020년까지 블록체인 기반의 정부시스템을 구축하겠다고 밝혔다. '두바이 블록체인 전략'에 따라 모든 정부문서를 디지털 형태로 기록·관리하는 종이 없는 정부로의 전환을 추진하고 있다. 중앙서버에 기록하는 문서는 위·변조 위험이 높고, 여러 보안장비 및 서버관리 비용이 발생하는 등 정부의 생산성이 저하된다고 판단해 현재 위·변조 방지를 위한 프라이빗 블록체인을 개발하고 정부의 모든 문서를 기록·관리하는 전자문서 시스템을 구축하고 있다. 블록체인 전자문서는 관리비 절감, 안전한 보관, 비리방지, 공유의 용이성은 물론 부처 간 협업 및 현장업무 효율성에도 영향을 줄 것으로 기대하고 있다.

### (3) 영 국

영국 정부는 블록체인 기술을 복지행정과 같은 공공부문에 도입을 시도하고 있다. 영국 과학부(Government Office for Science)에서 발표한 'Distributed Ledger Technology: Beyond Blockchain' 보고서를 토대로 블록체인을 통해 각종 공공서비스 혁신을 추진하고 있다. 특히 지난 2016년 고용연금부는(DWP:Department of Work and Pensions)는 복지수당 지급의 효율성과 투명성 제고를 위해 블록체인 기술을 활용한 복지수당 지급실험을 성공적으로 완료했다.

영국 노동연금부는 매년 약 116억 유로를 복지수당으로 사용하고 있으나 약 3.5억 유로는 사기, 청구인의 착오, 시스템오류 등으로 과 지급 되는 등의 예산누수가 발생했다. 따라서 복지수당의 부정수급을 막고 분배의 효율성을 높이기 위해 블록체인 기술을 적용한 자동 복지수당 시스템을 구상하고 이를 위해 현재 거브코인(Govcoin), 바클레이즈 은행, 런던대학교 등과 협력해 노동연금에 블록체인 기술을 결합한 공공복지 시스템 개발이 진행 중이다.

### 3) 한국의 블록체인 추진 현황

우리나라는 현재 블록체인을 자체적으로 개발한 사례는 매우 적으며 생태계 구축 및 기업의 관심도가 낮은 상황이다. 국내의 경우 블록체인 도입을 효율적으로 추진하기 위해 분야별 이해관계자들이 공동연구, 기술검증 등을 함께 추진하는 컨소시엄이 구성돼 있긴 하지만 대부분 민간영역과 금융 분야에 집중돼 있다. 공공부문에서의 블록체인 기술 도입사례는 거의 없다. 현재 법규제의 집행과 복지 서비스의 효율성 제고 등을 위한 블록체인의 활용이 지방자치단체를 중심으로 시도된 바 있다. 그러나 정부의 규제혁파의 의지는 미미한 상태로 법과 지침과 전례가 없다는 이유로 스타트 업으로 일컫는 신생기업까지도 4차 산업혁명의 시작에서부터 정보통신기술(ICT)에 대한 정부의 선도적 역할 부족으로 현실의 벽에서 좌절하거나 시기를 놓쳐 경쟁력을 잃게 되는 경우가 비일비재하게 발생하고 있다.

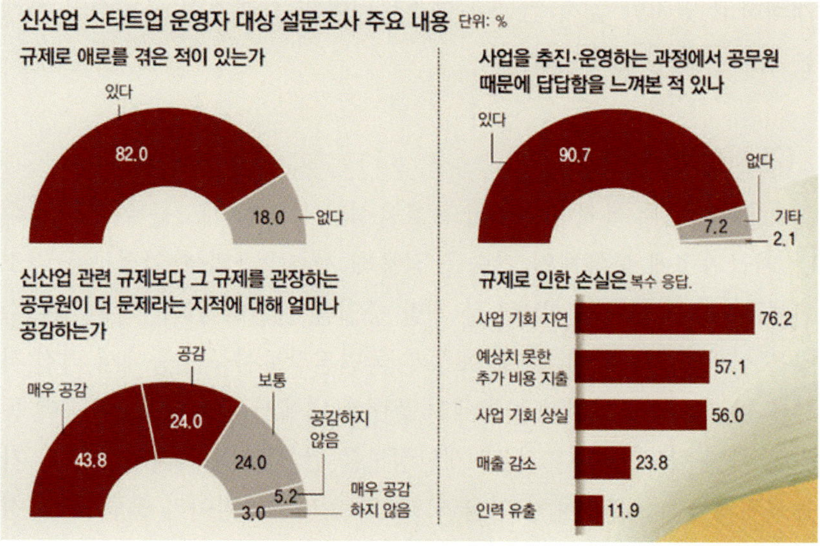


[그림7] 스타트업 101명이 본 '규제철벽'(출처 : 동아일보 기사 2019. 04. 27)

여기서 문제는 신산업에 대한 정부관계자의 지식이 스타트 업 운영자의 추진방향을 따라가지 못하는 전문성의 결여로 시기를 놓치는 우를 범하고 있다는 것이다. 원인은 무엇일까? 결론적으로 스타트 업을 위시한 4차 산업혁명에서 파생되는 신기술과 누구도 가지 않고 시도한 적이 없는 비즈니스 툴을 수시로 바뀌는 정부정책 담당자의 기준에 맞추려다보니 규제로 인한 손실의 가장 큰 항목이 사업기회 지연이라는 초라한 성적표를 받게 되는 것이다. 그렇다면 4차 산업혁명에 대해 지방자치단체나 정부부처별로 추진하고 있는 상황은 어떻게 진행되고 있는지 살펴보고자 한다.

### (1) 경기도

경기도는 '전자투표의 조작·해킹방지 및 투명성·신뢰성제고를 위해 따복공동체' 주민제안 공모사업 심사를 위한 전자투표에 블록체인 기술을 활용했다. 그리고 안전을 주제로 한 심포지엄 및 세미나 등을 개최하고 있지만 앞서 언급한 에스토니아의 사례처럼 구체적인 사례는 아직 미흡한 상황이다.

### (2) 서울특별시

서울특별시는 복지수당 지급의 효율성과 투명성 제고를 위해 청년수당 지급과정에 블록체인 기술을 적용해 서류발급과 확인절차를 간소화 하는 등 공공복지 서비스를 개발 중임을 밝힌바 있다. 기존 청년수당을 신청하기 위해서는 고용노동부 국민건강보험공단 등에서 직접 서류를 발급받아야 했지만 블록체인 플랫폼 내에서는 개인정보제공에 동의만 하면 각 시가 노드가 돼 개인정보를 한 번에 조회해서 접수가 가능해지게 된다. 블록체인 기술이 제2의 인터넷혁명이라 불릴 만큼 경제사회를 변화시킬 잠재력을 갖고 있음은 분명하지만 국내 기술수준과 기반은 미국 대비 76.5% 수준으로 주요국에 비해 뒤처진 상황이다.

우리 정부는 다소 늦은 감이 있지만 지난 2018년을 블록체인 확산 원년으로 선언하고 핵심 정책과제로 블록체인 기술개발 100억 원, 시범사업 42억 원 투자를 통해 블록체인 산업을 육성하겠다고 밝힌바 있다.

### (3) 정 부

지난 2018년 6월 과학기술정보통신부가 발표한 '블록체인 기술 발전전략'에 따르면 오는 2021년까지 '혁신성장청년인재 5,400명 양성'을 목표로 4년간 1,080억 원을 투입해 프로젝트 중심을 교육을 추진하고 공공분야 선도적용(공공선도사업) 등을 통해 블록체인의 글로벌 기술 경쟁력을 확보하고 산업 활성화기반 조성을 추진할 계획이다. 현재 각 부처와 협업중인 공공선도사업은 온라인 투표시스템(선거관리위원회), 국가 간 전자문서 유통(외교부), 축산물 이력관리(농림축산식품부), 간편한 부동산거래(국토교통부), 해운물류(해양수산부), 개인통관(관세청) 등이 있다. 금융위원회, 중소벤처기업부, 산업통산자원부 등 다양한 부처에서 블록체인을 활용한 관련 산업의 시스템 혁명을 모색중에 있다.

블록체인은 금융 산업을 넘어 전 산업의 경쟁력제고를 위해 확산되고 가속화되는 시기를 겪고 있으며 향후에는 공공부문에 블록체인 기술을 적용하기 위해 노력하는 국가들처럼 우리나라도 공공서비스 및 행정관리의 신뢰도 제고를 위해 블록체인을 국가 기반기술로 활용할 것이 예측된다.

### 4) 사회보장정보시스템 현황 및 문제점

#### (1) 고령화

출산율 저하는 고령화 문제와 필연적으로 직결된다. 인간의 평균 기대 수명은 지속적으로 증가하고 있는데 출산율은 저하로 인해 아동 및 청장년층의 인구가 급격히 감소하고 있어 사회의 인적구성은 자연적으로 고령화될 수밖에 없는 구조를 지니고 있다. 특히 한국인의 평균 수명은 지난 1970년에는 63.2년이었던 것이 2000년에는 74.9년으로 지난 30년간 11.4년이나 증가했다. 지난 60년대부터 80년대까지 정부는 산하제한 등 인위적인 정책을 통해 인구의 증가를 막는 오류를 범했고 오늘날에 이르러서야 규모의 경제는 국가 당 인구가 1억 명은 넘어서야 자급자족이 가능한 국가의 모습을 갖출 수 있다는 경제론적인 이해를 할 수 있게 됐다.

문제는 저 출산 문제에 있어 정부는 다각도의 정책적 노력을 펼치고 있으나 근본적인 저 출산 문제의 해결은 어려운 상황으로 전개되고 있고 이에 반해 고령화는 현재의 의료기술 발전 속도나 인구구조의 속성상 그 추세가 지속적으로 늘어날 것이다.

우리나라는 지난 2000년 인구 대비 65세가 넘는 노인인구 비율이 7.2%로 고령화 사회에 진입한 뒤 2018년엔 노인인구 비중이 14%, 오는 2026년엔 20%, 2050년에는 전체 인구의 65세가 넘는 노인인구가 38.2%에 이르는 초 고령사회를 맞을 전망이라는 우울한 전망이다. 여기서 문제는 이러한 노인인구의 증가가 세계에 유래를 찾아볼 수 없을 만큼 빠르게 증가되고 있다는 점이다.

### (2) 정부의 사회보장사업

정부는 형평성 제고와 수직적 재분배를 강화하고자 중복 수혜가 불가능하도록 사회보장사업을 펼치고 있다. 그러나 유사사업에 대한 중복여부를 검토하지 않거나 정부부처 혹은 기관 간 자료의 공유가 미흡해 의도하지 않은 중복수혜로 인한 예산의 누수를 야기하고 중복수혜를 받지 않은 사람과의 형평성이 문제가 발생하고 있다. 여기에 더해 민간비영리기관이나 소비자단체, 지역커뮤니티, 기업 등이 중복수혜의 문제를 가중시키고 있으나 이를 조절하거나 해결하는데 있어 정부의 사회통합관리망은 태생적 한계를 보이고 있다.

사회보장정보시스템은 사회복지관련 공무원들이 사용하는 업무시스템으로 복지사업의 상담·신청·조사·결정·급여지급·확인조사·환수 등 사회복지 업무 전 영역에 걸쳐 사회보장정보시스템을 활용하고 있다. 그러나 이를 지방자치단체와 앞서 언급한 민간비영리기관과 소비자단체, 지역커뮤니티, 기업 등과 엮는 동시에 사회복지에 연관되거나 관련성이 있는 조직을 블록체인으로 엮어 일원화된 사회복지 지원체계를 구축하는 것이 필요한 상황이다.

### (3) 블록체인 기술의 한계

블록체인은 완성된 기술이 아니며 어디까지나 한계가 존재한다. 블록체인 기술은 계속 발전하고 있지만 현시점에서 블록체인 기술이 갖고 있는 문제점은 효율성, 속도, 소프트웨어 오류, 데이터 저장의 비효율, 안전성 등이 주로 문제되고 있다. 특히 보안에 있어서는 기존 시스템은 보안강화에 역점을 두고 있으나 블록체인은 정보의 공유라는 보안의 모호한 경계가 있어 사회복지 수혜자의 인권문제 등은 해결해야 할 문제점으로 남아 있다.

## 05 4차 산업혁명 속의 사회보장 블록체인

### 1) 개선이 필요한 사회보장제도

보건복지부는 인구구조 변화, 4차 산업혁명 등에 따른 유망 사회서비스와 일자리를 발굴하고 정책과제를 도출하기 위한「사회서비스 발전협의체」를 구성해 지난 2017년 3월에 출범했다. 사회서비스 정의(「사회보장기본법」 제3조 제4호)를 보면 복지, 보건의료, 교육, 고용, 주거, 문화, 환경 등의 분야에서 인간다운 생활을 보장하고 상담, 재활, 돌봄, 정보 제공, 관련 시설 이용, 역량 개발, 사회참여 지원 등을 통해 국민 삶의 질이 향상되도록 지원하는 제도를 뒷받침하는 것이다.

이를 위해 출범한「사회서비스 발전협의체」는 민·관 공동으로 운영되며 서비스산업, 사회복지, 사회적 경제, 과학기술 등 다양한 분야의 학계·연구기관·현장 전문가들이 참여했다. 그러나 사회서비스의 향후 비전을 제시하고 구체적인 실천과제를 마련한다고 역설하고 있으나 4차 산업혁명의 시대에 맞는 '17년 사회서비스 이용권사업(지역사회서비스, 노인돌봄조합, 장애인활동지원)의 실시현황을 보면 지금까지 그래왔던 것처럼 일상적인 범주를 벗어나지 못하고 있다. 구체적인 예로 노인돌봄 사업을 구체화하기 위해 협력할 수 있는 블록체인 연계를 모색할 수 있는 사회보장은 무엇이 있을까?

사회안전망 구축이 대안으로 제시되고 있다. 고독사가 사회의 이슈가 되고 있는 만큼 정부와 지자체 등의 노력은 다양하게 전개되고 있다. 하지만 이러한 사회안전망 구축을 4차 산업혁명의 블록체인과 연계해 인공지능으로 대표되는 빅데이터에 가장 최적화된 알고리즘이라 할 수 있는 AI(Artificial Intelligence)에 연계한다면 이야기는 달라진다. 이미 지자체별로 경쟁적으로 사회안전망 구축에 안간힘을 쓰고 있지만 제각기 특징을 내세우는 보여 주기식 실적내기로 인해 단편적인 사례에 그치고 있다.

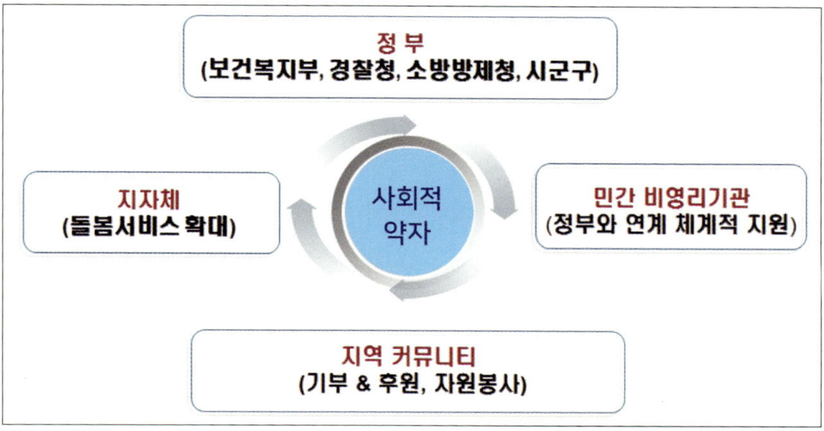


[그림8] 사회안전망 구축

사회적 문제가 되고 있는 고독사를 예로 들어보자. 주변 사람들과 단절된 채 홀로 살다가 쓸쓸하게 죽음에 이르는 문제가 사회적 이슈가 되고 있고 더 큰 문제는 이러한 사건이 증가추세에 있다는 것이다. 경제가 발전할수록 핵가족화에 따른 1인 가구의 증가로 홀로 죽음을 맞는 고독사의 건수는 점점 늘어나고 있으며 고독사하는 사람들을 분석해 보면 거동이 불편하고 생산 활동이 중단돼 사회활동이 중지되거나 최저생계에 못 미치는 경제적으로 힘든 독거노인으로 세상과 단절의 삶을 살고 있다.

보건복지부의 자료에 의하면 최근 5년간 65세 이상 1인 가구 현황 자료'에 따르면 지난 2017년 기준 전체 독거노인 수는 134만 명으로 2013년(111만 명)보다 23만 명 증가하는 등 고령화 사회에서 초 고령화 사회로 노인인구의 급속한 증가가 진행되고 있다. 그러나 문제는 여기서 그치지 않는다. 지난 2013년 이후 최근 5년간 65세 이상 무연고 사망자는 2배 이상 증가하고 1년 평균 300여명이 홀로 죽음을 맞이하고 있다는 것이다.

문제는 도시의 독거노인 비율보다 지방의 독거노인이 많이 분포하고 있어 다양한 사회안전망 구축이 절실한 상황이다. 전남 완도군을 보면 전체 인구 중 노인 인구가 30%를 넘어 초 고령화 사회로 진입했고 경북 산청군의 경우도 노인인구가 34%로 초 고령 사회로 접어들었다. 일례로 완도군의 사례를 보면 노인 인구의 30%인 4,712명이 홀로 사는 독거노인으로 혼자 힘으로 일상적인 생활이 어렵거나 가족 없이 혼자 살아가는 노인의 대부분이어서 고독사로 이어질 우려가 있어 사회적 안전망 구축이 절실한 실정이다.

[그림9] 전남 완도군 독거노인 돌봄 서비스(출처 : 완도군, 전남일보 발췌)

하지만 다행인 것은 독거노인 가정에 화재·가스 감지 센서와 응급 알림 벨을 설치해 응급상황 발생 시 소방서와 응급관리 요원에게 자동으로 알려 신속하고 안전한 보호를 받을 수 있는 '독거노인 응급안전알림서비스' 체계를 지난 2014년 구축해 제공하고 있지만 대상자의 일부만 제공하는 등 전체적용에는 예산 등의 문제로 한계가 있는 상황이다.

### 2) 블록체인을 연결하는 사회안전망 구축

유독 노인층, 그 중에서도 주로 독거 노인층이 고독사를 맞이하는 이유는 대화를 할 사람이 없거나 부족하다는 것이다. 나이가 들수록 소통을 할 만한 친구나 가족들이 먼저 세상을 떠나기도 하고 혼자 남게 되는 시간이 길어지면서 건강이 나빠져 누군가의 도움이 필요한 상황에서도 챙겨줄 사람이 없게 되는 초 고령 사회로 진입하는 동시에 증가하고 있는 노인 고독사와 우울증에 대해 경고하고 있다.

사회안전망 구축을 블록체인에 연결하는 시도는 지자체별로 진행하고 있지만 표준화된 정부차원의 체계적이고 표준화된 모델이 아니라 지자체의 역량이나 재량으로 진행되다보니 지역별로 차이가 발생하는 등 근본적인 해결책을 제시 하는 데는 무리가 있다. 따라서 사회복지의 전달체계를 블록체인에 연결해 클라이언트를 대상으로 관계되는 모든 민관의 지원시스템이 한군데로 모아 상호 클라이언트의 정보를 공유해야 한다. 그리고 관련된 시스템이나 지원방식을 클로스 체크를 지원한다면 현재의 문제가 되고 있는 민과 관의 중복지원이나 차 상위 계층으로 인해 혜택을 받지 못하는 문제점도 일정부분 해소할 수 있을 것이다.

또한 블록체인을 이용한 사회안전망 구축은 그물 같은 네트워크를 구축하면 빈틈없는 복지서비스가 가능할 것이다. 이는 현재 지자체별로 진행하고 있거나 시행할 예정인 사례를 중심으로 블록체인의 방법론을 적용하거나 기업이 생산하고 있는 생산재를 활용해 고독사를 줄일 수 있는 효율적인 방안도 하나의 방법론으로 제시할 수 있다.

예를 들면 모든 가정에 한국전력의 스마트그리드를 활용하는 것이다. 전기를 사용하는 가정에 촘촘하게 구축된 전력 네트워크를 활용해 전기사용량의 변동을 감지하거나 집안 중앙등의 조명에 연계해 집안에서 활동하는 독거노인을 체크할 수 있는 기술을 정보에 연계하면 돌봄 인력의 한정된 인적자원을 효율적이고 효과적으로 활용할 수 있다. 또한 AI로 대표되는 인공지능 전자제품의 발달로 인간과 대화가 가능한 제품이 출시되고 있는 점으로 미루어 이를 원격체크 기능에 연계해 독거노인 돌봄 서비스가 가능할 것이다. 정부차원에서는 수돗물 사용량을 실시간으로 모니터링 해 일정시간 사용량이 없으면 자동으로 알려주는 시스템도 이미 구축되거나 실행 가능한 기술로 현실화 돼있다.

실제로 부산 사하구는 동작센서 LED등을 독거노인의 집에 설치해 사회복지사에 연계하면 실시간 확인할 수 있는 시스템을 구축했고 이를 더해 응급벨 일체형으로 만들어 효과를 더하고 있다. 서울 성동구청은 AI스피커 보급을 통해 독거노인의 고독사를 방지할 수 있는 '말동무 제공 서비스'를 실시하고 있으나 문제는 민과 관이 제각각으로 추진하고 있으며 특히 지방자치단체는 경쟁적으로 효율보다는 실적에 급급하는 모양새를 나타내고 있는 부작용도 부인할 수 없는 사실이다.

[그림10] 시중에 유통되고 있는 AI 스피커(출처 : 네이버 사진자료 발췌)

따라서 범정부 차원의 관련된 유관부서의 통합된 표준 지원지침을 구축해 클라이언트에 지원되는 시스템이나 방법을 체계적으로 만들어 가는 것이 급선무라고 할 수 있다. 물론 4차 산업혁명의 부작용도 있을 수 있다. 블록체인으로 대표되는 정보의 공유는 개개인의 정보나 실생활의 노출 등으로 인권침해의 여지는 있을 수 있으나 고독사 등 사회적인 부작용을 줄일 의지만 있다면 클라이언트 개개인별 속성을 정의해 본인의 필요로 하는 서비스의 범위를 선정하거나 신상공개 수위를 조절해 선택된 서비스 지원이 가능할 것이다.

## Epilogue

블록체인은 거래의 효율성과 보안성을 제고한다는 측면에서 기존 업무 프로세스를 개선할 수 있는 충분한 잠재력을 보유하고 있는 기술임에 틀림없다. 국내외 블록체인에 대한 관심과 활용범위가 확대되는 상황에서 앞서 언급한 국내 복지행정시스템과 관련한 문제를 해결하고 중장기적인 공공분야 플랫폼 구축을 위해 블록체인 기술에 주목해야 할 필요가 있다.

사회보장정보시스템에 블록체인 기술도입을 통해 공공서비스의 질적 수준을 향상시키고 비용절감 및 업무처리 시간단축, 투명성과 신뢰성 확보 등의 효과를 기대할 수 있을 것이 예측되고 있다. 그러나 처리속도 제약, 저장 공간 증가, 비가역성 문제 등의 단점이 해결돼야 할 문제이다.

사실 사회보장정보시스템과 같은 공공부문에 있어서 블록체인 기술의 직접 도입 가능성과 필요성을 현재 수준에서 단언하기는 어렵다. 실제 다양한 사업과 정책이 기존 기술과 시스템 상에서 볼 때 안정적으로 돌아가는 상황에서는 무리한 도입이 가져올 부작용은 더 클 수도 있고 대체되는 기술도입 방향에서 블록체인이 아닌 제3의 기술이 핵심이 될 수도 있다.

블록체인 기술의 활용도를 높이기 위해서는 철저한 기술 검증과 기존 시스템과 비교해 효율성과 안전성에 대한 구체적인 연구가 진행돼야 할 것이다. 사회보장정보시스템에 블록체인 기술 적용 시에는 도입 필요성, 사전 고려사항에 따라 체계적으로 타당성 검토가 필요하다. 또한 블록체인기술 도입을 결정한 경우 적절한 블록체인 유형과 설계 시 고려사항에 대한 충분한 검토가 필요할 것이다.

어쨌든 제4차 산업혁명 시대에 돌입해 다양한 발전 중 블록체인의 등장과 성장 그리고 발전가능성을 놓고 볼 때 사회보장정보시스템이나 정책반영에는 청신호가 켜진 것은 사실이다. 한 나라가 선진국이냐 후진국이냐를 구분할 때 가장 중요한 것 중 하나가 바로 복지일 것이다. 이 복지를 남녀노소 막론하고 국민 누구나가 다 누릴 수 있고 그 혜택을 받을 수 있는 나라가 바로 복지국가일 것이며 선진국이라 할 것이다.

여기에 블록체인의 역할은 자못 기대이상이며 이를 둘러싼 4차 산업혁명의 결과물들 역시 초미의 관심사이기도 하다. 이런 결과물들을 어떻게 복지와 연결시켜 국민 모두에게 최대의 역량과 기능을 발휘할 수 있게 하고 국민들의 삶에 직접적인 영향력을 행사할 수 있도록 하는지가 관건이 아닐 수 없다.

따라서 앞서 언급했던 것처럼 블록체인기술 도입에 앞서 철저한 검토와 이미 블록체인을 효과적·전략적으로 활용하고 있는 선진국들의 예를 거울로 삼아 보다 다양한 연구와 과감한 도입 및 시도가 필요할 것이다.

[참고 문헌]

- 과학기술정보통신부(2018), 블록체인 기술 발전전략.
- 변지령(2019), "정부 공공부문 블록체인 기술 도입애 관한 연구", - 사회보장정보시스템을 중심으로, - 미래학회 학술대회 자료집, Vol. 2018 No.2, 발행처 : 미래학회, 196-203.
- 서무경·정이상(2018), "4차 산업혁명 시대의 블록체인 활용화에 관한 연구", 예술인문사회융합멀티미디어논문지, Vol. 8, No. 9, 인문사회과학기술융합학회, 287-296.
- 안병익(2017), SERI. org 전문매거진, 삼성경제연구소
- 유은숙 外(2018), 4차 산업혁명 why?, 한국경제신문 출판
- 최재용, 방명숙 外(2018), 한눈에 보이는 4차 산업혁명, 미디어 북
- 최재용, 민문희 外(2019), 쉽게 배우는 블록체인의 미래, 디지털북스
- 보건복지부(2011). 사회복지통합관리망 백서.
- 보건복지부, 사회보장정보원(2016). 차세대 사회보장정보시스템 구축을 위한 BPR/ISP 컨설팅 최종보고서. VTW컨소시엄
- 한국과학기술기획평가원(2018), 블록체인.
- 한국정보화진흥원(2018), 지능형 정부 추진을 위한 블록체인 동향분석 및 시사점.
- Academic Society of Industrial Science Journal. (2014), Vol.15, No 7, pp.4122-4131.
- Hong-Kee. Kimg, Recently, legal issue and management plan of digital virtual currency transaction
- Government Office for Science(2016), Distributed Ledger Technology : beyond block chain.
- Jeah-Hyun Lee, A Study on Factors Affecting the Intention to Use Bitcoin, Soong Sil Un iversity. (2017), pp.5-27.
- Jung-Hun Kim, A Study on the Improvement of the Utility of Virtual Money and Block Chain System, Korea University. (2016), pp.15-26.

- Jeah-Won Jung, A Study on the Institutional and Technological Problems and Solution for Bitcoin Exploitation Crime Investigation, Seoul National University. (2016), pp.9-82.
- Kyung-Rak Hang, A Study on Bitcoin Mechanism Analysis in detail and Improvement research, Kyung Sang University. (2016), pp.94-99.
- Sun-Woo Lim, A Study on the Virtual Currency Acceptance of the State, So Gang University. (2014), pp.2-10.
- Sung-Hang Koo & Ping Wang & TingTing Sun, Factors Affecting Acceptance of Virtual Money, Korean
- Securities Law Research. (2014), Vol.15, No 3, pp.377-429.
- http://18624.tistory.com/8, Oct 25 (2017).
- http://blog.daum.net/klklklsid/19, Feb 26 (2017).
- http://blog.naver.com/it-edu/221019471985, Jun 1 (2017).
- http://100.daum.net/encyclopedia/view/47XXXXXXX185, Daum Encyclopedia (2017).
- 미국 정부 홈페이지(2018).https:/open.usa.gov/national-action-plan/4.
- 중국 정부 홈페이지(2018), http://www.gov.cn/zhengce/content/2016-12/27/content_5153411.htm.
- https://ec.europa.eu/digital-single-market/en/news
- 보건복지부 홈페이지, http://www.mohw.go.kr
- 삼성경제연구소 홈페이지, http://www.seri.org
- 뉴스위크 한국판(2017), 가상화폐 중심지로 뜨는 크림토벨리
- ZDNet 코리아(2017). 日,암호화폐-블록체인 생태계 어떻게 키웠다.
- http://www.gereports.kr/powered-blockchain-move-bitcoin-comes-digital-energ.

## 미래 변화의 물결 4차 산업혁명

| | |
|---|---|
| 초판인쇄 | 2019년 6월 15일 |
| 초판발행 | 2019년 6월 25일 |
| 공 저 자 | 최재용 김민서 김지수 이규숙<br>임명숙 천은주 한승훈 홍승현 |
| 감 수 | 김진선 |
| 발 행 인 | 정상훈 |
| 디 자 인 | 신아름 |
| 펴 낸 곳 | 미디어북 |

저자와 협의하여 인지는 생략합니다.

서울특별시 관악구 봉천로 472
코업레지던스 B1층 102호 고시계사

대 표 02-817-2400 팩 스 02-817-8998
考試界 · 고시계사 · 미디어북 02-817-0418~9
www.gosi-law.com
E-mail : goshigye@chollian.net

| | |
|---|---|
| 판 매 처 | 고시계사 |
| 주문전화 | 817-2400 |
| 주문팩스 | 817-8998 |




정가 18,000원 ISBN 979-11-89888-10-7 13000

미디어북은 고시계사 자매회사입니다